JOSEPH M. WALKER

LAS CIVILIZACIONES DEL PRÓXIMO ORIENTE

TÍTULO: *PRÓXIMO ORIENTE*
AUTOR: *JOSEPH M. WALKER*
DISEÑO DE CUBIERTA: *Juan Manuel Domínguez*

© M. E. EDITORES, S. L.
C/ Marcelina, 23
28039 Madrid
Teléf.: 315 10 08

Depósito Legal: M-18.623-1996
I.S.B.N.: 84-495-0246-2
Impreso en: COFÁS, S. A.

Queda prohibida la reproducción total o parcial de este libro, su inclusión en un sistema informático, su transmisión en cualquier forma o por cualquier medio, ya sea electrónico, mecánico, por fotocopia, registro u otros métodos, sin el permiso previo y por escrito de los titulares del copyright.

IMPRESO EN ESPAÑA - PRINTED IN SPAIN

Dedicado por el autor a Elena N. M.

Madrid, 10 de agosto de 1995

Mi muy estimado amigo:

Me es grato devolverle el original de su nuevo libro, en este caso sobre las culturas del Oriente Próximo, que usted con innegable modestia somete a mi juicio, sometimiento innecesario, porque no merece usted veredicto alguno, sino consejo en todo caso. Verá que le hago algunas, mínimas, correcciones, entre otras cosas para que usted compruebe que he leído su obra.

Puedo, sin embargo, emitir un juicio: usted madura cada vez más, sus fuentes de información son de toda garantía, y sus juicios, más ajustados al procedimiento histórico. Sé que su modestia se sentirá herida si le digo que su categoría es ya de historiador profesional, que se mueve con soltura y sin pedantería —enfermedad muy difundida entre los que manejan la pluma— en varias especialidades historiográficas, desde la Antigüedad hasta los Tiempos Modernos, pasando por los Medios.

Enhorabuena y que el editor dé diafanidad, especialmente en la cronología, al texto que usted le entrega.

Un abrazo de su colega y amigo

M. Ballesteros Gaibrois
Universidad Complutense de Madrid
(Facultad de Geografía e Historia)

«Las grandes civilizaciones del pasado —egipcia, asiria, persa, griega, romana— no surgieron por generación espontánea. Sus enormes logros culturales fueron debidos, no a la aparición de criaturas humanas superiores, sino más bien a la aplicación metódica y al desarrollo de habilidades y técnicas heredadas de aquellos que los precedieron.»

STUART PIGGOTT

La presente obra ha sido supervisada por don Manuel Ballesteros Gaibrois, de la Universidad Complutense (Madrid).

A MODO DE PRÓLOGO

Se ha dicho repetidamente, y con razón, que el hombre es un animal histórico y que la historia es, ciertamente, su territorio. «El pasado, lo sepamos o no, nos guste o nos disguste, en palabras de Valdeón Baruque, actúa sobre el presente con frecuencia obsesiva. De ahí la necesidad que tiene el hombre de sacudirse esa opresión. Y la mejor forma de lograrlo es procurando entender ese pasado, convirtiendo el ayer en materia asumida. *Tanto los seres humanos como las colectividades se preguntan por su historia, intentan conocer sus raíces, sencillamente porque ése es un camino imprescindible para comprender mejor el presente.*»

Hace más de diez mil años nuestros antepasados se vieron sometidos —por varias razones, entre ellas las climáticas— a una serie de pruebas con harta frecuencia insalvables y quienes lograron superarlas hubieron de adaptarse a las nuevas condiciones impuestas por la naturaleza. Unas veces buscaron y hallaron, otras —las más— fracasaron y, ocasionalmente, encontraron lo que no se habían propuesto conseguir.

Siglos de paciente observación y astucia les llevaron a la domesticación de algunas especies animales y a la recolección, primero, y más tarde al cultivo de ciertas plantas, con lo cual comenzaron a modificar, escasamente al principio, el medio ambiente que les rodeaba, todo ello en un primer paso, aunque paso de gigante...

Forzados a permanecer en el mismo sitio, construyeron sencillos habitáculos, poco a poco agrandados y mejorados en aras de la sedentarización, la vida comunitaria y el *confort,* y ya considerando satisfechas las más primarias necesidades, pudieron dedicarse al desarrollo de su inventiva y habilidad y a la práctica de formas arcaicas de intercambio, lo que les llevó a constituir las primeras civilizaciones urbanas, a la creación de ciudades-Estados, a los primeros documentos escritos, y posteriormente de imperios más o menos extensos y duraderos, de los que se poseen noticias, tanto por los hallazgos arqueológicos, como por los textos conservados. Gracias a éstos se ha podido conocer su historia, con sus glorias y dramas, sus fracasos y éxitos, y de su lenta y penosa, al principio, ascensión desde abajo, y acelerada luego hasta la luz de lo más alto.

Y así, en un entorno geográfico en el que concurrían determinadas circunstancias, no todas ellas favorables, el Próximo Oriente, pese a discordias y odios fratricidas, durante siglos surgieron civilizaciones que, como la sumeria, aportaron notables logros culturales y técnicos; que trataron de imponerse por el fuego y la sangre, como la asirio-babilónica; que difundieron el monoteísmo, como la hebrea; que se basaron en la superioridad del armamento de hierro, como la hitita, o que trataron —al margen de los acontecimientos políticos— y lo consiguieron de dedicarse al comercio, como la fenicia o la ecléctica y tolerante de los persas.

La historia de estos y otros pueblos es la que, a grandes rasgos y sin otra pretensión que intentar su divulgación, vamos a tratar de exponer resumida en este libro... Esperamos y creemos haberlo conseguido...

EL AUTOR

PRIMERA PARTE

Grandes pueblos mesopotámicos

I
Sumeria y Acadia

CAPÍTULO I

LOS ORÍGENES

EL ALBA DE LA CIVILIZACIÓN

«Hacia el año 20000 antes de nuestra era, el clima empieza a experimentar lentas, pero muy profundas, modificaciones. La Tierra se recalienta, los glaciares que cubrían parte de Europa se deshielan retirándose hacia el Norte. El paisaje se transforma poco a poco: el nivel de los océanos sube, regiones enteras antes habitables son inundadas; la selva se extiende, el deshielo obliga a grandes rebaños a desplazarse. Todos estos cambios someten a los pueblos de entonces (hace unos diez mil años) a pruebas frecuentemente insalvables. Quienes logran salir triunfantes de dichas pruebas deben adaptarse a las nuevas condiciones que les impone la naturaleza»[1].

* * *

Hace unos diez mil años quedó superada en Oriente esta etapa decisiva: tras descubrir el secreto de la germinación y aclimatación del trigo, la cebada y de otros vegetales, el hombre se convierte en agricultor. Así, las primeras hojas de hoz —naturalmente, de piedra— aparecen en Palestina y Siria, al mismo tiempo que el perro doméstico (excavaciones en Palegrawa, Kirkuk, Iraq, encontraron en una caverna restos caninos, estimados en unos catorce mil años, sobrepasando bastante a los procedentes de Ida-

---

[1] *Enciclopedia Salvat del Estudiante* (I), 1977. Pág. 56.

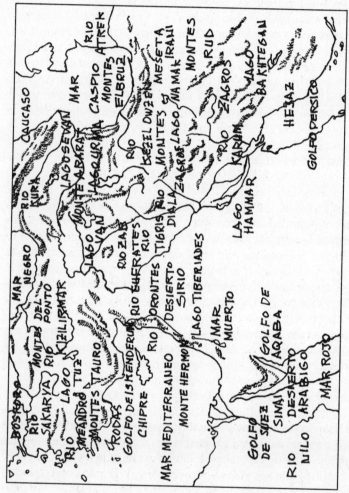

El Oriente Próximo.

ho, EE.UU., datados alrededor de diez mil quinientos años). *No es exagerado, pues, hablar de una auténtica revolución. En lo sucesivo, el hombre dispondrá de recursos permanentes, por lo que ya no dependerá de los azares de la caza, la pesca o la recolección de frutos espontáneos, que le forzaban a fatigosos e incesantes desplazamientos, pasando de nómada a sedentario, no sin superar una etapa de transición.* A partir de entonces, el salvado y la paja de los cereales servirá, no solamente para el alimento de cabras y ovejas —sus primeros animales domésticos—, sino para bueyes, cerdos y aves, que por su carácter, al menos teórico, de renovación y reserva constituyen un auténtico milagro. Además, pueden ser aprovechadas sus lanas, pieles, huesos, estiércol y otros derivados. Hay evidentes pruebas de la domesticación de la cabra en Asiab, Irán, hacia el 8050 a.C., y de la oveja, el cerdo y el vacuno, hacia el 7000 a.C., en Tesalia, Grecia. En Hembury, Devon, Gran Bretaña, se hallaron vestigios de una granja fechados unos cuatro mil años a.C.; aunque los análisis de polen y de otros vestigios en Hampshire y Dorset evidencian que un milenio antes, al menos, las gentes mesolíticas habrían tenido rebaños que alimentaban y cuidaban en invierno, y en estos aspectos Occidente estaba bastante retrasado respecto a Oriente.

El hombre fija su residencia y así puede consagrar el tiempo, que dedicaba antes a la búsqueda agobiadora del sustento, a las indagaciones, que le llevan a nuevos descubrimientos y al cultivo del espíritu: las fibras vegetales son transformadas en hilos que se pueden tejer; la arcilla cocida proporciona toda suerte de recipientes; cañas y mimbres, mezclados con el barro, sirven para edificar cabañas y chozas que se agrupan en las inmediaciones del agua.

Estas primitivas viviendas se hacen paulatinamente más amplias y confortables. Surgen los primeros poblados, que, en realidad, no pasan de ser aldeas, y la vida social se va organizando. Sin poder comunicarse más que con las gentes más próximas, los viajes son empresas difíciles y peligrosas, los habitantes de cada poblado basan su existencia en el aprovechamiento de sus propios recursos y en la protección —a cargo de los más fuertes y decididos— de sus vidas y propiedades. Y pronto comenzaron a manifestarse sensibles diferencias entre los habitantes de estos núcleos de población, mientras que evolucionaba la vida social, manifestándose en cada vez más acusadas diferencias entre los individuos.

* *

Las primeras civilizaciones aparecieron en Egipto y Mesopotamia durante el cuarto milenio a.C. Su existencia estaba ligada a la fertilidad, garantizada por los deltas de los ríos y por una organización político-social ya muy evolucionada. Civilizaciones paralelas, siempre unidas a la proximidad de los ríos, se encontrarán a orillas del Indo o, en China, junto al río Amarillo.

Observando un mapa del Próximo Oriente, puede advertirse que las más antiguas civilizaciones se han desarrollado en una franja de terreno que, partiendo del valle del Nilo, alcanza Mesopotamia a través de Palestina, Fenicia y Siria. Favorecida en la antigüedad por lo benigno del clima y por lo frondoso de la vegetación, esa franja, en forma de arco, es conocida como el «Creciente fértil» y constituyó el escenario en el que se desenvolvieron los pueblos que elaboraron algunas de las más brillantes culturas antiguas.

Al norte del «Creciente fértil» se extiende Anatolia, extensa meseta separada del mar por cordilleras marginales, que parecen descender como cortadas a pico sobre las costas. Se trata de un paisaje semilunar, de desiertos y lagos salobres, que se comunica con el resto del mundo mediante pasos situados en las regiones de Sardes y de Mileto, al Oeste, y los del Tauro y del Amano (Alma Dag), al Este, único acceso desde Mesopotamia y el golfo Pérsico.

El río Halys (Kizil Irmak), que divide en dos partes desiguales la zona, determinó la diferente orientación histórica de los pueblos que la habitaron.

Mesopotamia, o «País entre ríos» (del griego «mesos» o «medio», y «potamos» o «ríos»), se formó por los aluviones del Éufrates y del Tigris, cuyo delta concluye en el golfo Pérsico. Sus crecidas, más brutales que las del Nilo y con frecuencia catastróficas, podrían —tal vez— explicar las diversas leyendas acerca del «diluvio». *El Norte, cuna del futuro Imperio Asirio, es un país templado con montañas y colinas; el Sur, en cambio, es una llanura pantanosa de clima tórrido. Esta región, a diferencia de Egipto, no está aislada, sino que comunica con las estepas y mesetas vecinas, lo que explica la frecuencia y naturaleza de las invasiones.*

* * *

Curiosamente, Mesopotamia, cuyo territorio coincide casi exactamente con el Iraq actual, es, en su mayor parte, una llanura aluvial inhóspita, de clima seco y caluroso. Carece de minerales y escasean la piedra y la madera para la construcción. Su suelo, si no es trabajado con ahínco, es árido y casi estéril. No obstante, pese a tan poco atractivo aspecto, tal vez fue el lugar de la Tierra que en la antigüedad tuvo mayor trascendencia para la evolución de la civilización.

El Éufrates es el río más largo del Asia occidental (con un recorrido de 2.720 Km.). Nace en las montañas armenias de Turquía, entre el mar Negro y el lago Van, y tiene dos ramales: el Kara, nacido en las inmediaciones de Erzurum, y el Murat, cuyo origen se encuentra no lejos del famoso monte Ararat. Ambos fluyen hacia el Sudoeste, uniéndose cerca de Keban, formando así el Éufrates propiamente dicho (denominado Firat en Turquía).

Discurre 1.096 Km. en territorio turco actual antes de cruzar el desierto sirio del Noroeste al Sudeste, siendo su nombre árabe el de Al-Firat. Durante la mayor parte de su recorrido sirio, la ruta rectilínea y larga de Aleppo a Bagdad, seguida desde muy antiguo, discurre casi paralela al río, entre lagos endorreicos, como el Jabul, o embalses, como el Assad. No lejos de sus márgenes, el paisaje se vuelve hoy desértico. Dejando a un lado Tell el-Harini, con sus yacimientos arqueológicos, el río abandona Siria por la población fronteriza de Abu Kamal, penetrando en Iraq. A medida que su curso se desvía al Sudeste, se aproxima al otro gran río mesopotámico, el Tigris, del que apenas llega a distar unos treinta kilómetros, y aquí —en el mismo centro del país— se encuentran las ruinas de Babilonia. Un poco más hacia el Norte se ubica Bagdad. Más hacia el Sur vuelven a separarse, para unirse definitivamente en la ciudad de Al Qurnah.

Por su parte, el Tigris (compartido hoy por Turquía, Siria e Iraq), con 1.840 Km. de longitud, nace en un lago montañoso del Curdistán turco y, durante un corto trecho, forma la frontera entre Turquía y Siria, penetrando en territorio iraquí por Mosul y Bagdad. Se une al Éufrates en un lugar, ya mencionado, situado a unos cien kilómetros de Basora, formando el Chatt el Arab, ya cerca del golfo, y a sólo sesenta y cuatro kilómetros al nordeste de Basora. El Éufrates permite la navegación de embarcaciones de poco calado y sus aguas se aprovechan para el riego en Siria e Iraq. Por su parte, el Tigris tiene varios afluentes grandes y, desde épocas remotas, constituyó valioso medio de irrigación. Este río alcanza su más alto nivel en abril, tras el deshielo primaveral en Turquía, pudiendo crecer hasta tres metros en una hora y provocar gravísimas inundaciones.

De acuerdo con recientes estudios geológicos, hace unos cinco mil años el recorrido de ambos ríos no era muy distinto del actual, si bien lo eran sus respectivos cursos, ya que no desembocaban juntos en el golfo Pérsico, sino en lugares separados, y el Éufrates bañaba Ur (orilla derecha, cerca del centro iraquí de Tell Muqayyar), mientras que en la actualidad discurre lejos de sus ruinas.

* * *

Son estos ríos los que con tan largo recorrido definen y dan personalidad a tan extenso recorrido. Al norte de Mesopotamia, las corrientes fluviales han de abrirse camino a través de una llanura abundante en rocas duras y discurren entre altos escarpes. Pero en el centro los valles de ambos terminan por confundirse y originan una amplia llanura aluvial; las pendientes son débiles, por lo que describen numerosos meandros y se dividen en varios brazos. Las crecidas tienden a la creación de pantanos y lagos, perpetuamente poblados de pelícanos y cigüeñas, entre otras aves. *Aquí se alzaba Summer, la cuna de una brillante civilización, llamado por sus habitantes «Kengir» (o más propiamente «Keñer»).*

Se trata de una región caracterizada por la dureza de su climatología, con temperaturas de hasta 50ºC a la sombra en verano, mientras que en invierno dominan las noches frías y los vientos helados del Norte. Dado que la lluvia es escasísima (una media de tres litros anuales), la mayoría de los cultivos dependen de la irrigación. Por otra parte, las crecidas, que sobrevienen entre abril y junio, son demasiado prematuras para la cosecha de verano y bastante tardías para la de invierno. Además, tampoco cabe hablar de crecidas «regulares», como las del Nilo; éstas no sólo empobrecen el suelo, sino que, además, lo salinizan. Por estas causas, los habitantes de aquellas tierras se las ingeniaron para regular las aguas por medio de diques y canalizaciones, lo que significa una ingente tarea y una muy numerosa mano de obra, y —por supuesto— una autoridad fuerte y una eficaz administración; era preciso abrir canales, conservarlos, nivelar el suelo y, en definitiva, dominar los ríos (en 1968 se descubrieron en Mandali, Iraq, vestigios de canalizaciones cuya antigüedad se calcula en unos cuatro mil años a.C.). debe considerarse, además, que las crecidas de ambos ríos son imprevisibles, tanto en cuanto dependen de los deshielos de las nieves de Armenia y Curdistán, y sus ocasionales desbordamientos —como hemos indicado— provocaban, y provocan, auténticas catástrofes.

A pesar de la hostilidad del medio, las tierras eran fértiles, y en ellas fueron asentándose las comunidades neolíticas, ya que, por encima de estos inconvenientes, no escaseaban los cereales, la carne, el pescado y las aves silvestres.

Al multiplicarse la población, las aldeas fueron convirtiéndose en pequeñas ciudades, y éstas en grandes urbes, algunas de ellas (hacia el 4000 a.C.) contaban con varios millares de habitantes. Los artesanos pasaron a ser trabajadores especializados; los comerciantes traían de lejanos lugares las materias primas y géneros de que allí se carecía, y no tardaron en aparecer funcionarios que se encargaron de la supervisión del trabajo, del cobro de los impuestos y de la redistribución de recursos.

Pronto surgieron la clase sacerdotal y los templos, y en éstos se combinaban las actividades religiosas con las civiles (como la enseñanza o la administración de justicia). Resultado de estos procesos intelectuales y espirituales fueron las grandes obras arquitectónicas y los productos de una elaborada artesanía. Pero lo más importante fue el invento de la escritura. *«La memoria del hombre es falible, y cuando surgen disputas se hace necesario disponer de un testimonio permanente.* En este sentido, como ayuda para un título y derechos de propiedad, pronto hiciéronse indispensables los registros civiles. *De ellos nació la historia misma»* [2].

* * *

La larga historia de Mesopotamia puede dividirse en tres grandes períodos fundamentales:

1. Predominio de la Baja Mesopotamia o Babilonia (desde sus orígenes hasta la mitad del segundo milenio a.C.), que a su vez puede subdividirse en cinco etapas: a) primera época sumeria; b) época acádica; c) segunda época sumeria; d) invasión amorrita y Primer Imperio Babilónico, y e) invasión cassita.

Intercalados en estos hitos históricos desfilan por Mesopotamia otros pueblos menores de gran interés, que influyen muy poco en su facies cultural y en el desarrollo de su historia.

2. Predominio de la Mesopotamia Media o Asiria (hasta fines del siglo VII a.C.), y que comprende los imperios asirios.

3. Nuevo predominio del Sur (hasta finales del siglo VI a.C.), aunque no corra siempre a cargo de los mismos pueblos o razas. Este período lo llena el Segundo Imperio Babilónico o Caldeo.

---

[2] *El despertar de la civilización*, 1963. Pág. 67.

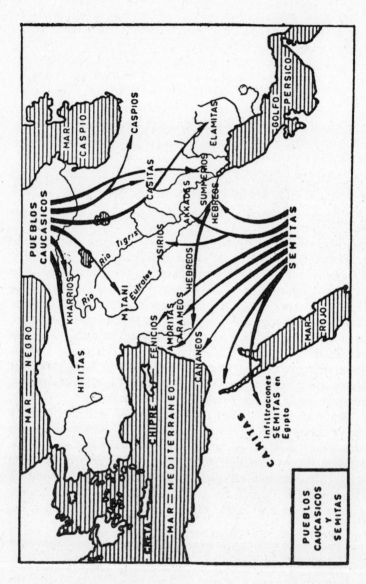

Según Ballesteros y Alborg («Historia Universal»).

DE LOS COMIENZOS SUMERIOS
HASTA LA UNIFICACIÓN

A orillas del curso inferior del Éufrates, no lejos de su desembocadura, fueron hallados los más claros vestigios del pueblo sumerio. El examen de los restos humanos, procedentes de los más antiguos estratos del terreno (cráneos cortos y redondos, maxilares inferiores breves y esqueletos de estatura media), parece confirmar la hipótesis de cierta afinidad con las poblaciones dravídicas (pueblos que ocuparon la India antes de la llegada de los arios) prehistóricas, y que pudieron haber llegado a la Baja Mesopotamia por mar, lo que parece ser aseverado por la existencia de deidades marinas en sus antiguas leyendas. Sin embargo, otros —tratando de interpretar antiquísimas tradiciones— opinan que descendieron desde el Norte, procedentes de una región montuosa, en la que —sin embargo— era factible la navegación, por lo que cabe situarla en parajes del litoral del Caspio (actual Irán), tal vez de algún lugar próximo a la ciudad de Aratta [3].

Según algunos historiadores —prescindiendo de suposiciones peregrinas como aquellas que tratan de emparentarlos con alguna etnia gitana asentada en la Península Ibérica e incluso con los japoneses—, los sumerios no fueron los primeros pobladores de la Baja Mesopotamia, tal como parecen evidenciarlo los nombres antiguos de los ríos Éufrates y Tigris (Buranum e Idigna, respectivamente) e incluso los de alguna de sus ciudades (Nippur, Ur,

---

[3] Pese a la profundidad y rigurosidad de los estudios realizados, el problema de su origen todavía no ha sido convenientemente desvelado. «*Se les supone oriundos del Cáucaso o del interior de Asia* –afirman Ballesteros y Alborg–, *probablemente del Turquestán*. Eran bajos y vigorosos, de cráneo braquicéfalo, ancho rostro, ojos salientes, nariz grande, labios carnosos, y llevaban rapada la cara y la cabeza.» Manuel Ballesteros y Juan Luis Alborg, 1973 (I). Pág. 31.

Kisk, etcétera), que no son palabras sumerias y que parecen proceder de los que les dieron aquellos supuestos antiguos pobladores, que —según los testimonios arqueológicos— habrían desarrollado una relativamente avanzada civilización.

En todo caso, hacia el cuarto milenio a.C. hallamos a los sumerios establecidos en el sur de Mesopotamia, practicando la agricultura y canalizando hábilmente las aguas para el regadío de los campos. Así, consiguieron fertilizar las estepas y transformar en fuerza benéfica y vital las catastróficas inundaciones de ambos ríos, especialmente el Éufrates.

Muchos de los elementos materiales de su civilización, como pueden ser el uso del adobe primero y del ladrillo después, la metalurgia, la construcción de cúpulas (de la que existen evidencias anteriores al tercer milenio a.C.), etcétera, se conocen prácticamente desde sus primeros momentos. Por estos motivos, cabe pensar que ésta pudo haberse formado partiendo de otras, ya fuera por asimilación de recíprocas influencias, y su resultado final sería la suma de diversos elementos tomados de otros pueblos, que procederían del antiguo fondo prehistórico del país.

Vivían en centros urbanos, algunos pequeños; otros mayores, constituyendo «ciudades-Estado», independientes entre sí. Las principales eran Eridu, Ur, Uruk, Larsa, Lagash, Umma, Nippur y Kish, inicialmente gobernadas por «ensi» (o «príncipes sacerdotes»), representantes de los vínculos religiosos comunes a todos los sumerios. *Con el tiempo, junto a la economía de índole exclusivamente agraria —propia de la fase más arcaica— se fue desarrollando una notable actividad mercantil, con intercambios entre las distintas ciudades y con las gentes de otras regiones.*

* * *

A este desarrollo del comercio siguió una rápida expansión territorial, y hacia el 2700 a.C. las «ciudades-Estado» sumerias crecen y, al mismo tiempo —por razones obvias—, extienden sus límites, anexionándose nuevas tierras de cultivo, hasta el extremo de que los territorios de cada una de ellas llegan a tocar los de sus vecinas, lo que plantea graves problemas de límites, ya que sus habitantes y príncipes se disputan mutuamente los derechos sobre las tierras de cultivo y las aguas fluviales. Debe tenerse muy en cuenta el hecho de que, a diferencia de los egipcios, los habitantes del valle del Indo o de la cuenca del Amarillo (que sólo contaban con un río), los sumerios contaban con dos, circunstancia que les otorgaba muchas más posibilidades a la hora de trazar y excavar canales, que todavía causan admiración. «Estos canales multiplicaron el área de cultivo —observa Gómez Tabanera [4]—, permitiendo a la vez la navegación interna, que aquí no se limitaba a aprovechar la corriente, como Egipto, ya que podía servir para comunicaciones transversales, hecho éste que proporcionó a Summer un ecosistema muy superior al desarrollado por los nilotas.» Y de esta forma se produjeron los primeros enfrentamientos derivados de la aspiración de cada «ciudad-Estado» a prevalecer e imponerse sobre las demás, mediante el control de los sistemas de regadío y, por supuesto, eficaces vías de transporte fluvial. *La más inmediata consecuencia fue el debilitamiento progresivo del poder de los «ensi»* (eficaz en una sociedad estática y pacífica) *y su sustitución por los «lugal»* (o «reyes seculares»), *cuyas funciones eran primordialmente guerreras.*

* * *

Los crecientes pleitos e incidentes armados degeneraron en guerras, a las que —con el beneplácito de sus divinidades y las rogativas de sus servidores— se lanzaron unas ciudades contra otras para asegurar su preponderancia. Hacia el 2600 a.C., Mesilim, rey de Kish, consiguió someter a varias urbes, entre ellas a Lagash, que sólo un siglo después recobraría su independencia, llegando a convertirse en un reino rico y poderoso. Por las mismas fechas, también Ur alcanzó similar esplendor. De cualquier manera la hegemonía de las diferentes «ciudades-Estado» era bastante efímera. Así, la poderosa Lagash logró subyugar —no sin esfuerzos— a la ciudad de Umma, de la que hacia el 2320 a.C. surgiría el príncipe Lugalzagasi, quien, tras vencer a su rival, se apoderó —sin reparar en la violencia de los métodos— de Ur, Kisk y Uruk, arrebatándolas, incluso, sus dioses tutelares y devastando a las que osaban resistirse, logrando así la unificación política de todas las ciudades de Summer.

---

[4] José Manuel Gómez Tabanera, Fernando Díaz Esteban y Antonio Blanco Freijeiro. 1985. Pág. 8.

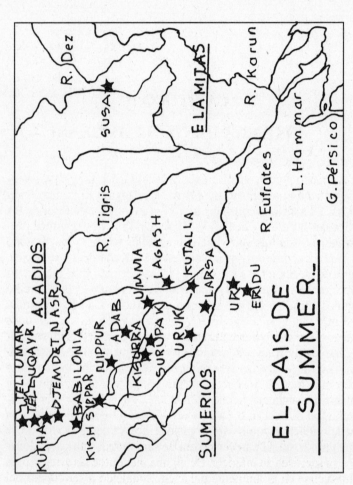

El país de Summer.

CAPÍTULO II

HISTORIA HASTA HAMMURABÍ

Animado por sus victorias sobre las ciudades sumerias, agotadas por continuos enfrentamientos, Lugalzagasi, al frente de sus tropas, «numerosas como las hierbas», inició la conquista de los valles del Éufrates y del Tigris, sometiendo a los elementos protosemitas o semitas que vivían en aquellas tierras, y cuyo modo de vida y cultura (no su panteón) estaba calcado de los sumerios, con lo que extendió su dominio «desde el mar Inferior al mar Superior» (desde el golfo Pérsico al Mediterráneo), y así, durante algunos años, los sumerios fueron dueños de toda Mesopotamia.

Entre tanto, ya a comienzos del tercer milenio a.C., algunos pueblos semitas, procedentes del desierto sirio, descendieron por el curso del Éufrates y se establecieron en una zona de Mesopotamia central, a la que denominaron Akkad, haciéndose poco a poco más fuertes, ya que contaban con estructuras políticas de notable consistencia, hacia el 2300 a.C., dirigidos por su soberano Sargón de Akkad o Sargón «el Viejo» (el nombre de Sargón puede traducirse como «señor justo»), acerca de cuya vida no se sabe gran cosa. Al parecer no era de sangre real y fue abandonado a su suerte en su infancia. De alguna manera se las arregló para introducirse en el ambiente palaciego, llegando a ser copero del rey de Kish y, cuando esta ciudad fue conquistada, consiguió ponerse a salvo y, dado que ya tenía un gran prestigio, reunir un ejército potente y de mayor movilidad —armamento ligero y arqueros— que la pesada infantería sumeria.

Cuando Lugalzagasi, «Gran Rey de Uruk y de Todos los Países», junto con otros príncipes de Summer, aliados y súbditos suyos, trató de frenar su avance, fue vencido, cargado de cadenas y llevado hasta Nippur, donde —para su mayor humillación— fue expuesto en una jaula ante el templo de Enlil, dios del viento y de la Tierra.

* * *

Sargón logró durante su largo reinado formar lo que sería el Primer Imperio Semítico, dotado de fuerte unidad política, creando una eficaz estructura burocrática (los «hijos de palacio») y un ejército permanente, de reducidos efectivos, pero muy eficaz. Sin embargo, no era sólo un general victorioso, sino un hábil político, además, por lo que se reconcilió con los vencidos, respetando sus dioses y su autonomía política, tratando, incluso, de asociarlos a sus acadios en la constitución de un gran Estado, con un gobierno único, que abarcaba desde el Mediterráneo hasta el golfo Pérsico y desde los desiertos de Arabia hasta el Tauro, Líbano y Chipre, titulándose «primer rey de las multitudes y de las cuatro regiones del mundo».

Su largo reinado, empero, no fue tranquilo. Desde Agadé (o Akkad), su capital, en el centro del país, hubo de combatir contra las tribus montañesas y dominar las revueltas que de cuando en cuando se producían en Summer, Elam y en la propia Akkad. La tarea no fue menos dura para sus sucesores, Rimush y su hermano Manishtusu, que trataron de sofocar nuevas revueltas y fueron asesinados. Uno de los hijos del segundo, Naram-Sin, consiguió mantener el imperio, aunque hubo de enfrentarse a unos poderosos invasores, los guti (o guteos), hacia el 2190 a.C.

Se trataba de montañeses semibárbaros, que procedían del Curdistán y que —según indicios— habían sido empujados hacia el Sur por otros invasores, los umman-mandu, procedentes de Anatolia, y en los que algunos estudiosos han pretendido ver una vanguardia de los indoeuropeos. Los guti estaban emparentados con los mittani y su principal monarca fue Lugalanatum, que estableció su capital en Arrapa. Y si bien consiguieron derrotar a Shar-kali-sharri (hijo de Naram-Sin), tardaron todavía medio siglo en acabar con los sargónidas e implantar su dominio sobre todo el país.

Para los historiadores de la época, la invasión (el sempiterno enfrentamiento entre belicosos nómadas montañeses y un pueblo sedentario de agricultores y comerciantes) fue considerada como justo castigo de los dioses: «*A los guti..., cuyo aspecto y lenguaje balbuciente son los de un perro, Enlil —el dios— les hizo venir de las montañas. En gran número, como los saltamontes, cubrieron la tierra»* [5].

* * *

Las ciudades sumerias soportaron bastante bien la dominación de los montañeses, que —dado lo limitado de sus aspiraciones políticas— trataron de adaptarse a unas condiciones de vida bastante mejores de las que conocían; además, al haber terminado la supremacía acadia, les fue posible mantener una relativa autonomía, que les permitió prosperar (Akkad fue arrasada, hasta el extremo de que actualmente se ignora el lugar exacto de su emplazamiento).

Así, las ciudades sumerias —fortalecidas por una cada vez más próspera economía y el recuerdo de su pasada libertad— fueron desplazando a los guti, unas veces mediante una lenta absorción y, otras, derrotándoles militarmente. No es aventurado suponer que, dando de lado sus diferencias, las ciudades se uniesen en la común empresa de la liberación. El mérito correspondió a las ciudades de Lagash, con sus poderosos reyes, Gudea y Ur-Ningirsu, y Uruk, con su soberano Utukhengal, que hacia el 2050 a.C., tras veinte años de luchas, derrotaron y tomaron prisionero a Virigan, el último monarca guti. Siguió a la emancipación un nuevo período de paz y durante más de un siglo las ciudades sumerias conocieron, bajo la hegemonía de Ur, un extraordinario florecimiento. *«Es entonces* —señala Gómez Tabanera [6]— *cuando la civilización sumeria trasciende los mismos límites impuestos por el país entre ambos ríos, con cierta vocación de imperio, alimentada por un eficiente aparato político y burocrático.»*

Los soberanos de Ur supieron servirse tanto de la habilidad como de la diplomacia para imponerse en un vasto territorio que agrupaba a Summer, Babilonia y los territorios comprendidos entre las cuencas de ambos ríos hasta Mari y Assur (ver mapas). Para ello delegaron su autoridad en gobernadores, concediendo cierta libertad a las viejas ciudades-Estados. Fue una etapa de singular prosperidad económica y de renacimiento cultural, como lo testimonian el florecimiento artístico y literario de Gudea, la pu-

---

[5] María Camino García y Joan Santacana, 1991 (1). Pág. 80.
[6] José Manuel Gómez Tabanera, Fernando Díaz Esteban y Antonio Blanco Freijeiro, 1985. Págs. 10 y 11.

blicación de un primer código de leyes por obra de Ur-Nammu y la construcción de una extensa red de caminos y canales.

* * *

Sin embargo, los días de Summer estaban contados: hacia el 1950 a.C. se produjo una etapa de anarquía general, bajo la amenaza de nuevas invasiones.

Se trataba de los amorritas (o amorreos), pueblos seminómadas, procedentes —al parecer— de los desiertos de Arabia, que, dando muestras de innegable superioridad militar, comenzaron su penetración e instalación en Mesopotamia, ya desde comienzos del segundo milenio a.C., no tardando en reinar príncipes de esta etnia en Asur, Babilonia, Mari, Kish y Larga. Y hacia el 1950 a.C. los elamitas —habitantes de una región situada al sudoeste de la meseta iraní y de raza distinta de la babilónica— se apoderaron de Ur, llevándose sus dioses y estableciéndose en algunas zonas del sur de Mesopotamia.

Durante más de doscientos cincuenta años las luchas entre dinastías semitas rivales ensangrentaron los territorios de Mesopotamia y la Alta Siria, divididos en pequeños Estados, entre los que destacó un reino constituido en torno a la ciudad de Mari. Asiria, que hasta el momento había tenido muy poca importancia política, fue adoptando una clara actitud belicista, especialmente tras el acceso al poder de una dinastía semita (hacia 1850 a.C.).

Puede afirmarse que, finalizada la etapa neosumeria, políticamente Summer había desaparecido de la historia. Los amorritas convirtieron Babilonia en el centro de su dominio. Por su parte, los elamitas no pudieron o no supieron aprovechar sus ventajas, ya que el monarca amorrita de Isin y de Nippur se apoderó en seguida de Ur, para ser vencido por el de Larsa. Los amorritas convirtieron a Babilonia en el centro de sus dominios, consolidándose así el nuevo Estado, cuyas dinastías desarrollaron una cultura que sintetizó el fuerte estrato sumerio y sus costumbres, *llegando a alcanzar estratos de refinamiento que muy poco tenían que ver con su prístino origen.* Los reinos semiindependientes de Larsa e Isin fueron absorbidos, finalmente, por su sexto soberano, Hammurabí (1728/1686 a.C.), creador del imperio semítico de Babilonia, una mente organizadora excepcional que, con tenacidad y prudencia, realizó una gran obra política, al convertirse en rey de toda Mesopotamia.

«La caída de la civilización sumeria, alrededor del 2000 a.C., no supuso la desaparición de su cultura, desarrollada a lo largo de los trece siglos de existencia de Summer. *Dejaron a sus sucesores la escritura; la técnica de las construcciones monumentales; un sentido de la justicia estructurado en leyes escritas; unas creencias religiosas que perduraron durante siglos* (algunas de ellas han llegado hasta nuestros días); *conocimientos prácticos sobre regadío, fabricación de cerveza, cerámica...*»[7].

---

[7] María Camino García y Joan Santacana, 1991 (1). Pág. 82.

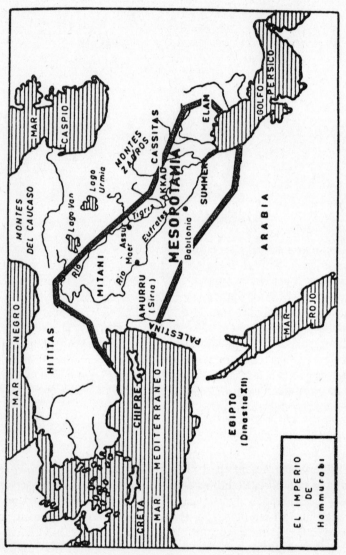

Según Ballesteros y Alborg («Historia Universal»).

CAPÍTULO III
LA CULTURA

LITERATURA Y CIENCIA

Durante muchos años egiptólogos y orientalistas polemizaron acerca de la preeminencia de la invención de la escritura. Sin embargo, el perfeccionamiento de los métodos físico-químicos de datación y el descubrimiento de rudimentarios sistemas contables («calculi» o «bullae», parecidos a los «ábacos») han acabado por otorgar la primacía al Oriente Próximo; por otra parte, en Egipto, a diferencia de Mesopotamia, no parece haber existido una fase precursora de la escritura. *La aparición de los primitivos sistemas de contabilidad puede estimarse en unos ocho mil años a.C., y la de la escritura pictográfica sumeria* (Uruk, Baja Mesopotamia), *en unos tres mil trescientos.*

* * *

En las excavaciones realizadas en las ciudades de Summer se hallaron multitud de tablillas de arcilla —más o menos conservadas— grabadas con signos pictográficos; las más antiguas (como las de Ebla, Museo de Alepo) eran circulares y algo convexas, lo que podría ser un rasgo morfológico heredado de las «bullae» esféricas; posteriormente, fueron haciéndose planas, por admitir más texto y facilitar su conservación y clasificación.

Los sumerios inventaron la técnica de escribir en tablillas de arcilla sobre las que grababan los signos ya fuera con estiletes o con punzones de caña, aguzada en los primeros tiempos y más tarde cortada con la punta roma, con la cual los caracteres se grababan a golpecitos, produciendo las conocidas incisiones en forma de cuña; de ahí su denominación de «escritura cuneiforme». Finalmente, ya escritas, las introducían en un horno, con lo que quedaba concluido el proceso de obtención de un documento escrito, ya que el barro cocido es como un ladrillo y resiste bien —como lo demuestran los hallazgos— el paso del tiempo.

El primer estadio pictográfico fue lineal, formado por rectas y curvas, según lo que se pretendiese representar. Los dibujos, aunque muy esquematizados, tendían al naturalismo (⌒ , podría significar «río» o «curso de agua»); (⊽ , «mujer»); ⌣ , «comida»); (⌢ , «buey») o (⚶ , «cereales» o «cebada»), por ejemplo.

Escribir mediante dibujos comportaba muy serios inconvenientes; resultaba, por ejemplo, *imposible expresar los tiempos de los verbos o cosas no visibles.* Para resolverlos se trató de recurrir a una serie de signos que permitiesen escribir todo aquello que fuera imposible de dibujar, lo que ya suponía un notable adelanto. Así, en sumerio la palabra «flecha» es «ti»; pero al ser igual que la utilizada para «vida», y el correspondiente signo debía utilizarse para ambos vocablos, se crearon grandes confusiones, que exigieron la creación de signos «determinativos», colocados al comienzo o final de cada palabra, y dado que su única misión era aclarar y precisar el concepto expresado, no se leían (tal sería el caso del término «metro», que en castellano puede significar «medida de longitud» o «ferrocarril elevado o subterráneo»). *Con el tiempo, ante la necesidad de simplificar, lograr mayor precisión y escribir los nombres propios, estos signos fueron evolucionando y normalizándose para permitir su «representación» (ya debe hablarse menos de «dibujo») aproximadamente iguales, perdiendo definitivamente cualquier parecido con el pictograma original* (ver gráfico).

Hacia el 2800 a.C. cambió la dirección de la escritura que pasó de ser vertical a ser horizontal, leyéndose de izquierda a derecha, medida que evitaba pudiera borrarse accidentalmente cualquier escrito reciente. En las inscripciones en piedra, al no presentar tal inconveniente, siguió escribiéndose verticalmente y se leía de derecha a izquierda. Al principio, y esto suponía una molestia adicional, los signos numéricos se imprimían con sellos; posteriormente se fueron escribiendo con la parte roma del punzón o cálamo, aunque se utilizaban trazos curvos.

Por supuesto, en tan extensos territorios, no todos hablaban idénticas lenguas, aun —como ocurre en nuestros días— *cuando escribiesen con iguales signos.* Miguel A. Molinero [8] señala, por ejemplo, el signo ✳, que los sumerios leían «dingir» y los acadios «ilu». Este problema queda resuelto, en gran parte, mediante «diccionarios» o «vocabularios», que, llegados a nuestros días, han contribuido a la traducción de tales textos, por lo que ni la escritura cuneiforme ni las lenguas muertas mesopotámicas presentan dificultades insalvables.

* * *

La lengua sumeria es de tipo «aglutinante», como el turco, el finlandés, el húngaro, el caucasiano y otros idiomas uraloaltaicos, los dravidianos, algunos africanos y los malayo-polinésicos, que se caracterizan por constar de una «palabra raíz», que expresa un concepto, y una serie de partículas, que indican las relaciones que afectan a la idea de la raíz; éstas se yuxtaponen, pero no modifican la raíz.

La raíz sumeria es indeterminada y puede estar relacionada con el verbo, sustantivo o adjetivo, aun cuando algunas de éstas se hayan especializado en determinadas funciones. Así *«los sumerios* —escribe Díaz Esteban [9]— *llamaban a su país «keñer»; un sumerio era, por tanto, un «lukeñer-ra»* (hombre keñer de), *y su lengua era «eme-keñer-ra»* (lengua keñer de)...».

Veamos, por tanto, la palabra «lu» (hombre) ; su plural, «lu.mesh» (hombres) , con el signo especial correspondiente a esa forma. La palabra «lugal» (rey o literalmente «gran hombre») llevaba también su correspondiente signo «determinativo» .

Se expresaban en dialectos distintos, según la condición del hablante; los hombres no utilizaban vocablos propios de las mujeres y viceversa. Por otra parte, las expresiones coloquiales no eran como los textos literarios; además, existían jergas relacionadas con profesiones u oficios determinados, en los que cabe dis-

---

[8] Miguel Ángel Molinero, 1985. Pág. 14.
[9] José Manuel Gómez Tabanera, Fernando Díaz Esteban y Antonio Blanco Freijeiro, 1985. Pág. 18.

tinguir variaciones locales, a través de las distancias y el tiempo. De igual manera que tomó elementos de otras lenguas, el acadio, por ejemplo, influyó sobre otras, como la babilónica (de la que pasaron algunas palabras al arameo, hebreo y árabe). *Acerca de la pronunciación no se sabe gran cosa, por lo cual las interpretaciones actuales son figuradas.*

* * *

Su literatura fue la primera escrita de la humanidad. Hacia el 2500 a.C. el dominio de la escritura —utilizada inicialmente para las necesidades comerciales y administrativas— condujo a la consignación por escrito de textos compuestos con los refinamientos de la fantasía y el adorno. A finales del tercer milenio a.C. se fundaron las «Edubba» (o «Casas de la Escritura»), donde los alumnos aprendían este arte copiando diferentes obras literarias.

Al principio las escuelas sumerias proporcionaban una enseñanza «utilitaria», encaminada a la formación de amanuenses, indispensables para las empresas mercantiles y la función pública, especialmente con vistas a su empleo en palacios y templos. Por los trabajos escolares y otros testimonios, por cierto abundantes, sabemos que la enseñanza en estos establecimientos constaba de dos secciones principales: *la que proporcionaba una instrucción científica y mnemotécnica, y la que lo daba de carácter más literario y creador.*

Tal como ocurría en el Egipto faraónico, las escuelas constituían una de tantas dependencias de los templos, pero —a diferencia de aquel país— con el tiempo se transformaron en institución seglar y, en gran parte, sus programas eran más bien laicos. En ellas se formaban eruditos y científicos, instruidos en todas las formas del saber de la época.

La enseñanza no era ni general ni obligatoria. La mayor parte de los estudiantes procedían de familias acomodadas, ya que los pobres difícilmente podían soportar los gastos y la pérdida de tiempo que los estudios comportaban. En 1946 el asiriólogo alemán Nikolaus Schneider pudo comprobar —tras el examen de los nombres aparecidos en diversas tablillas— que los estudiantes eran hijos de los ciudadanos más ricos de las ciudades, que solían suceder a sus padres en sus cargos [10].

En general, el estilo de la literatura sumeria es monótono, aun-

---

[10] Samuel Noah Kramer, 1985. Pág. 41.

que la temática es variada y algunos de sus motivos literarios han tenido posteriormente gran trascendencia. Todas las obras son anónimas, y sus títulos solían formarse con la primera o primeras palabras de cada composición. El material llegado hasta nuestros días es abundantísimo, la mayor parte está compuesto por inventarios, notas de entregas, recibos, documentos de compraventa, contratos matrimoniales, testamentos y sentencias judiciales. El resto es literatura propiamente dicha: mitos, relatos épicos, himnos, poemas tristes, literatura sapiencial, género epistolar, ensayos, etcétera.

Su producto literario más característico fue el poema épico, cuyas más notables producciones son la «Epopeya de la Creación» y la «Epopeya de Gilgamesh», de capital importancia para el mejor conocimiento de las concepciones míticas y cosmogónicas de aquellas regiones del Asia Menor en la antigüedad. *«El señor hacia el país de los vivos volvió su espíritu,/ El Señor Gilgamesh, hacia el País de los Vivos/ Volvió su espíritu,/ Y dijo a su servidor Enkidu:/ «Oh, Enkidu, el ladrillo y el sello/ No han traído aún el término fatal./ Yo quisiera "elevar" mi nombre,/ En aquellos sitios donde otros nombres no han sido "elevados",/ Yo quisiera "elevar" mi nombre,/ En aquellos sitios donde no han sido "elevados" otros nombres,/ Yo quisiera "elevar" los nombres de los dioses...»* [11].

En realidad, las hazañas de Gilgamesh son el tema de varios poemas, inicialmente, hasta que los acadios las combinaron en uno solo, coherente y extenso. Otros héroes épicos fueron Enmerkar y Lugulbanda, cuyos hechos también fueron traducidos al acadio.

Otras de las más interesantes composiciones de la época es el llamado «Diálogo del Pesimismo», en el que un amo y su esclavo convienen en que verdaderamente nada importa en la vida; todo es fútil, de donde se sigue que la muerte es preferible a la vida. También destacan los «Ensayos en emer-sal» («emer-sal» es un dialecto), estructurados como apóstrofes a otras personas o descripción de situaciones de las que se infieren ciertas consecuencias. *«El esclavo llega con frecuencia a amo, la sirvienta a ama./ Tengas lo que tengas,/ sea lo que sea con lo que antes no hayas tenido que enfrentarte,/ pudiera ser que tuvieras que enfrentar en el curso del destino...»* [12].

---

[11] Ídem. Pág. 195.
[12] José Manuel Gómez Tabanera, Fernando Díaz Esteban y Antonio Blanco Freijeiro, 1985. Pág. 115.

Los «Himnos», de los que se han encontrado unos cien, poseen desigual extensión y estaban compuestos para alabanza de dioses, reyes y templos; algunos son de extraordinaria belleza. *«Sin Enlil, el «Gran Monte»,/ Ninguna ciudad sería construida, ningún establecimiento fundado;/ Ningún establo sería construido, ningún aprisco instalado;/ Ningún rey sería exaltado, no nacería ni un solo gran sacerdote...»*[13].

El género epistolar, que tiene su origen en Summer, alcanzó gran desarrollo. La carta es la que lleva el mensaje y es —por tanto— natural que en ella se escriba *«A Fulano de Tal di...»* o *«A Mengano de Cual hablo...»*, siguiendo a continuación el contenido de la misma. *«A Shamashchasir hablo. He aquí lo que dice Hammburabí: Igmilsin me ha informado de lo que sigue... He inspeccionado los jardines que han sido confiados a Apligaum y Sinmagir. En estos jardines, los árboles han sido derribados y nadie los cuida...»* Se trata de un fragmento de un mensaje real a Shamashchasir, gobernador de Babilonia del Sur, en Larsa [14].

Ya en etapa tardía encuentran aceptación los llamados escritos sapienciales, que se convertirían en elemento duradero de la literatura semita e influirían sobre otras, como la egipcia. *«Quien edifica como un señor, vive como un esclavo;/ Quien edifica como un esclavo, vive como un señor»* o *«Tú puedes tener un amo, tú puedes tener un rey;/ Pero a quien tienes que temer es al recaudador»* [15]. En cuanto a la fábula sumeria, ésta no se hallaba muy lejos de la de Esopo, ya que el apólogo —compuesto por una corta narración, seguida de la correspondiente moraleja— era conocido en Summer un milenio antes del nacimiento del famoso fabulista frigio (siglo VII a.C.).

* * *

Los sumerios establecieron hace cinco mil años el primer calendario conocido, basado en el mes lunar (o lunación), con meses de algo más de veintinueve días; los días estaban divididos en horas y éstas en minutos. Para éstos el día comenzaba al amanecer, aunque lo hacía a medianoche para sus astrónomos. Por tanto, el año —formado por doce meses de veintinueve o treinta días, alternativamente— era demasiado corto, y al cabo de ocho

---

[13] Samuel Noah Kramer, 1985. Pág. 115.
[14] *Historama* (I). Pág. 30.
[15] Samuel Noak Kramer, 1985. Pág. 145.

años, cuando en el calendario era marzo aún estaba comenzando el invierno. Para que éste siguiera siendo válido, cada cierto tiempo los sacerdotes debían añadir un decimotercer mes.

Si ciertamente carecieron los sumerios de un saber científico, en el actual sentido del término, poseyeron importantes conocimientos que fueron recogidos por civilizaciones posteriores. Sus matemáticos sabían usar los quebrados y su sistema numérico era sexagesimal y duodecimal, según el cual dividimos las horas, los minutos y los grados de la circunferencia. Sin embargo, los matemáticos de Ebla utilizaban habitualmente uno de base decimal; en cualquier caso, el paso de uno a otro no presentaba dificultades.

Además de las fracciones, estaban familiarizados con las ecuaciones de segundo grado y las raíces cuadradas y cúbicas; pero el desconocimiento del valor del «cero» les suponía una gran limitación.

Números Sumerios.

1 ⟁ 10 ● 60 ⟁ 100 ● 120 ⋈ 600 ⟁
1200 ⋈ 1/2 ⋈ 1/4 ⌒ 1/5 ⌒ 1/16 ⋈ 1/32 ⋈

La necesidad de medir los terrenos y calcular superficies y volúmenes —con fines estadísticos y fiscales— condujo a los sabios sumerios a un notable desarrollo de la geometría, aunque falten testimonios que permitan corroborar este extremo. «En todo caso, aunque el desarrollo de la ciencia matemática surgiese como fruto de una necesidad —afirman Camino García y Santana [16]—, acabó permitiendo el planteamiento de problemas matemáticos abstractos.»

La notación musical más antigua que se conoce data de unos mil ochocientos años antes de la era actual. Se trata de una escala heptatónica grabada en una tablilla, descifrada entre los años 1966 y 1967 por el doctor Duchesne-Guillemin, procedente de un yacimiento de Nippur.

* * *

En zoología, botánica, química y medicina sobresalieron también los sumerios. En las tablillas de Ebla aparece un verdadero

---

[16] María Camino García y Joan Santacana, 1991 (1). Pág. 38.

manual útil para el estudio de los animales, que son clasificados en «terrestres», «acuáticos» y «voladores», estableciendo así una auténtica taxonomía. Distinguen, por ejemplo, hasta ciento un nombres de peces y tortugas, aunque no establecen diferencias entre las especies de agua dulce y salada. Clasificaron ciento cuarenta y dos aves, pese a que entre ellas incluyeron ciertos insectos voladores y algún animal mitológico. En cuanto a los animales terrestres —que dividieron en domésticos y salvajes—, se les concedía la máxima importancia.

Se han hallado también largas listas de plantas con sus propiedades. La agricultura constituía la base principal de su economía, por lo que métodos y técnicas estaban bastante desarrollados. Curiosamente, hasta 1950 no se exhumó en los yacimientos de Nippur ningún manual de agricultura, aun cuando se disponía de fragmentos sueltos que permitieron su reconstrucción (fechado en el segundo milenio a.C.), dado su estado. Los cereales, sin embargo, no constituían la única fuente de riqueza; también se practicó la horticultura, y las huertas y jardines eran florecientes (remitimos a la carta enviada por Hammurabí a un gobernador provincial pidiendo informes sobre el pésimo estado de ciertos jardines). «Como horticultores expertos que eran —escribe Noah Kramer [17]—, los sumerios utilizaban ya desde los tiempos más remotos una técnica que atestigua una vez más la existencia en ellos de un gran espíritu de inventiva. *Para proteger sus huertos del viento y de un excesivo soleamiento, plantaban grandes árboles, cuyo follaje actuaba de pantalla y proyectaba una sombra protectora.*»

Los textos sobre mineralogía y química presentaban una clarísima vertiente práctica: fabricación de bebidas alcohólicas (especialmente cerveza), elaboración de medicinas, técnicas metalúrgicas, etcétera.

* * *

«La concepción mesopotámica de la enfermedad era estrictamente religiosa, *hasta el punto de que la misma palabra significaba pecado, cólera de los dioses, castigo y enfermedad.* Para diagnosticar se recurría, en primer término, a un interrogatorio ritual del paciente, mucho más detenido que la confesión católica, con el fin de averiguar la impureza moral que había causado la dolencia. En segundo lugar, se utilizaban muchas formas de

---

[17] Samuel Noah Kramer, 1985. Pág. 95.

adivinación, entre las cuales cabe destacar la astrología —que procede de Mesopotamia— y la hepatoscopia; esta última consistía en la búsqueda de "señales" en el hígado de animales sacrificados. En el tratamiento tenían también gran importancia métodos mágicorreligiosos, como exorcismos, plegarias, sacrificios a los dioses y penitencias. Todo ello no excluía el empleo de fármacos, sobre todo vegetales, de baños, masajes e intervenciones quirúrgicas» [18].

Por lo que respecta a la medicina sumeria cabría distinguir dos ramas: la denominada «ashiputu», vinculada a la religión, y una práctica médica, laica y precientífica, llamada «asutu», ejercida por médicos profesionales (o «asu»), cuyas nociones se basaban en estudios teóricos y en la sintomatología para tratar de diagnosticar y pronosticar detalladamente las enfermedades y su evolución: «... si la nuca del enfermo gira sin cesar hacia la izquierda, si sus manos y piernas están rígidos, si sus ojos están cara al cielo muy abiertos, si le cae la baba de la boca, si sopla, si pierde el sentido o (...), es una crisis del gran mal» [19], exactísima descripción de la epilepsia, como vemos.

Por los textos de la época sabemos que eran conocidas enfermedades como la hidropesía, las hernias, la lepra, la sarna y otras dolencias de la piel, así como algunas de los pulmones, el aparato digestivo, etcétera. Sin perjuicio de las fórmulas mágicas —como ya hemos visto—, los médicos sumerios utilizaron remedios vegetales (raíces, tallos, frutos y hojas de distintas plantas, entre ellas el opio, originario de Asia Menor). También usaban ciertos minerales (alumbre, sales y determinadas piedras molidas) y partes de animales, administrados todos ellos en forma de jarabes, inhalaciones, fumigaciones, cataplasmas, lavativas y supositorios.

El manual de medicina más antiguo que se conoce fue exhumado de las ruinas de Nippur —en la primera mitad del siglo XX—, atribuyéndosele una antigüedad próxima a los cuatro mil años (actualmente en el museo de la Universidad de Filadelfia), y aunque adolece de ciertas omisiones, comparado con otros posteriores, presenta el detalle interesante de que, a diferencia de otras tablillas, carece de hechizos y cualquier otra fórmula mágica.

Los remedios mencionados, probablemente, poseían escaso valor, tanto en cuanto los indicios apuntan al hecho de que la

---

[18] José María López Piñero, 1990. Págs. 23 y 24.
[19] María Camino García y Joan Santacana, 1991 (1). Pág. 40.

medicina sumeria no recurría ni a la experimentación ni a la comprobación, por lo cual la selección de remedios no tendría —sin duda— más criterio que la confianza inmemorial en las propiedades de los productos con que eran elaboradas, lo que no quita la utilidad de muchas de éstas.

Había también una especie de cirujanos-barberos (o médicos, sanadores, más bien) de rango secundario, sometidos a la legislación particularmente dura, a la que aludiremos al tratar del Código de Hammurabí, el texto legal más antiguo que se conoce, lo que constituye un más que curioso ejemplo de un principio de medicina legal, gracias al cual nos ha sido posible hacernos una idea de las intervenciones que, con escasos medios, se veían precisados a realizar.

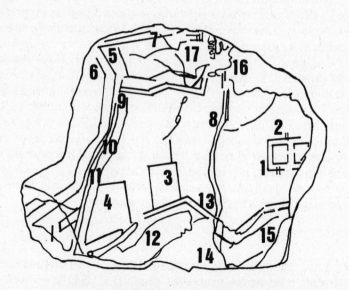

Plano de la ciudad de NIPPUR
(de una tablilla del siglo XV a.C.)

Plano de la ciudad de NIPPUR: 1. Templo conocido como «Casa de la Montaña». 2. Templo adyacente. 3. Lugar poco claro, conocido como «Anniginra». 4. Kirishauru (o «Parque Central de la Ciudad»). 5. Barrio Eshmah. 6. Curso del Éufrates. 7. Canal. 8. Idshauru (o «Canal del Centro de la Ciudad»). *Puertas del SO:* 9. Puerta de las Impuras Sexuales. 10. Puerta Sublime. 11. Puerta Grande. *Puertas del SE:* 12. Puerta de Nanna. 13. Puerta de Uruk. 14. Puerta frente a Ur. 15. Puerta Nergal (o «Puerta del NE»). 16. Muralla del NO. 17. Muralla del SE.

ARQUITECTURA Y ARTE

Numerosos hallazgos prehistóricos, que se enclavan a lo largo de los diferentes períodos arqueológicos, nos muestran los principios iconográficos, tan importantes en la temática artística de esta civilización. *«Las artes de la pintura y de la plástica rondaban... al Creciente Fértil* —en palabras de Blanco Freijeiro— *cuando allí empieza a germinar la civilización urbana de la que serían paladines los sumerios»* [20]. Los yacimientos precerámicos de Jarmo y Hassuna en los períodos Neolítico y Eneolítico, con la alfarería típica de Tell-Halaf, nos muestran la evidencia del arte del barro sobre las manifestaciones pétreas, especialmente si se tiene en cuenta que en el terreno aluvial de la Baja Mesopotamia no existían canteras, por lo cual, tras el fallido intento del «Templo de Caliza» de Uruk, los sumerios desistieron de esta clase de experiencias, tan costosas como poco prácticas.

* * *

Las características del arte mesopotámico se deben fundamentalmente a las de los materiales empleados, dada la escasez de piedra y madera, que tenían que ser traídas desde otros países, bien mediante el comercio o la conquista, lo que propició una arquitectura basada en el adobe (especie de ladrillo, secado al sol, de aristas mal definidas). En tal circunstancia estriban las limitaciones de este arte al compararlo, por ejemplo, con el egipcio.

Como el adobe, a diferencia de la piedra, no puede dejarse largo tiempo al descubierto por sufrir la erosión eólica y del agua,

---

[20] José Manuel Gómez Tabanera, Fernando Díaz Esteban y Antonio Blanco Freijeiro, 1985. Pág. 24.

hubo de ser revestido de materiales más ricos (al menos ocasionalmente) y resistentes, lo que a la vez sirvió de ornato y decoración, constituidos por ladrillos de cerámica vidriada por uno de sus frentes, que además era decorado artísticamente.

Dominaron el arco y la bóveda de medio punto, ya en fecha tan temprana como el 3200 a.C., y tal vez llegaron a usar esta técnica para construir puentes. Éste fue el principal motivo que hizo que las columnas tuvieran tan escasa importancia.

A diferencia de los egipcios, los mesopotámicos se interesaron muy poco por las tumbas, carentes para ellos de contenido religioso; las grandes necrópolis están integradas por sepulturas muy pobres, simples montículos que guardan cadáveres metidos en urnas de barro. Concedían, en cambio, gran importancia a los palacios y desde luego a los templos, especialmente a su torre (o «ziggurat»).

Inicialmente, los templos constaban de una «cella» o largo pasillo estrecho, en cuyo fondo se situaba el altar; un recinto amurallado rodeaba todo el conjunto. Cabe mencionar por su interés el templo de Tell-Agrab, que ya durante el reinado de Mesilim (2600 a.C.) fue levantado en honor al dios Shara y que se componía de varias «cellas». Con el paso del tiempo, estas sencillas edificaciones fueron complicándose con el añadido de las correspondientes «ante-cellas» y algunas otras dependencias.

Con adobes, evidentemente, no se podían levantar edificios multiseculares. Cuando se arruinaban, se volvía a construir sobre ellos —no sólo templos, sino edificios particulares, palacios y ciudades enteras— hasta convertirse en auténticas colinas artificiales (o «tells»), sobre las que se alzaban —en pos de una mayor solidez— los templos y palacios, prácticamente las ciudades enteras. Su aspecto imponía por sí mismo, aunque no parece probable que pudieran rivalizar en colosalismo con las pirámides egipcias, especialmente porque el ladrillo —a diferencia de la piedra— no causaba sensación de perpetuidad. Para construir los «ziggurats» recurrían a la superposición de pisos hasta lograr alturas impresionantes. Se accedía a ellos mediante escaleras adosadas a las plataformas y presentaban desagües en sus muros. El «ziggurat» (nombre derivado del verbo «zaqqaru», que puede traducirse como «edificar en altura») podía tener seis o siete pisos, estando el santuario situado en la cúspide, y sus cuatro ángulos —perfectamente orientados— corresponden a los cuatro puntos cardinales. Cada sección estaba cubierta con ladrillos esmaltados de diferente color, dedicados a los planetas, en una escala de colores que iba desde los más apagados hasta los más brillantes:

el plateado y el dorado se reservaban para los dos últimos (representados por la Luna y el Sol). El famoso «ziggurat» de Ur, fechado entre el 2800 y el 2050 a.C., ya que sufrió arreglos y modificaciones, mide sesenta por cuarenta y cinco metros de base, y tan sólo se mantienen en pie, parcialmente, sus dos primeros pisos con una altura de dieciocho, lo que puede proporcionar fácilmente una idea de sus dimensiones originales.

Los muros de los templos estaban adornados con semipilares o con franjas que recordaban palmeras o algún otro detalle decorativo. La puerta de entrada (en algunos templos había varias) solía ser abovedada y frecuentemente flanqueada por torreones (no olvidemos la mutua desconfianza de estas ciudades-Estado que motiva que las construcciones deban supeditarse a las necesidades defensivas) y en algunos de los más importantes se colocaban unas grandes figuras leoninas a cada lado del portón, que daba paso al «kisalmahum», un gran patio rodeado de habitaciones, archivos, oficinas y almacenes. En la «cella» o «cellas» se hallaban los correspondientes nichos para cada divinidad, en una pequeña habitación lujosamente alfombrada y tapizada, llena de ricas ofrendas de oro y bronce, entre las que figuraban toda clase de perfumes. Los sacrificios de animales, siempre cruentos, se llevaban a cabo en el exterior, en un altar situado frente a la puerta principal.

Los palacios eran conjuntos macizos de grandes dimensiones: el de Mari —situado en el centro de la ciudad— ocupaba un cuadro de más de doscientos metros de lado. De hecho, más de un palacio real en el sentido de «residencia del rey», constituía un complejo conjunto de «dependencias del gobierno». Los muros eran gruesos, aun cuando no fueran muy altos, carentes de ventanas, por lo que las dependencias se iluminaban por el tejado o por aberturas interiores, que daban a los patios. Algunas zonas del conjunto contaban con una planta superior, a la que se accedía mediante escaleras. Para cumplir con sus cometidos, los palacios se disponían como un conjunto de edificaciones centradas en torno a patios a los que se abren la cancillería, el cuerpo de guardia, las salas de audiencias y del trono, las oficinas, escuelas, archivos, oficinas, almacenes y demás servicios. Las habitaciones del monarca y su familia eran amplias, decoradas con refinamiento y dotadas de toda clase de lujos y comodidades. *«Los reyes sumerios reunían en su persona dos actividades distintas: gobernante y sumo sacerdote. El rey recibía las audiencias desde lo alto de un podio, símbolo de la realeza, que solía estar situado en el patio de audiencias, el más importante del palacio. Se han encon-*

trado estructuras de este tipo en diversos palacios reales» [21]. Los nuevos conceptos arquitectónicos del «templo-vivienda» o del «palacio-fortaleza» producen monumentales construcciones en tiempos del famoso rey-sacerdote Gudea de Lagash.

«Las civilizaciones de Uruk y de Jemdet Nasr han sido consideradas como el período protohistórico de los sumerios —afirma García Rueda—. *Con el paso del tiempo, los poblados se convertirán en ciudades-Estado, aisladas entre sí pero con unas carac-*

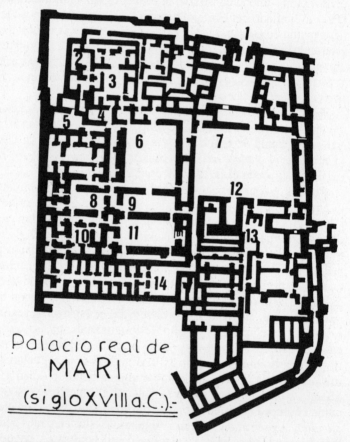

Palacio Real de MARI: 1. Entrada principal. 2, 3. Habitaciones reales. 4. Archivos. 5. Oficinas administrativas y departamento de los escribas. 6. Patio del santuario. 7. Patio principal del palacio. 8. Sección de Intendencia y Archivos. 9. Santurario. 10. Horno para tablillas de barro. 11. Sala del trono. 12. Entrada sala de audiencias. 13. Lugar de la estatua del dios. 14. Almacenes.

---

[21] María Camino García y Joan Santacana, 1991 (1). Pág. 69.

terísticas sociales económicas y religiosas comunes. Las ciudades sumerias más representativas eran Uruk, Ur y Lagash»[22].

La cultura mesopotámica, como ya hemos tenido ocasión de comprobar en otra parte de nuestra obra, estaba centrada en la «ciudad». Estas ciudades surgieron como consecuencia de un gran fenómeno social, expresión de las relaciones entre los hombres, y si había artesanos, mercaderes, banqueros, leyes escritas, manifestaciones artísticas y literarias y excedentes agrícolas, era porque la civilización sumeria constituyó la primera gran «cultura urbana». Dado lo limitado del espacio disponible, nos resulta imposible la descripción de estas ciudades, ni siquiera de las más importantes. Fueron los primeros en trazar planos de sus ciudades (adjuntamos algunos), lo que nos ha permitido hacernos una idea de su trazado y ubicación de los más importantes edificios, especialmente si se tiene en cuenta lo poco que ha llegado hasta la actualidad.

Fundamentalmente las ciudades sumerias estaban rodeadas de calveros, huertos y canales de riego, según se desprende del famoso «Poema de Gilgamesh» al describir la ciudad de Uruk: «*Una parte es ciudad, otra parte huerta y otra parte calvero,/ tres partes, incluyendo el calvero, forman Uruk*»[23].

Por las razones expuestas, las ciudades estaban fuertemente amuralladas, con cuatro puertas, al menos, que, sin embargo —por razones de seguridad—, eran bastante estrechas. Cada urbe estaba dividida en barrios, y cada uno de ellos —como en Ebla— tenía un gran templo, amurallado y aislado, a su vez, tanto por necesidades defensivas, como por el deterioro de las relaciones entre sacerdotes y pueblo. También se alzaban templos menores y capillas u oratorios, incluso en calles o plazas, trazadas con bastante desorden, polvorientas o convertidas en barrizales, según la estación, y siempre receptáculo de inmundicias, en las que las casas de aspecto descuidado y sucio, carentes de ventanas al exterior, no parecían muy atractivas. Las puertas eran estrechas y lo mismo daban a la vivienda como a alguna tienda o taberna. *En algunas calles* —lo que recuerda bastante el aspecto de cualquier ciudad europea del Medievo— *se agrupaban los diversos profesionales, según sus actividades*. Algunas de estas ciudades podían alcanzar muy bien los treinta y cinco mil habitantes, pequeñas ciudades dependientes de la capital, aldeas y chozas campestres aparte. Bajo el reinado del «patesi» Gudea, llegó a contar con más

---

[22] García Rueda Muñoz, 1985. Pág. 15.
[23] Ídem. Selección de Textos. Pág. II.

de doscientos mil, con treinta y cinco templos repartidos por todo su territorio.

Las casas de la gente acomodada constaban de una o dos plantas, a las que se accedía por una estrechísima puerta (en la que se colocaban ciertas máscaras que, según se suponía, debían ahuyentar los malos espíritus), tras bajar algunos escalones, lo que, teniendo en cuenta la suciedad de las calles, era medida saludable. Normalmente, eran de planta rectangular y sus habitaciones se disponían en torno a un patio central; las que tenían un segundo piso, disponían de un balcón corrido de madera, sostenido por vigas y columnas del mismo material. *La única diferencia digna de mención en estas casas estaba en relación directa con la posición y la fortuna de sus dueños.* De cualquier forma, los materiales de construcción eran endebles y, a menudo, los inmuebles se reconstruían sobre las ruinas de los anteriores; por tal motivo, en algunas ciudades, como Uruk —por ejemplo—, ha sido posible determinar y excavar varios niveles. Debajo de los patios se abría un amplio subterráneo que solía servir de sepultura familiar. Lo que no faltaba en ninguna de estas viviendas era un pequeño altar consagrado al «genio» familiar.

Acerca de los muebles y enseres, no se puede decir gran cosa, debido a lo muy escaso que ha llegado hasta nosotros y a su estado de conservación.

* * *

La escultura, aunque escasa, y el relieve, muy abundante, se sirvieron de la temática mitológica para el desarrollo de una iconografía reiterativa, como el águila con cabeza de león, el mito de Inanna y Dumuzi —de connotaciones bucólicas—, o la frecuente imagen del Árbol de la Vida. *La interpretación escultórica se caracteriza por una constante actitud de sumisión, basada en normas y poses estandarizadas.*

Son los sumerios los primeros que, en sus relieves sobre piedra y en los decorados de cerámica, representan su propia figura, mostrándose como sujetos más bien gordos y de baja estatura, con la cara y la parte superior de la cabeza rapadas, conservando tan sólo unos mechones de cabello en la parte posterior del cráneo (por cierto, se autodenominaban «el pueblo de las cabezas negras»). Entre sus primeras manifestaciones cabe destacar el rostro de la Dama de Warka (o Uruk), obra excepcional, tanto por su tamaño, muy próximo al natural, como por la vida que el

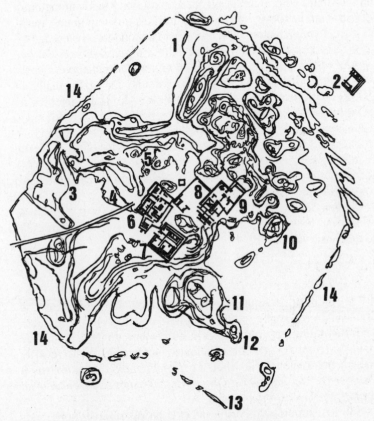

Plano de la ciudad de URUK: 1. Puerta Norte. 2. Templo. 3. Palacio. 4. Templo principal. 5. Emplazamiento de las viviendas más antiguas. 6. Ziggurat de Anu y Templo Blanco. 7. Templo de Mitra. 8. Ziggurat. 9. Templo. 10, 11. Vestigios partos. 12. Templo. 13. Puerta de Ur. 14. Murallas.

escultor supo infundir a su semblante (Museo de Bagdad). Lamentablemente, la obra ha llegado hasta nosotros deteriorada e incompleta. Cuando se representan en actitud de oración o ante sus divinidades, se muestran desnudos, aunque en siglos posteriores lo hacen cubiertos con una especie de falda que les llega por debajo de las rodillas, y en ocasiones aparecen tocados con un turbante o bonete de reborde ancho y abombado; las mujeres llevan una túnica que se sujeta en un hombro, dejando al descubierto el otro, tal como podemos ver en la colección de estatuillas orantes de Tell Asmar (Museo de Bagdad), una de las cuales todavía conserva parte de sus ojos postizos y la pupila azul de uno de ellos. Debajo de algunos de los relieves encontramos inscripciones que parecen corresponder a la letra de los himnos o plegarias que recitaban en la actitud que se les representa. Destacan una larga serie de carneros, bueyes y otros animales con los que el arte sumerio, además de confirmar su predilección por la animalística, evidencia una extraordinaria capacidad de observación.

Las primeras esculturas y relieves son de alabastro, pero luego se emplea piedra más dura: «el precio del material —afirma Blanco Freijeiro [24]— importa menos que su resistencia; si es de diorita, tanto mejor». «*Esta estatua* —nos dice en la inscripción de una de las de Gudea de Lagash— *no está hecha ni de plata, ni de lapislázuli, ni de cobre, ni de plomo, ni siquiera de bronce; está hecha de diorita.*» El país a quien la naturaleza sólo dotó de barro y de juncos formula así su desafío a la eternidad. En ocasiones bruñían la piedra hasta dejarla extraordinariamente pulida. En el Museo del Louvre se conservan ejemplares sumerios y neosumerios tallados en diorita, algunos de reducidas dimensiones.

Al igual que en Egipto, las esculturas de Ur, Mari y Lagash, es decir, de las primeras épocas, suelen ser más realistas que las obras posteriores. Tales figuras aparecen sentadas o en pie y con las manos unidas en ademán deferente. En Mesopotamia, empero, el realismo anatómico aparece bastante oculto por la indumentaria, aun cuando las partes visibles del cuerpo acreditan el notorio sentido de la observación a que nos hemos referido. Se perciben claramente los tendones de los pies, así como las uñas y las articulaciones de los dedos. La estructura ósea de la cabeza y la musculatura de los brazos son también perceptibles claramente. «*La solidez de las proporciones, la importancia de la cabeza y la estilización*

---

[24] José Manuel Gómez Tabanera, Fernando Díaz Esteban y Antonio Blanco Freijeiro, 1985. Pág. 26.

de las formas confieren a estas estatuas una majestad comparable a la de las obras maestras de la escultura egipcia»[25].

Merecen también mencionarse ciertos temas y motivos que milenios más tarde serían utilizados para la decoración en los países mediterráneos, y que incluso aparecían como motivos heráldicos —leones rampantes, águilas y toros— que vemos ya en la decoración mesopotámica.

Un mayor simbolismo se adueña del arte en tiempos de la I Dinastía de Ur (2500 a.C.). De especial interés es el llamado «Estandarte de Ur» (Museo Británico). Consta de dos paneles con incrustaciones de concha, lapislázuli y caliza roja, obteniendo así una policromía original. En él figuran dos aspectos de la vida de los sumerios: escenas bélicas y de paz.

A lo largo de todo el arte de Summer y Akkad se emplea un procedimiento artístico de gran interés: la glíptica, técnica consistente en la utilización de sellos cilíndricos (de piedra, madera o metal) que, al hacerlos rodar sobre una superficie blanda, transfieren el grabado que contienen, obteniéndose un relieve continuo. Aunque han llegado en gran cantidad a nuestros días, cabe destacar los conservados en el Museo Británico (de diferentes períodos) por su calidad y conservación. En ocasiones, este relieve se utilizaba para crear las franjas conmemorativas que constituían las estelas que surgen en el período acadio (2350/2160 a.C.).

En el colosal palacio de Naram-Sim (rey de Akkad) se encuentran los relieves fundamentales, que podríamos considerar la obra cumbre de este ciclo (Museo del Louvre).

* * *

Las artes suntuarias de la incrustación, de la pintura mural y, sin duda, de la tapicería comunican vistosidad y una cierta afectación a las salas más importantes de los palacios. Las pinturas murales con figuras de hombres y animales, las escenas de sacrificios o del monarca en su trono, que exaltaban a éste en su doble vertiente, eran de una calidad sorprendente y constituyen el mejor exponente del gusto y del colorido. Los pintores, que al igual que los escultores y demás artistas permanecieron en el anonimato, dibujaban primeramente los contornos en negro y luego aplicaban los colores que solían ser ocres, rojos, verdes o carmines. Merece

---

[25] Everard M. Upjohn, Paul S. Wingert y Jane Gaston Mahler, 1972 (I). Página 120.

citarse el mural denominado «Ofrenda del agua» (Museo del Louvre), procedente del palacio de Mari (siglo XVIII a.C.), reinando Zimri-Lin.

Ya en tiempos de Uruk aparecen vasos votivos y rituales de alabastro y de otros materiales (Museo de Bagdad) con escenas en relieves planos, unas veces, y más pronunciados, otras, bastante similares a los de los sellos, pero de mayor riqueza y envergadura. Especial mención merecen los jarros de caliza prácticamente envueltos entre figuras humanas y animales potentes y agresivos (leones y toros). De la cerámica utilitaria, destinada a fines comerciales o domésticos, nos han llegado escasísimas muestras, aunque no resulta difícil hacerse una idea de sus características.

En las tumbas reales de Ur se han hallado prácticamente intactas riquísimas ofrendas póstumas (sobre las que nos extenderemos en el próximo capítulo): vajillas de oro y plata, joyas y armas preciosas, que evidencian hasta qué punto destacaron los sumerios en las artes suntuarias, con incrustaciones de lapislázuli (azul) y cornalina (rojo). «Las joyas, las armas de oro, los instrumentos musicales, los tableros de juego, las vajillas, las guarniciones de los carros sumaban a su elegancia funcional el interés de sus representaciones figuradas —comenta Antonio Blanco—. *Aquí el carnero incorporado sobre el rosal, que viene a ser como una estatua de oro y lapislázuli, las cabecitas de toro de las arpas, los menudos cuadros insertos en estos y otros instrumentos enriquecían notablemente el legado sumerio a la par que planteaban problemas de interpretación y comprensión que aún hoy siguen intrigando a la ciencia»* [26].

Consumados metalúrgicos, que uniendo cobre y estaño aprendieron a obtener el bronce, fabricaron armas, herramientas y toda clase de ornamentos. Construían embarcaciones de proa y popa elevadas, y carruajes. No faltan historiadores que les suponen inventores de la rueda, que ya venían utilizando en los tornos de la alfarería y que aplicaron a sus vehículos, ya fueran bélicos o de transporte, que tenían cuatro ruedas macizas. Las ruedas de carros más antiguas que se conocen aparecen representadas en tablillas fechadas unos tres mil doscientos cincuenta años a.C.; se construían con tres placas de madera sólida, unidas por listones del mismo material y forradas por llantas de cuero.

---

[26] José Manuel Gómez Tabanera, Fernando Díaz Esteban y Antonio Blanco Freijeiro, 1985. Pág. 31.

LAS CREENCIAS

Concebían la Tierra («Ki») como un gran disco flotante en un mar de agua dulce («Apsu») que, a su vez, estaba rodeado por un gran mar encerrado dentro de un círculo montañoso. Todo este conjunto se hallaba contenido en una gran esfera, cuya mitad superior era el Cielo («Anu»), a la manera de una bóveda en la que se movían los astros, mientras que la mitad inferior era el Mundo de los Infiernos, oscuro y desconocido («Kur»), donde se ubicaba el «Palacio de los Muertos», rodeado de siete murallas circulares. Esta esfera estaba suspendida en una especie de «mar primordial» («Nammu») a la manera de un caos infinito. Esta concepción del cosmos, más o menos alterada, perduró hasta que los griegos demostraron la esfericidad de la Tierra.

De este «mar primordial» nacieron el Cielo (o principio masculino) y la Tierra (o principio femenino), y de la unión de ambos surgieron los dioses, sobre todo Enlil, dios del Cielo y de la Tierra, bastante similar al Yavé hebreo, que separó las tierras y las aguas.

Tras una lucha a escala cósmica, los dioses consiguieron imponer el orden sobre el desorden y el bien sobre el mal, y es entonces cuando, hartos de trabajar, crearon al hombre para que hiciera por ellos las más duras tareas. «*Desde entonces los dioses organizan la vida de los sumerios* —escriben María Camino y Joan Santacana [27]—; *hacen "descender la realeza de los cielos" y los dioses-reyes se establecen en el centro del país, en la ciudad de Eridú, en la que curiosamente los arqueólogos han hallado los restos más antiguos de la cultura sumeria.*»

* * *

---
[27] María Camino García y Joan Santacana, 1991 (1). Pág. 31.

En la mitología sumeria los dioses adoptaban forma humana, comportándose en todo igual que los hombres, pero eran inmortales. Nada de particular tenía, por tanto, la creencia de los sumerios de que tanto el mundo como sus vidas personales estaban regidos por dioses vivientes e invisibles a los ojos de los mortales. Había deidades del Sol, de la Luna, de los planetas, de los vientos, de las montañas, de los ríos, de las ciudades, de la agricultura, etcétera. Motivo por el cual, dadas las limitaciones de espacio, no nos extenderemos mucho sobre sus creencias religiosas [28].

Ni siquiera en su fase más antigua, la religión sumeria no presentaba ningún rasgo primario, como pudieran serlo el totemismo o la zoolatría, que se hallaban totalmente ausentes. Atributo esencial de la divinidad era su absoluto poder, que ejercía —al tiempo que protegía— sobre una ciudad, un pueblo o una parte o elemento del universo. Hubo deidades sumerias que alcanzaron tal poderío y popularidad que hicieron trascender su culto más allá de sus sedes de origen. Así, Anu, padre de Inanna (señora de Uruk), diosa del amor y de la guerra, fue considerado como el dios padre de los cielos; Enlil, dios del cielo y de la tierra, era el patrono de Nippur; Sin, el dios Luna, de Ur; Enki deidad acuática, señor de Eridú, y Samash, el dios Sol, de Lagash (Summer) y de Sippar (Akkad). Otras divinidades importantes fueron Ea, de las aguas; Nanna, diosa de la abundancia; Ninhursag, diosa de la vida, y Nergel, del «kigallu» (o «Tierra de los muertos»). Además de éstas, que eran las deidades mayores, existían otras de procedencia étnica diversa. *«En este panteón viril y femenino ocuparían un primer puesto los dioses, a menudo señores de la ciudad; las diosas, sus compañeras, asumirán a su vez, de una forma u otra, otras funciones consideradas fundamentales, como, por ejemplo, aquellas relacionadas con la manifestación de poderes, ya telúricos o ctónicos, ya animadores de los mundos animal y vegetal»* [29].

* * *

Su religión recogía mitos ancestrales como una supuesta «edad de oro», que habría durado nada menos que doscientos cin-

---

[28] A diferencia de los sumerios, los acadios poseían un criterio más monoteísta de la divinidad, a la que denominaban con nombres generales relativos a su omnipotencia («dueño», «señor» o «todopoderoso»). La consideraban en forma más abstracta y huían de personificarla o encarnarla en fuerzas de la naturaleza, en los astros o en objetos concretos. Manuel Ballesteros y Juan Luis Alborg, 1973 (I). Pág. 35.

[29] José Manuel Gómez Tabanera, Fernando Díaz Esteban y Antonio Blanco Freijeiro, 1985. Pág. 12.

cuenta mil años, en la cual habrían reinado durante milenios ciertos soberanos como Alulim y Alagar, que se sentaron durante sesenta y cinco mil años en el trono de Ur, por ejemplo (recuérdese la extraordinaria longevidad que los textos bíblicos atribuyen a determinados personajes de los primeros tiempos). Otra leyenda, por cierto muy difundida, era la del «Diluvio Universal», que acabó con tan larga etapa mítica y que, de una u otra manera, fue recogida por el Antiguo Testamento. Enlil, el más poderoso de los dioses, disgustado por el pésimo comportamiento de la humanidad, decidió exterminarla; pero Ea —la diosa de las aguas— previno del peligro a su mortal favorito, Utnapishtim, al que ordenó construir una embarcación para él y los suyos y llevar consigo «la semilla de todas las criaturas vivientes».

«Todas las tempestades, de una violencia extraordinaria,/ se desencadenaron al mismo tiempo./ En un mismo instante, el diluvio invadió los centros del culto./ Cuando, durante siete días y siete noches,/ el diluvio hubo barrido la tierra,/ y el enorme navío hubo sido bamboleado/ por las tempestades, sobre las aguas...» [30]. Cuando los elementos se calmaron, la nave ancló sobre un pico de los montes Zagros (entre Armenia y Beluchistán). Utnapisthim soltó primeramente una paloma, que regresó; luego, una golondrina, que también volvió, y, finalmente, un cuervo del que nada volvió a saberse [31]. Entonces, estimando pasado el peligro, los supervivientes desembarcaron y ofrecieron sacrificios a los dioses.

En las religiones mesopotámicas estaba enraizada profundamente la creencia en la supervivencia del alma tras la muerte. El alma era considerada como una sombra que en el momento del fallecimiento se separaba del cuerpo y vagaba hasta que se procedía al entierro. Luego descendía a un lugar desolado, a través de siete puertas, y allí quedaba recluida a perpetuidad, ya que para estas religiones *el fin del hombre era servir a los dioses, por lo que ninguna recompensa les aguardaba en el «Más Allá»*.

Este «Más Allá» no ejercía atractivo alguno y podía comparársele con el «Sheol» de los hebreos o el «Hades» de los griegos. Se denominaba en sumerio, como ya hemos visto, «Kur», y constituía el espacio vacío que separaba la corteza terrestre del «Namu». No era posible acceder a este polvoriento y oscuro lugar

---

[30] Samuel Noah Kramer, 1985. Pág. 177.
[31] Acerca del número de días que duró este diluvio, difieren los textos babilónicos y sumerios: para los primeros serían seis días con sus noches y siete para los segundos. En cuanto a las aves, éstas figuran en la versión babilónica, pero no en la sumeria.

sin cruzar, a bordo de una barca, el «río devorador del hombre», que conducía el «hombre de la barca», mito que venía a ser una versión arcaica de Caronte.

Aquí, los muertos llevaban una «existencia» —por darle algún nombre— que presentaba analogías con la de los vivos; aunque no era posible abandonar el lugar, ocasionalmente las sombras de éstos podrían reaparecer momentáneamente sobre la Tierra. *Nunca desarrollaron la menor noción del paraíso.*

* * *

Factor de especialísima importancia era el temor a los demonios y espíritus malignos (dotados de alas, como seres espirituales que eran, pero sus rostros y las garras de sus pies evidenciaban su maléfica condición), así como a los dioses ofendidos. Además, había dioses —como Anu— que eran enemigos de los hombres y que habían engendrado a tales seres. El espíritu de los muertos, especialmente si habían perdido la vida en extrañas circunstancias, constituía otro factor de miedo.

El abismo entre humanos y dioses era infranqueable para todos, excepto para el estamento sacerdotal, que era el encargado de interceder y rogar de forma eficaz, ya que los actos religiosos de los demás carecía de validez y las preces de las gentes comunes ni siquiera eran escuchadas sin la ayuda de un intermediario, conocedor de la exactísima fórmula de la plegaria y de los complicadísimos rituales. Los templos, determinadas dependencias al menos, permanecían cerrados a los fieles, que sólo podían contemplar la imagen del dios con motivo de cultos o procesiones en el exterior. «Anclado al templo, considerándolo la "casa de la salvación", el hombre regulaba su vida basándose en el temor a los dioses y en el respeto a la justicia hacia el prójimo. *Al violar uno u otro deber incurría en pecado, y el castigo se manifestaba con las enfermedades y el dolor físico*» [32].

Para obtener la curación no sólo se recurría al médico y al sacerdote, sino también al mago, especialmente cuando se tenía la convicción de que el mal no era consecuencia de la cólera divina, sino de la animosidad de algún demonio o espíritu maligno. Conjuros y encantamientos constituyen parte importante de los textos que han llegado a nuestros días.

De este modo, la magia se convirtió en uno de los importantes

---

[32] *Historia Universal Ilustrada* (I), 1974. Pág. 62.

aspectos de la vieja religión de Summer. Muy ligada a ésta era la adivinación, que corría a cargo de los «baru» o sacerdotes adivinos, que trataban de conocer la voluntad soberana de los dioses, propiciar su benevolencia y atraer sus bendiciones. Los métodos utilizados eran diversos: la interpretación de los sueños, las visiones, los fenómenos atmosféricos, el examen de las manos, el vuelo de las aves, los movimientos de los animales, el aceite sobre el agua y, fundamentalmente, la astrología y el estudio de las vísceras de animales sacrificados, en especial los hígados de ovejas (en diversos museos se conservan hígados de barro o de piedra, con inscripciones, utilizados por los adivinos para el desarrollo de tan complicada actividad).

* * *

Si bien coincidían con los egipcios en la creencia de una vida futura, a diferencia de éstos estimaban que la nueva existencia no dependía ni de la conservación del cuerpo, ni de la utilización de objetos materiales o imágenes del muerto.

Entre 1922-1927 el arqueólogo británico Leonard Woolley realizó importantísimos hallazgos en el emplazamiento de la antigua Ur (cerca de al-Muqayyar, Iraq), a unos dieciséis kilómetros al oeste del actual curso del Éufrates y a trescientos veinte del golfo Pérsico; cabe destacar la necrópolis real, de unos cinco mil años de antigüedad. No lejos de la ciudad salieron a la luz millares de tumbas, todas ellas saqueadas; pero a cierta profundidad aparecieron algunos sepulcros intactos, construidos con piedra tallada, traída desde unos cincuenta kilómetros de distancia. Estas tumbas reales eran auténticas casas subterráneas, situadas al final de unas rampas en el interior de profundos pozos. Estaban cubiertas con bóvedas de cañón y en el interior de estos «pozos de la muerte», tanto en la rampa como en el vestíbulo, se descubrió el macabro espectáculo de cincuenta y nueve cadáveres que yacían junto a sendas copas de veneno adornados con ricos distintivos de oro y piedras semipreciosas. Pertenecían, sin duda, al séquito real: guerreros provistos de sus mejores armas, sacerdotisas ataviadas con hermosísimas joyas, músicos con sus arpas (como la procedente del sepulcro de la reina Shubad, en la que un toro barbudo decora su armazón) y otros instrumentos musicales, aurigas al pie de sus carruajes, a los que aún estaban unidos bueyes y asnos con todos sus arreos.

El ajuar funerario —tal como indicábamos en el capítulo anterior— era impresionante: un yelmo de oro, simulando una peluca; una plancha de mosaico con representaciones de guerra y paz (el mencionado «Estandarte de Ur»), piedras preciosas, adornos personales, herramientas de cobre, vajillas, objetos de culto, un barco de plata, fichas y tableros de juego, una cabra dorada empinándose por un árbol de oro, un puñal de mago de lapislázuli y vaina de oro, etcétera. La mayor parte de estos valiosos objetos se guardan en los Museos Británico y de Bagdad.

La dignidad de los personajes aquí enterrados fue —sin duda— lo que provocó el masivo sacrificio de sus servidores. Lo más curioso de tal holocausto era el hecho de que tanto hombres como mujeres se sacrificasen voluntariamente. No había signos de violencia en los restos, todos los objetos seguían en su sitio, los cuerpos yacían en ordenadas filas, y todo ello para continuar al servicio de sus soberanos en el otro mundo (ver gráfico), donde no les aguardaba recompensa alguna.

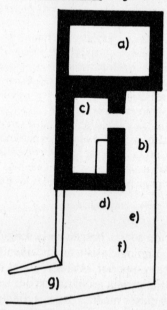

UR. TUMBA DE LA REINA SHUBAD: a) Sepultura real. b) Altos dignatarios. c) Sala de las ofrendas. d) Servidores y músicos. e) Soldados armados. f) Carros y bueyes. g) Guardia real armada.

CAPÍTULO IV
POLÍTICA, SOCIEDAD Y ECONOMÍA

«La base de la vida social consiste en la familia, sin que se encuentre sobre ella ninguna organización superior de tipo gentilicio. En el matrimonio, celebrado mediante contrato, no pierde la mujer la propiedad de su dote ni la capacidad jurídica, que la autoriza incluso para el comercio. Los poderosos pueden tener varias esposas y concubinas.

Existen las clases sociales en cuanto a la riqueza —pobres que viven de su trabajo y ricos que poseen extensas propiedades—, pero falta la nobleza como clase. Gozan, sin embargo, de gran preeminencia los funcionarios del Estado y los sacerdotes, que son favorecidos con esenciones y privilegios. Existen los esclavos, pero sólo procedentes de los vencidos en la guerra.

La vida política y social de la ciudad se centra en el templo, donde se guardan hasta los documentos particulares, se administra justicia y se realizan las transacciones comerciales. Una poderosa clase sacerdotal, ayudada por un sinnúmero de servidores, sirve a este templo, y grandes donaciones reales los mantienen»[33].

* * *

En la organización social, basada en la religión, el dios ocupa la cúspide de una pirámide clasista drásticamente mantenida y en la que bajo el extremo superior, ocupado por el sumo sacerdote y el clero, estaba la aristocracia militar, en la que se apoyaban aquéllos; más abajo, las clases media y baja, y, finalmente, los esclavos. Todo el pueblo es servidor del dios, al que debe las leyes que

---
[33] Manuel Ballesteros y Juan Luis Alborg, 1973 (I). Pág. 35.

rigen su vida cotidiana y la protección contra poderes maléficos y enemigos. Al igual que los hombres, las deidades estaban organizadas en categorías y tenían asignadas competencias diversas, *lo que venía a justificar —por voluntad divina— la existencia de una complejísima división social en el País de Summer*. Bajo el dios se encuentran la realeza y el clero, así como los guerreros, burócratas y funcionarios, agricultores y artesanos. En último lugar figuraban los esclavos.

A principios del tercer milenio a.C., esta estructura —basada más en creencias religiosas que en ideales políticos, lo que la hacía poco práctica por elemental y primitiva— experimentó modificaciones con la aparición del «patesi» (o príncipe), diferente del sumo sacerdote, que pasa a ser su subordinado. Inicialmente, empero, debieron producirse algunos conflictos por cuestión de competencias entre ambas figuras y no cabe duda de que las funciones de gobernante laico y las sacerdotales debieron ser compartidas, hasta que el soberano, ya desembarazado de casi todos los atributos y funciones sacerdotales, abandonó el templo para establecerse en el palacio. Sin embargo, la dimensión religiosa predominó siempre sobre la política. El rey —si bien los sumerios admitían que la realeza «descendía de los cielos», pero, al contrario que los egipcios, nunca identificaron al monarca con la divinidad— tenía ante todo determinados «deberes rituales», y frente a sus súbditos aparecía como una especie de «pastor», o intermediario entre ellos y el dios. En la vida política, era jefe supremo del ejército y del organismo estatal

La administración de justicia se confiaba a gobernadores y sacerdotes, si bien en los casos más controvertidos podía apelarse al arbitraje del monarca, que, debido al enorme poder que acumula, recibe nombres como «Ensi» («Gran Mandatario») o «Lugal» («Gran Hombre»).

Los primeros soberanos de Summer no eran, sin embargo, unos tiranos libres por completo de sus actos; es decir, unos monarcas absolutos. Cuando estaban en juego los más grandes intereses del Estado, consultaban con los más conspicuos ciudadanos, reunidos en asambleas (a la manera de un primitivo parlamento), compuestas por un consejo de ancianos y una representación de todos aquellos que eran capaces de empuñar las armas; todo ello unos dos milenios antes del nacimiento de la democracia griega.

Al principio, la organización del Estado consistía, simplemente, en la administración del patrimonio real. Con el tiempo, no tardó en hacerse más compleja.

Palacio y templo eran, desde muy antiguo, los dos polos de la vida económica y social. Encerrados en el recinto de sus murallas respectivas, constituían pequeños mundos autónomos y autárquicos. En el palacio, aparte de sus familiares, el rey estaba rodeado por burócratas, domésticos, artesanos, comerciantes, etcétera, todos ellos bajo la autoridad casi absoluta de uno o varios superintendentes, responsables de la administración del patrimonio personal de su soberano, netamente diferenciado del estatal, ocupándose del registro de los tributos en especie o metales que llegaban a los almacenes reales.

Situación similar presentaba el templo, otro pequeño mundo en derredor a la estatua de la divinidad y a la persona del sumo sacerdote. En torno al templo pululaban personas de condición social muy diversa, que vivían de las rentas del patrimonio sagrado y de las ofrendas hechas por los fieles para la «comida del dios», de las que —en realidad— se beneficiaba el clero y sus familias.

Del templo dependían muchas gentes, pero su superintendente (o «shanga»), vinculado al monarca, sobresalía entre todos los servidores del dios, que eran los «shatammu», inspectores encargados de los almacenes, y los «tapsharru», escribas encargados de los registros y de la correspondencia, etcétera; de éstos dependía el numeroso personal subalterno, encargado de la limpieza, el transporte y otros cometidos. *Burócratas y especialistas eran gente culta, y su oficio y cargo se transmitía de padres a hijos.*

Con el paso del tiempo y la laicización progresiva de sus instituciones, los reyes acabaron haciendo suyos muchos bienes y prerrogativas del templo, apoyándose cada vez más en el estamento militar, especialmente en su guardia personal, y en sus funcionarios y consejeros, a quienes se denominaba «hombres del rey». Los hallazgos arqueológicos y los textos exhumados nos han proporcionado bastante información al respecto.

* * *

El bronce (aleación de cobre y estaño) fue —en su día— un hallazgo tan importante como la pólvora en el Medievo y de consecuencias parecidas, ya que obligó a un rearme general.

El carro de guerra, arrastrado por cuatro onagros (especie de asno semisalvaje), constituyó el arma revolucionaria que, en numerosas ocasiones, dio la victoria a los sumerios, provocando el desconcierto en las filas enemigas, que —al igual que el tanque en la Primera Guerra Mundial— permitía el avance de la infantería. Su construcción se hacía con materiales sólidos, reforzado por tiras de cuero o madera, en detrimento, tal vez, de su velocidad; el conductor y el guerrero que iban en él estaban protegidos por un elevado parapeto.

Una vez que los carros abrían los primeros claros en las filas enemigas, la infantería ligera se lanzaba al combate. Estos hombres disponían de una lanza como única arma, limitándose su vestuario a la clásica piel de oveja («kaunakes») que les cubría desde la cintura para abajo, lo que, si bien les limitaba algo, les aseguraba una gran libertad de movimientos. Cuando la suerte de la batalla estaba por decidirse o se trataba de dar el golpe de gracia al adversario, intervenía la infantería pesada, cuyos integrantes llevaban yelmos de cuero y se cubrían con largas y pesadas capas de piel, que servían para amortiguar los golpes. En ciertas ocasiones (tal como se muestra en la «Estela de los buitres») se resguardaban de las armas arrojadizas con grandes escudos rectangulares de cuero. Los reyes y algunos personajes importantes se cubrían con corazas de cuero endurecido y usaban cascos metálicos. Además de la lanza, estos soldados utilizaban pesadas mazas y hachas, espadas y puñales.

Las dotes organizativas de los sumerios les permitieron afrontar su política guerrera. El soberano de cada ciudad-Estado podía en cualquier momento disponer la movilización de los ciudadanos útiles y, posteriormente, disponer de un ejército permanente, aunque no muy numeroso. Las tropas estaban organizadas de acuerdo con un eficaz sistema de mandos (cada unidad llevaba sus respectivas insignias o estandartes), bajo sus órdenes. *Sin embargo, esta eficacia no impidió que los sumerios, en sucesivas ocasiones, fueran vencidos y sometidos.*

* * *

La población libre pertenecía a la clase de los «awilu» (término que puede traducirse como «señor»), entre los cuales cabe distinguir las diferentes capas sociales, determinadas por el rango, riqueza u oficio. Existía una capa social intermedia entre los libres y los esclavos, los «mushakenu» (o «los que se inclinan»), que eran gentes supeditadas a otras de superior categoría; tal vez de ahí se derive el vocablo actual de «mezquino».

«Al enfrentarse tanto el antropólogo como el historiador con los documentos arqueológicos con que cuenta para el conocimiento de la posible "vida económica" de las ciudades sumerias, en manera alguna puede desvincular su estudio a la realidad de los que hoy llamaríamos "bienes eclesiásticos" y la imposibilidad práctica del ciudadano sumerio medio para llegar a una pingüe propiedad privada, dado que toda movilización de mano de obra se hacía siempre en beneficio exclusivo del templo o del palacio. Así antes del 2300 a.C. el templo de Babba, en Lagash, poseía unas cuatro mil cuatrocientas veinticinco hectáreas entre cultivos y pastos, sin contar estanques, viveros y huertas, empleando para su mantenimiento unas mil doscientas personas... Parece claro, sin embargo, que "toda" la población dependía para su subsistencia del templo...» [34].

Y aunque todo o casi todo pertenecía al rey y al clero (tanto en cuanto la tierra era considerada propiedad de los dioses), algunos agricultores eran dueños de pequeñas parcelas; no obstante, hubo —muy pocos— grandes terratenientes. *Se podía acceder a la propiedad de la tierra como pago a los servicios prestados al rey, como agricultor «al servicio del dios», por supuesto.*

Los cultivos más importantes eran los cereales, sobre todo cebada y trigo, dependiendo el bienestar del campesino de la calidad y cantidad de las cosechas y de la explotación de los palmares, pudiendo agregar a estos trabajos los productos de la pesca, procedentes de los ríos o de los estanques, y de la caza, especialmente de aves ribereñas.

Escasos y rudimentarios eran los aperos de los campesinos: azadas, rastrillos y martillos para pulverizar los terrones. Se utilizaba un primitivo arado, tirado por bueyes, con un ingenioso dispositivo que permitía que el grano sembrado cayese sobre el surco. Se segaba con hoces y se trillaba con un instrumento plano y pesado, tirado también por bueyes; disponían también de horcas y mayales... Además, se contaba con la benevolencia de Ninkilim, diosa de roedores y sabandijas, a la que convenía encomendarse para que estos bichos no arruinasen las cosechas.

No resulta fácil calcular los rendimientos de esta agricultura, por lo que debemos ceñirnos a los datos procedentes del Archivo Real de Ebla (orilla derecha del Orontes), ciudad situada en una zona cuyas tierras eran bastante más pobres que las llanuras del centro y del Sur, donde los cultivos —que eran intensivos— permitían alimentar durante un año a más de un millón de personas.

---

[34] José Manuel Gómez Tabanera, Fernando Díaz Esteban y Antonio Blanco Freijeiro, 1985. Pág. 14.

También revistió la ganadería gran importancia para los sumerios; uno de los gobernadores de una provincia eblaíta mencionaba la presencia en la misma de más de cuarenta y seis mil cabezas de ganado ovino y de casi doce mil de bovino, lo que ha permitido establecer que la cabaña ganadera de esta ciudad-Estado, en aquel momento, se aproximaba al medio millón de bovinos y a los dos millones de cabezas de ovino. Con tales datos, no resulta difícil imaginar la importancia de la lana, el cuero, la carne, el estiércol, el queso y la mantequilla, entre los productos derivados de la ganadería. Parte de la leche se consumía en el día y con el resto se preparaban quesos y mantequilla.

Los lugares donde los pastos eran más escasos se dedicaban al ganado ovino y caprino. Para el transporte y las tareas agrícolas se servían de asnos y bueyes, aunque desconocían los caballos y los camellos.

Fueron estas actividades tan excedentarias —salvo excepciones— las que propiciaron el nacimiento y desarrollo de una sociedad relativamente rica y estratificada, con oficios y actividades artesanales variados.

* * *

Las ciudades-Estado sumerias contaron desde el principio con buenos artesanos, metalúrgicos, orfebres y lapidarios, que supieron utilizar en las artes suntuarias no sólo los metales preciosos (los talleres de los templos trabajaban y batían el cobre y el oro y cincelaban la plata: el «siclo» de plata, unos 8,4 gramos, el equivalente a ciento ochenta granos de cereal, llegó a ser unidad de peso), sino también el bronce y las piedras duras y preciosas, adquiriendo relevancia especial los trabajos de lapislázuli.

Tal perfección técnica, ya citada en capítulos anteriores, solamente era posible gracias a largos períodos de aprendizaje, se plasmaba en cualquier objeto manufacturado; por ejemplo, en los denominados «peines de marfil», que destacan por la delicadeza de su trabajo, especialmente si se tiene en cuenta que este material, inexistente en Summer, debía ser importado.

Cabe resaltar también sus paneles, taraceados en conchas y lapislázuli, que sirvieron para ilustrarnos acerca de su civilización, clases sociales, usos y costumbres, etcétera.

Los oficios, y por tanto cualquier manifestación de la artesanía, se transmitían de padres a hijos y las relaciones entre maestros y aprendices se regulaban meticulosamente. Así, para apren-

der el oficio de panadero bastaban quince meses, mientras que el de tejedor, mucho más difícil, requería hasta cinco años. El maestro no percibía nada por su enseñanza; antes bien, debía alojar a los aprendices en su casa o taller, atender a todas sus necesidades, incluso cuidarlos en caso de enfermedad, si bien todos los trabajos de éstos pasaban —a modo de compensación— a ser propiedad del maestro. Concluido el aprendizaje, los nuevos menestrales podían establecerse por su cuenta o permanecer en el taller con su maestro.

La producción de lana fue una de las industrias más importantes. Solamente en Ur se trataban anualmente cientos de toneladas de lana de oveja, que luego hilaban las mujeres con sus husos, tras lo cual se tejía en telares horizontales y verticales. También se tejía el lino, pero en mucha menor escala, ya que —al parecer— su uso quedaba restringido a los miembros del clero. La mayor parte de la mano de obra de estos telares, tanto en Ur como en las demás ciudades, era femenina y, con frencuencia, se utilizaban esclavos.

Pese a la importancia concedida a la artesanía y a las consideraciones que estos trabajadores gozaban en Summer (ocasionalmente se les eximió del pago de impuestos), su nivel de vida no era muy elevado, incluso algunas veces estaba por debajo del de un jornalero del campo (en Ur, los orfebres solían percibir retribuciones aceptables, casi siempre en forma de raciones de cereales). Los gremios de orfebres y fundidores trabajaban duramente, siempre vigilados por inspectores y capataces, que examinaban sus trabajos para asegurarse de que había sido utilizado todo el material entregado a sus artesanos.

Aunque el trabajo de los artesanos era sumamente importante, éstos no estaban muy protegidos por las leyes, careciendo de estatutos que fijasen y garantizasen sus derechos y obligaciones y establecieran un salario mínimo, lo que no consiguieron hasta el reinado de Hammurabí, el amorrita.

* * *

En el escalón más ínfimo figuraban los esclavos. La palabra sumeria que significa esclavo estaba constituida con los signos de «hombre» y «montaña», lo cual indica la procedencia de sus primeros esclavos (bárbaros montañeses, capturados durante las guerras). Inicialmente, y dado que las ciudades de Summer surgen como pequeños Estados independientes de sus vecinos y en lucha casi permanente con ellos, solían ejecutar a los vencidos antes de reducirlos a la servidumbre. Por el contrario, los acadios preferían esclavizar a las poblaciones sometidas o, al menos, a parte de ellas.

Otra forma de acceso a la esclavitud eran las deudas: el insolvente era vendido, junto con su mujer e hijos, para así compensar al acreedor. Otras veces, por cuestiones económicas, eran los propios padres los que vendían a los hijos, y no faltaban aquellos que, para salvar a sus familias, se vendían ellos mismos. «Se conservan numerosos documentos que registran asignaciones y ventas de esclavos y que prevén satisfacciones en caso de engaño por parte del vendedor sobre las cualidades del esclavo vendido —escribe Adolfo Domínguez [35]— ... *Seguramente estas actividades se hallaban respaldadas por el poder político que, mediante leyes, garantizaría tales transacciones.* No se conocen, sin embargo, por el momento, compilaciones de leyes anteriores al Código de Ur-Nammu, datable hacia el 2100 a.C. *Pero en este código, a pesar de hallarse muy incompleto, pueden reconocerse normas que afectan a los esclavos y que muestran que los mismos poseen un claro reconocimiento legal.*»

Tal como ocurría en otras culturas del área, no era idéntica la situación de aquellos reducidos a la esclavitud por venta o por impago de deudas —ya que participaban de la misma cultura que sus amos y solían depender de particulares—, que los prisioneros de guerra —de diferente procedencia—, en poder de las grandes unidades económicas, el templo y el palacio, aun cuando, a veces, eran asignados a personajes importantes. De la misma manera que la existencia de los primeros era bastante tolerable, su señal externa consistía en una marca sobre una tablilla colgada del cuello, pudiendo ser integrados en la estructura familiar de sus dueños, accedían con relativa facilidad a la manumisión o a un estado de semilibertad, no muy distinto del de los «mushakenu», la de los segundos —marcados a hierro como las bestias— era lamentable por la dureza de sus condiciones. Se les llamaba «urdu» en sumerio y «wardum» en acadio, y si alguna vez accedían a un estado de semilibertad, no podían abandonar las tierras en que se les confinaba, y esto no se hacía para mejorar su estado, sino para aumentar su rendimiento.

Tablillas como la del Museo Universitario de Filadelfia parecen indicar que la esclavitud no siempre era permanente y que

---

[35] Adolfo Domínguez, 1985. Pág. 11.

algunos esclavos gozaban de ciertas consideraciones que les permitían, como sucedía en Egipto, poseer, a su vez, esclavos. Las manumisiones solían revestir la fórmula de una adopción, por lo que el liberto quedaba —en cierto modo— supeditado al antiguo amo. La de los esclavos del rey dependía de éste y la de los particulares era una especie de transacción privada entre ambas partes. A veces, los templos prestaban dinero a ciertos esclavos para que comprasen su libertad.

Pese a lo elevado de su número, en Mesopotamia los siervos nunca llegaron a constituir una fuerza de trabajo básica, que estaba en manos de hombres libres.

* * *

Mesopotamia carecía de determinadas materias primas, como metales, madera o piedra, por lo que los reyes sumerios debían paliar tales inconvenientes mediante el comercio y la guerra. Aun cuando la guerra era frecuente, habitualmente se recurría a la firma de tratados comerciales con los países vecinos.

Los medios de transporte eran rudimentarios y contaban con enormes limitaciones técnicas, tales eran los casos de vehículos y embarcaciones; además, cualquier itinerario conllevaba, aparte de los naturales riesgos —fenómenos meteorológicos, por ejemplo—, los propios del paso por regiones extrañas y escasamente frecuentadas, bandidos o piratas. Por otra parte, los lugares de descanso y de aprovisionamiento eran casi inexistentes o dejaban que desear, motivos que hacían interminables los viajes, no siendo infrecuentes riesgos como el extraviarse en algún desierto o beber aguas contaminadas, por falta de indicaciones o señales adecuadas.

> «Yo amplié las sendas, enderecé los caminos de la tierra./ Yo hice seguro el viaje; construí allí grandes casas./ Planté jardines a lo largo de ellos, edifiqué lugares de descanso./ Establecí allí a gente amigable,/ de forma que quien viene de abajo, quien viene de arriba/ podrían gozar de sus frescores./ El caminante que recorre la ruta de noche/ podría hallar refugio allí como en una ciudad bien edificada» [36].

Sabemos por los textos de Ebla que el tráfico abarcaba desde Kanish (Turquía) hasta el delta del Nilo. Las caravanas discurrían

---

[36] F. Favier Gómez Espelosín. Fragmento del «Himno sumerio atribuido al rey Shulgi de Ur entre 2100 y 2050 a.C.», 1985. Selección de Textos. Pág. VI.

desde tiempos inmemoriales a lo largo de las estepas y desiertos del Asia central hasta desembocar en los puertos cosmopolitas del Levante (costa sirio-fenicia). Sin embargo, gran parte del comercio se hacía por vía fluvial o marina, ya que, merced al Tigris y al Éufrates, a sus afluentes y a sus numerosos canales, se podía acceder a casi todas las ciudades de Summer. Los barcos se aventuraban hasta el golfo Pérsico en busca de los productos de Arabia y llegaban —como lo demuestran documentos y hallazgos arqueológicos— hasta el valle del Indo.

A cambio de los productos que importaban, ofrecían los sumerios sus excedentes agrícolas, que —como sabemos— eran muy abundantes. En toda clase de intercambios, los metales realizaban la función de «patrón tipo»; la plata era el más utilizado y sus lingotes estaban provistos de un contraste (o «kanku») que garantizaba su calidad y peso. Estos lingotes, en forma de anillos o barras, se pesaban utilizando como unidad la «mina», que equivalía a unos quinientos gramos (según el sistema sexagesimal, cada «mina» se dividía en sesenta «siclos», alrededor de una «libra»). La plata, dada su función de patrón-tipo, tuvo enorme importancia en la vida económica del país y su relación respecto al oro era de uno a seis, si bien podía variar en función de las cantidades de uno u otro metal.

La complejidad de las relaciones comerciales obligó a la sociedad sumeria a la creación de un sistema crediticio. Los «tankaru» (o grandes comerciantes) comenzaron facilitando créditos a otros más modestos o a particulares en apuros. La ley fijaba el tipo de interés para los préstamos: bastante alto para los cereales (33 por 100) y algo más bajo para el metal (20 por 100). Los templos prestaban en bastante más ventajosas condiciones (6 por 100), y a los pobres y enfermos les adelantaban —sin interés alguno— raciones diarias de cebada.

Los reyes de las ciudades mesopotámicas prestaron especial atención a los precios y a su control, y los primeros códigos legislativos establecían ya la relación de precios y salarios, lo que no quiere decir —pese a los testimonios hallados— que lo consiguieran. «*Aun cuando los reyes pretendían fijar los precios* —indican Camino y Santacana [37]—, *la ingente cantidad de tablillas que contienen contratos mercantiles entre particulares refleja que los precios oscilaban con frecuencia, y todo ello en estrecha dependencia de los cambios climáticos, del régimen de inundaciones y, en definitiva, de las cosechas.*»

---

[37] María Camino García y Joan Santacana, 1991 (1). Pág. 54.

El cumplimiento de los contratos, si se trataba de una transacción entre súbditos de una misma ciudad, sujetos, por tanto, a las mismas leyes, quedaba garantizado por el rey; en caso contrario, por tratarse de leyes distintas, los sacerdotes —como intermediarios de la divinidad y banqueros— actuaban como garantes.

* * *

La base de la vida económica, como hemos visto, era la agricultura. No resulta extraño, en tales condiciones, que al mejor desarrollo de ésta se dirigiesen los más solícitos cuidados de las autoridades. La tierra se inscribía minuciosamente en los catastros, las canalizaciones se supervisaban con frecuencia y el agua se repartía con cautela. De la misma manera, la ganadería y el estado de fincas, campos y cultivos estaban reglamentados. Las leyes establecían responsabilidades, indemnizaciones, precios y salarios.

Real y personal era el sistema de prestaciones fiscales, una muy pesada carga destinada a sostener la burocracia real y la clase sacerdotal, para cuyo servicio todos los habitantes de la ciudad-Estado, y posteriormente del imperio, podían ser llamados a trabajar irremisiblemente un mínimo de cuatro meses al año. Pero a diferencia del Egipto faraónico, tal reclutamiento forzoso trajo más inconvenientes (escasez de materiales, traslados de masas —ya fueran gentes libres o serviles— de culturas y lenguas diferentes, administración y coordinación inadecuadas, etcétera) que buenos resultados.

Nada mejor que estas palabras de Noah Kramer [38] para resumir la situación tributaria en las principales ciudades sumerias: *«... nuestros antiguos burócratas habían descubierto el medio de multiplicar los tributos, las contribuciones, las tasas e impuestos en proporciones tales como para hacer morir de envidia a sus colegas modernos».*

Prácticamente todas las actividades devengaban impuestos, desde esquilar una sola oveja o divorciarse (cinco «siclos») a la propia muerte (los agentes del fisco acudían a los cementerios para cobrar onerosas exacciones las familias de los difuntos). Para colmo de males, una parte de los impuestos pasaba a engrosar las fortunas privadas de funcionarios e intendentes. Acabaron produciéndose desórdenes y protestas, por lo que los monarcas

---

[38] Samuel Noah Kramer, 1985. Págs. 76 y 77.

dictaban leyes —que se cumplieran o no dependía de las circunstancias— para suavizar las condiciones de vida del pueblo, frenar los abusos y acabar con las corruptelas; tales fueron las reformas del legislador Ur-Nammu, encaminadas a conseguir que *«el huérfano no se transformase en la presa del rico, la viuda en la presa del poderoso, el hombre de un "siclo" en la presa del hombre de una "mina"»* [39].

MESOPOTAMIA arqueológica: 1. Bogazkoy. 2. Ugarit. 3. Biblos. 4. Palmira. 5. Harran. 6. Mari. 7. Khorsabad. 8. Kuyunchik. 9. Nínive. 10. Mosul. 11. Assur. 12. Accad. 13. Babilonia. 14. Kish. 15. Nippur. 16. Uruk. 17. Lagash. 18. Eridu. 19. Ur. 20. Eri. 21. Susa. 22. Límite del litoral en la época a.C.

---

[39] Ídem. Pág. 81.

CRONOLOGÍA SUMERIO-ACADIA

Fechas a.C.	Hechos históricos, político-económicos y culturales
5000	Yacimientos de Eridú, Tell Brak y Tell Chagar. Arte decorativo con temas naturalistas y geométricos. Metalurgia del cobre y del plomo. Primeros intentos urbanísticos. Culto a la «Diosa Madre».
4600	Gentes procedentes del El Obeid invaden el país de Summer. Cerámica manual polícroma; posterior aparición del torno. Notable desarrollo de la metalurgia del cobre. Se generaliza el empleo del adobe. Prototipos de templo con «cella».
3500	Llegada de los sumerios a la Baja Mesopotamia (Fase de Uruk). Las aldeas neolíticas fortificadas comienzan a transformarse en ciudades. Invención de la rueda (partiendo del torno). Utilización del arado y sistemas de regadío. Adelantos en la metalurgia y en el arte representativo. Aparece la especialización de las distintas profesiones y el comercio. Primeros sellos cilíndricos. Protoescritura (primeros pictogramas). Surgimiento de las primeras escuelas.
3200	Construcción de los primeros grandes templos, con los prototipos de «zigurat», destacando el «Templo Blanco» de Uruk.
3000	Aparecen las primeras monarquías, propiamente dichas, que acabarán siendo hereditarias. La organización política se basa, pues, en el señor o príncipe y un Consejo de Ancianos. Se inicia la rivalidad entre las «ciudades-Estado». Estratificación social y del trabajo muy completa. Organización del panteón religioso con las divinidades An, Inana y Enlil.
2800	Generalización de la escritura cuneiforme.
2700	Gilgamesh, legendario héroe de la mitología mesopotámica, reina en Uruk.
2600	Los elamitas someten a los sumerios, aunque poco después son vencidos por el rey de la ciudad de Adab.
2500	Surgen rivalidades entre las «ciudades-Estado». El monarca Eannatum —el de la «Escuela de los Buitres»— impone la supremacía de Lagash, por medio de victorias militares. «Estandarte de Ur». Comienzos de la poesía. Se escribe la «Epopeya de Gilgamesh».
2400	El rey Lugalzagasi, de la ciudad de Umma, pone fin a la hegemonía de Lagash y unifica el país.
2300	Sargón, rey de los acadios (pueblo semita), derrota al monarca de Uruk, Lugalzagasi, y fija su residencia en Agadé (o Akkad), conquistando toda Mesopotamia. Textos económicos e históricos.
2200	Su nieto Naram-Sin extiende el imperio hasta Armenia e Irán y destruye Ebla. Tuvo que enfrentarse a la invasión de los guti.
2150	Los guti conquistan Summer y arrasan Akkad.
2100	Utukhengal, rey de Uruk, consigue derrotar a los guti. Gobierno de Gudea, «patesi» de Lagash, protector de las letras y de las artes. Primeros textos conmemorativos.

Fechas a.C.	Hechos históricos, político-económicos y culturales
	Ur-Namur inicia el denominado período neosumerio. Dedica un zigurat en Ur al dios lunar Nana y promulga un código de leyes, precedente del de Hammurabí.
2050	Amar-Sin incorpora Asiria al imperio de Ur. Notable desarrollo comercial de la ciudad de Bla (ver mapas).
2000	Fin del poder sumerio. Los elamitas destruyen Ur. Decadencia del arte y de la arquitectura.
1900	Los amorreos (pueblo semita) conquistan Summer, causando grandes destrucciones. Se asientan en Mesopotamia y adoptan la cultura sumeria. Cultura amorrita de Ebla.
1800	El monarca amorrita Sumnabum funda la I Dinastía de Babilonia.
1780	Fundación de la Dinastía Lin, en Mari.
1730	Hammurabí se convierte en rey de toda Mesopotamia, dando lugar al futuro Imperio Babilónico. Promulga un código, basado en antiguas leyes mesopotámicas, y extiende sus conquistas.

CRONOLOGÍA COMPARADA

Fechas a.C.	Situación	Hechos históricos y culturales
9000	Próximo Oriente	Domesticación de cabras y ovejas. Sociedades de cazadores-recolectores en fase de sedentarización.
	Península Ibérica	Período Epipaleolítico. Variedad de instrumentos de tamaño reducido.
	América del Norte	En el SO. de los EE.UU. aparece la «Cultura Cochise» (cazadores de megafauna).
8000	Próximo Oriente	Jericó, la ciudad más antigua que se conoce. Primeros indicios de cultivo de cereales (trigo y cebada).
7000	Próximo Oriente	Aldeas permanentes y ciudades fortificadas. Domesticación de bóvidos y suidos. Aparición de rudimentarios instrumentos agrícolas. Indicios de la existencia de una sociedad estratificada y, tal vez, de gobernantes locales.
6000	Europa (en general)	La agricultura comienza paulatinamente a desplazar a la caza
	América del Norte	Extinción de la megafauna en el SO. de los EE.UU. «Cultura Anasazi» (cazadores y recolectores).
	China	«Cultura Yangshao», situada en el curso medio del río Huangho (sociedad matriarcal).
5500	Turquía	En Hacilar (zona central) se fabrica

Fechas a.C.	Situación	Hechos históricos y culturales
		cerámica de notable factura, decorada con dibujos y motivos geométricos; algunas de estas piezas recuerdan vagamente formas humanas.
5000	*Península Ibérica*	Cerámica andaluza y levantina.
	América del Norte	Primer cultivo del maíz en Méjico.
	Próximo Oriente	Sensible mejora de la metalurgia.
4000	*América del Sur*	«Cultura Nazca-Paracas» (sociedad agrícola y precerámica).
	Egipto	Utilización de balanzas de dos platillos.
	Región Mediterránea	Moldeado y martilleo del cobre; objetos variados.
	Península Ibérica	Período Neolítico. Perfeccionamiento de la cerámica.
3500	*Egipto*	Desarrollo de la agricultura y de la ganadería. Aprovechamiento de las crecidas del Nilo. Telas de lino y embarcaciones con remos.
	China	Uso del bronce. Fundación del «Estado Shang», en el valle de Hoang-Ho. Carros de combate y difusión de estatuas ceremoniales de bronce.
3100	*Egipto*	I Dinastía. Unificación de las «Dos Tierras», con capitalidad en Menfis. Intercambios comerciales con Levante. Experimentan progresos el calendario y la escritura.
	Europa (en general)	Se imponen las culturas neolíticas.
2700	*Próximo Oriente*	Fundación de la ciudad fenicia de Tiro.
	Península Ibérica	Cultura eneolítica de «Los Millares» (zona de Almería). Primera manifestaciones de la metalurgia.
2600	*Egipto*	IV Dinastía. Construcción de las pirámides de Giza. Poder absoluto del rey como «dios viviente».
	India	Florecimiento en el valle del Indo de una notable civilización, similar a las de Mesopotamia y Egipto. Ciudades como Mohenjo-Daro y Harappa (agricultura y ganadería). Escritura pictográfica y uso de la rueda.
	Cáucaso	Influencias mesopotámicas en sus culturas. Importación de cobre. Posible llegada de los primeros indoeuropeos.
	Región del Egeo	Civilización de Troya (I).
	Península Ibérica	Fase Eneolítica. Utilización del cobre. Cultura megalítica. Organización habitacional en poblados.

Fechas a.C.	Situación	Hechos históricos y culturales
2400	*Egipto*	V Dinastía. Aumenta el poder de los sacerdotes de Ra y de los monarcas, en la misma cuantía en que disminuye el de los soberanos.
2300	*Región del Egeo*	Civilización de Troya (II).
	Egipto	VI Dinastía. Los nomarcas se construyen monumentos funerarios en sus dominios. El aumento de su poder provoca la anarquía. Relaciones comerciales con Biblos. Con Pepi I se acentúa la descentralización del Gobierno.
	América del Norte	Indicios en zonas del Sudoeste de cultivo de maíz («Cultura Bat Cave»).
2000	*Turquía*	Procedentes del Sudeste de Europa, los hititas (pueblo indoeuropeo) se establecen en Anatolia y fundan ciudades-Estado, entre ellas Hattusa.
1900	*Próximo Oriente*	Abraham abandona Ur y emigra a Canaán.
	Región del Egeo	Se inicia en Creta un espectacular progreso económico, demográfico, cultural y socio-económico. Contactos con Egipto.
	China	Cultivo del mijo en el valle del río Amarillo y cría de gusanos de seda. Culto a los antepasados y predicción del futuro.
	Sahara	Progresivo cambio de la vegetación de tipo mediterráneo por la que, actualmente, es propia de la sabana.
	Japón	«Cultura Jómon» temprana.
	Afganistán	«Cultura Quetta» tardía. Culto a las «Diosas Madres» de Zhob.
1800	*Gran Bretaña*	Final del Neolítico. Se inician las obras del gran monumento megalítico de Stonehenge (Wiltshire).
1700	*Península Ibérica*	El bronce es el metal predominante. En el Sur se registra un gran auge de las aglomeraciones humanas en poblados. La agricultura y la ganadería determinan las formas de la vida económica. Cultura megalítica en el Sudeste y en Andalucía (Los Millares, Almería).

II
Asiria y Babilonia

CAPÍTULO V

HISTORIA

HASTA ASSURUBALIT I

La destrucción de Ur (hacia el 2000 a.C.) puso fin al esplendor económico y social de Mesopotamia. Los sumerios fueron incapaces de oponerse a la doble invasión: amorritas por el Norte y elamitas por el Este. Entre las ruinas de Nippur fue hallada esta elegía: *«Cuando derrocaron, cuando el orden destruyeron,/ Entonces como un diluvio los elamitas consumieron todas las cosas juntas./ ¡Cómo te cambiaron, oh Summer!/ Del templo desterraron tu sagrada dinastía./ Demolieron la ciudad, demolieron el templo./ Se apoderaron del gobierno del país...»* [40].

Consecuencia de la desintegración del Imperio Sumerio fue una larga etapa de anarquía y luchas intestinas, ya descritas. Pero en el siglo XVIII a.C. los elamitas hubieron de ceder ante la superioridad de la Primera Dinastía de Babilonia, por parte de los amorritas —de raza semítica—, denominados «El Pueblo del Oeste»; Babilonia, ciudad acadia considerada como el centro del culto al dios Marduk (su principal divinidad), fue desarrollándose hasta convertirse en una gran potencia, sólidamente fortificada contra posibles incursiones de tribus nómadas y de sus ambiciosos vecinos.

El lugar donde se levantó Babilonia conoció una tempranísima ocupación en la prehistoria, como lo desmuestran abundantes restos arqueológicos. El nombre sumerio de la ciudad era Ka-

---

[40] Albert Champdor, 1985, Pág. 54.

Dingir-Ra, transformado en el acadio Bab-ilani («puerta del dios» o «puerta de los dioses»). En tiempos remotos existía allí un templo consagrado al dios Marduk, reconstruido y enriquecido por Sargón de Akkad, destruido posteriormente durante el renacimiento sumerio. Antes de llegar a ser la gran capital política del siglo XVIII a.C. había sido antiquísimo centro religioso, y así siguió siéndolo durante toda su historia.

* * *

Dueño ya de toda Mesopotamia, Hammurabí (sexto rey de la dinastía amorrita), hacia 1728 a.C., promulgó un código —al que nos referiremos— cuyo texto resulta fundamental para el conocimiento de esta civilización. Asiria estaba vencida: el Norte sometido y el Sur pacificado. Los hurritas, apenas aparecidos entre los ríos Belikh y Khabur, todavía no suponían un peligro, y los hititas todavía se hallaban lejos.

Gracias a la documentación que ha llegado hasta nuestros días, ha sido posible hacerse una detallada idea de su forma de gobierno. En cada circunscripción hay un gobernador que la administra y establece las relaciones con los poderes locales, las asambleas y los consejos de ancianos.

El imperio parecía sólido, aunque, en realidad, no lo era. Cuando murió Hammurabí, tras un larguísimo reinado (1686 a.C.), la unificación del Creciente Fértil todavía era muy reciente. Bajo el reinado de su hijo Samsu-Iluma, el nacionalismo sumerio reaparece, debilitando al poder central y privándolo de las regiones costeras del golfo Pérsico. A duras penas, además, podía contenerse el avance de los cassitas en las fronteras del Zagros; se trataba de un pueblo montañés que huía de las migraciones arias, en las que aún aparecían mezclados los futuros medos, persas e indios, mientras que en el Norte crecía el poderío de los hurritas, creadores del Imperio de Mitanni. Los otros cuatro reyes de la dinastía no supieron o no pudieron hacer frente a la crisis, que se fue acentuando hasta que los hititas asestaron el golpe de gracia. En 1531 a.C. Mursil I, partiendo de la Alta Siria, cayó sobre Babilonia, destruyéndola, tras una rápida campaña. En la región devastada se establecieron los cassitas.

La subsiguiente evolución histórica de Babilonia, hasta la época del Imperio Caldeo-Babilónico, corresponde a una provincia marginal. El centro de gravedad, en efecto, se fue trasladando hacia la Alta Siria y la Mesopotamia Superior, donde durante casi trescientos años, hurritas, hititas y asirios se enfrentaron por la supremacía. El éxito acabaría favoreciendo a estos últimos.

* * *

Asiria tomó su nombre definitivo del de su antiguo dios nacional, Assur (en ciertas épocas identificado con el sumerio Enlil), dando este nombre a su antigua capital, ubicada sobre una colina de la margen derecha del Tigris. Su historia se inicia a mediados del tercer milenio a.C., cuando su población se componía de elementos presumerios y otros grupos predecesores de los hurritas. Por su parte, desde el Sur, los acadios aportaron influencias lingüísticas y culturales. El nombre primitivo del país era Subartu, y su componente humano, de naturaleza nómada. *Pese a la escasa documentación que se posee, se sabe que la futura Asiria estuvo incorporada al imperio de Sargón de Akkad, del que recibió acusadísima impronta.*

Uno de sus primeros reyes —personajes no muy bien conocidos—, que seguramente no era de etnia semita, Ushpia, construyó el primer templo al dios Assur; muy posiblemente los asirios concluyeron su proceso de sedentarización unos doscientos años antes de entrar en contacto con los acadios. La dependencia respecto a los imperios meridionales se prolongaría durante el tercer milenio a.C., iniciándose con Puzurasur I una relativa autonomía. Carentes aún de miras imperialistas, los soberanos se contentaban con el humilde título de «vicarios» o («ishishiakum») del dios Assur.

Pese a que se han conservado muy pocos y confusos testimonios, se fue despertando el afán asirio de buscar, en pugna con los estados vecinos del Este y del Sur, una definitiva consolidación territorial. Hacia el 1815 a.C., y en circunstancias un tanto oscuras, Shamshiadad I, un amorrita procedente de la ciudad caravanera de Mari y de uno de los clanes semitas infiltrados en Mesopotamia, consiguió —mediante un audaz golpe de mano— apoderarse del trono asirio, desplegando una febril actividad para organizar el nuevo Estado y hacer de él una potencia capaz de disputar a sus vecinos la hegemonía mesopotámica. Consciente del carácter divino de su misión, Shamshiadad no sólo controlaba de modo directo la maquinaria estatal, sino que, además, realizaba numerosas visitas de inspección y mantenía una activa correspondencia con sus hijos y los más altos dignatarios, ya que *«Anu y Enlil le han llamado a que su nombre sea grande entre los reyes que le precedieron»* [41].

* * *

Tras su muerte, su imperio se desintegró y atravesó una fase de oscuridad y retraimiento. Humillada y vencida por Hammurabí, su capital fue conquistada y arrasada, y posteriormente reducida a vasallaje por Mitanni (Estado formado entre el Tigris y el Éufrates, tras la caída de Babilonia), aunque jamás llegó a doblegarse.

Se sucedieron numerosas tentativas de rebelión, ferozmente reprimidas por los dominadores, en especial el último levantamiento de 1450 a.C., por la extraordinaria dureza con que se procedió. *Precisamente, estos hechos vendrían a propiciar la entrada de Asiria en un juego político de muy dilatados alcances.*

Preocupado por la extensión de hititas y mitannios, el faraón Amenofis III (hacia 1380 a.C.) envió ayuda a los príncipes asirios que se oponían también a dicha expansión, con lo que Asiria consiguió revalorizar su papel en el tablero político de la época.

Los asirios maniobraron con habilidad entre las potencias que detentaban la hegemonía en la región. Aprovechando la crisis del Estado hurrita —atacado por lo hititas y sacudido por conflictos internos—, el monarca Assurubalit I consiguió desvincularse del mismo.

Assurubalit fue tan enérgico soberano como hábil diplomático. Consciente de su posición, buscó vender su alianza al mejor postor. Del faraón Amenofis IV obtuvo oro *«para sufragar la construcción de un nuevo palacio».* Al casar a una de sus hijas con el monarca babilonio Karakardash, consiguió la tranquilidad en el Sur y, además, colocó a su nieto en el trono cassita. Sin embargo, éste fue asesinado a instigación de ciertos sectores de la nobleza local, por lo que irrumpió con sus tropas en este país, acción que encendió el nacionalismo babilonio. *Fue un difícil problema, al que hubo de enfrentarse el Estado asirio durante el resto de su existencia* [42].

---

[41] Juan Francisco Rodríguez Neila, Alejandro Ibáñez Castro y Lorenzo Abad Casal, 1985. Pág. 7.

[42] Se considera a Assurubalit I, con justicia, como el creador del poderío asirio. Destacó también por su obra legisladora, muy útil para conocer el estado de cultura de su tiempo, y en la que no puede por menos de advertirse la brutalidad de los procedimientos asirios. Manuel Ballesteros y Juan Luis Alborg, 1973 (I). Págs. 39 y 40.

HASTA SARGÓN II

Los sucesores de Assurubalit I, especialmente Adadnirari I y Salmanasar I, sobre las bases de poder ya conseguidas, se ocuparon principalmente de consolidar y ampliar las fronteras de sus Estados, disputando a los hititas el reparto de los territorios de Mitanni, ya en franca decadencia, apoderándose mediante afortunadas campañas de Mesopotamia septentrional, zonas de los Urales y toda la Armenia hurrita, e incorporaron al Este de la región de Arrapka —en la ruta mercantil que iba hasta la llanura iraní—, conteniendo al tiempo las incursiones de las tribus montañesas que estorbaban el paso de las caravanas.

Fortalecida por tal extensión territorial y consciente de su poderío militar, Asiria se encontraba ya en condiciones de enfrentarse a los hititas. El ejército asirio empezaba en estas fechas a evidenciar no sólo su crueldad proverbial, sino aquella magnífica fortaleza y el espíritu combativo que durante mucho tiempo le harían prácticamente invencible. Tukultininurta I (1244/1208) les atacó, aprovechando que Salmanasar I ya les había quebrantado en Karkemish, empleando una táctica terrorífica, que «colmaba los valles de cadáveres», tanto para evitar rebeliones, como para dejar muy claro que Asiria exigía la entrega regular de tributos y toda clase de materias primas. Tras su victoria, avanzó hacia el Noroeste, extendiendo sus dominios. Finalmente, marchó contra el Sur, conquistando la región de Babilonia y apoderándose del dios Marduk. No pudo, sin embargo, acabar con la vitalidad política babilónica, que, tras su muerte y tal vez contando con apoyos de sectores de la poderosa nobleza asiria hostiles a la casa reinante, resurgió independiente bajo una dinastía local. Y por algún tiempo logró, incluso, imponerse a Asiria.

* * *

Nuevamente, las invasiones —provocadas por migraciones indoeuropeas— dan al traste con el precario equilibrio de la zona. Los denominados «Pueblos de la Mar» acaban con el Imperio Hitita y se abalanzan contra el Sur, siendo detenidos a duras penas en las fronteras egipcias por Ramsés III (1170 a.C.).

Atacada Asiria desde todas partes por elamitas, muskhis, arameos y gutis, se vio precisada a defenderse encarecidamente. A finales del siglo XII a.C. consiguieron los asirios tomar nuevamente la iniciativa con el más glorioso monarca de esta etapa, Tiglatpileser I (1115/1077), que, en los largos años de su reinado, rechazó a los muskhis (montañeses bárbaros), que trataron infructuosamente de forzar la frontera Norte, y extendió sus conquistas hasta Siria, Palestina, Armenia, Fenicia y gran parte de Asia Menor. Este rey era *«consciente de que Asiria estaba empeñada en una gran tarea de dominio casi superior a sus fuerzas* —escribe Rodríguez Neila[43]—, *y por ello estimuló una amplia política agrícola para hacer frente al aumento de población y el aprovisionamiento del ejército. Las inscripciones nos hablan de la construcción de grandes almacenes de grano»*.

Al margen de estos éxitos, el principal peligro para Asiria se fraguaba en sus fronteras occidentales, a causa de las oleadas semíticas procedentes del desierto sirio. En un vano intento de acabar con éstas, Tiglatpileser realizó una expedición hacia las costas mediterráneas, recibiendo el homenaje de fenicios y egipcios.

Sus inscripciones mencionan hasta cuarenta y dos pueblos sojuzgados y sometidos al pago de tributos: *«Cubrí de ruinas los territorios... sembré el suelo de cadáveres, como si fueran fieras salvajes. Entregué las ciudades a las llamas; destruí; amontoné ruinas y escombros...»*[44]. Pero al mismo tiempo elaboraba un código de leyes y adoptaba el calendario de Babilonia. Al parecer, fue asesinado.

* * *

Sus sucesores tuvieron que ceder terreno ante la encarnizada guerrilla de los arameos (tribus nómadas, que pastoreaban por el desierto sirio-arábigo), agrupados en pequeñas pero numerosas unidades políticas desde Siria a Armenia. La invasión aramea se

---

[43] Juan Francisco Rodríguez Neila, Alejandro Ibáñez Castro y Lorenzo Abad Casal, 1985. Pág. 9.
[44] *Historama* (I), 1965. Pág. 98.

produjo entre los años 1100/1000 a.C., instalándose una de sus ramas —los caldeos— al sur de Babilonia. Aunque reducida al núcleo central de su imperio, Asiria consiguió mantenerse, si bien algunos componentes étnicos se mezclaron con las capas más bajas de su población. Cuando esta oleada semítica remitió (1000/900 a.C.), las relaciones comerciales —dado que sólo había sustraído regiones periféricas— se reanudaron y, como permanecieron intactas numerosas ciudades fundadas por los asirios, se constituyó un punto de partida para la empresa reconquistadora.

La restauración del poderío asirio, iniciada en la última década del siglo X a.C. por Adadnirari II (911/889), la prosiguió su sucesor Tukultininurta II (889/884), valiéndose no sólo del poder militar, sino de las actividades comerciales.

Estos y otros fines fueron plenamente conseguidos por Assurnasipal II (884/859) y Salmanasar III (859/824), artífices de este nuevo imperio, que pasaron a la historia por su crueldad, manteniendo a las poblaciones conquistadas en una situación de perpetuo terror; los países ocupados eran esquilmados en beneficio de Asiria, los prisioneros de guerra esclavizados y los rebeldes aniquilados.

>«Ataqué la ciudad y me apoderé de ella. Pasé por las armas a tres mil de sus guerreros y tomé como botín sus bienes. A muchos les hice arrojar a las llamas, y a muchísimos les hice prisioneros. A algunos les mandé cortar las manos y los dedos, a otros la nariz y orejas, y ordené que muchos fueran cegados. Con las cabezas y los miembros formé dos grandes montones. Luego dispuse destruir la ciudad, devastar todo, destruir todo»[45].
>
>(De una inscripción que enumera las «hazañas» de Assurnasipal II.)

* * *

Tales métodos no se encaminaban precisamente a lograr las simpatías hacia la dominación asiria, por lo que los pueblos limítrofes se coaligaron para resistir más eficazmente contra los asaltos del poderoso imperio. Así, cuando Salmanasar III organiza una poderosa expedición contra Siria, se ve obligado a retirarse sin haber logrado sus propósitos. Sólo una década más tarde —generando una espiral de violencia— consiguió imponerse a

---

[45] *Enciclopedia Estudiantil Códex* (Núm. 75).

los príncipes sirios y arameos, que luchaban entre sí, ocupando Damasco y sometiendo al reino de Israel (Jehú, rey de Israel, hubo de arrodillarse ante él y besar el suelo en señal de pleitesía) a tributo. Ordenó consignar sus hazañas guerreras, año por año, en inscripciones monolíticas: «... *recibí el tributo de los reyes de la costa... maté dos mil novecientos soldados aguerridos en la batalla; me llevé catorce mil seiscientos como prisioneros de guerra...*» [46].

Con todo, no pudo consolidar su dominio sobre la costa, aunque, en realidad, sus operaciones militares iban encaminadas no tanto a conquistar determinados territorios, difíciles de mantener permanentemente, sino más bien a quebrantar al adversario y a obtener un pingüe botín: «... *Partí de las riberas del Éufrates y me acerqué a Alepo, cuyos habitantes, temiendo luchar, se postraron a mis pies. Recibí plata y oro como tributo suyo...*» [47].

La revuelta interna que agitó el final de su reinado sumió a la oscilante historia asiria en una difícil situación, tras haber alcanzado el punto culminante de su poderío. Surgieron problemas en Siria y Babilonia, junto con algunos reveses militares, y la proyección exterior se detuvo en los reinados de Shamshiadad V y Adadmirari III, en cuyo nombre asumió durante algunos años la regencia la reina madre Shamuramat (Semíramis). Entre tanto, los gobernadores de algunas provincias periféricas, aprovechando el descontento de la nobleza, pretendieron independizarse.

* * *

La expansión se reanudó con Tiglatpileser III (745/727), restaurador de la potencia asiria. Se trataba de un prestigioso general (tal vez el Pilu de los textos bíblicos y babilónicos), que accedió al trono mediante la usurpación, lo que podría explicar la posterior mutilación de sus anales. No obstante, su actividad resultó beneficiosa para el imperio, al que llevó al cenit de su grandeza. El nuevo soberano consolidó definitivamente su autoridad sobre Siria y se apoderó de Babilonia, al extinguirse allí la dinastía reinante, sin perjuicio de obtener el mayor partido posible de los conflictos entre los reinos de Israel y Judá.

Pasó este monarca a la historia asiria como un gran reformador, que poseía unas nociones del concepto imperial mucho más

---
[46] María Camino García y Joan Santacana, 1991 (2). Pág. 34.
[47] Ídem. Pág. 33.

elaboradas que las de sus predecesores. Cambió la actitud hacia los vencidos, ya que en lugar de ser exterminados o reducidos al estado servil, se les deportaba y enviaba a repoblar regiones apartadas de reciente conquista, cuyos habitantes habían sufrido idéntica suerte. Se efectuaba así una mezcla general de grupos étnicos que, desarraigados de sus lugares de origen, se lo pensarían mucho antes de rebelarse. *Curiosamente, gracias a estas forzadas migraciones, la lengua aramea se extendió por todo el Oriente Próximo.*

Los territorios conquistados eran incorporados a los «límites del país de Assur», dividido en provincias o departamentos, con guarniciones fijas a las órdenes de gobernadores o «bel pihati», dispuestas para sofocar cualquier revuelta. La burocracia era eficaz y un sistema de correos recorría las principales rutas del imperio.

Sus hijos, Salmanasar V y Sargón II, que destronaría a su hermano, proseguirían su obra. Sargón arrasó la Media y el Urartu (Armenia) y realizó conquistas en Anatolia, apoderándose (721 a.C.) de Samaria, capital del reino de Israel. Emprendió campañas contra los egipcios (XXV Dinastía), a los que derrotó en Karkha y Rafia, ocupando el país. Tuvo que intervenir en Babilonia para reprimir una tentativa secesionista. Entre los años 713/707 a.C. se consagró a la construcción de la que sería la nueva capital del imperio, Dur-Saruy-kin (Khorsabad), próxima al Tigris, de más de ocho kilómetros de perímetro, con enormes templos y grandiosos palacios. Sargón II murió en una campaña contra las tribus persas (705 a.C.).

En aquel momento, Asiria parecía hallarse en la cúspide de su apogeo: los «límites del país de Assur» se extendían desde el golfo Pérsico a la Siria fenicia y desde Egipto a los montes Zagros. El imperio estaba dividido en setenta provincias, vigiladas por cuerpos de ejército. Todo parecía marchar como nunca, pero cuando accedió al trono su hijo Senaquerib (705/681), la situación distaba mucho de ser estable...

Según Ballesteros y Alborg («Historia Universal»).

CAÍDA DE ASIRIA Y BABILONIA

En el Norte, el Urartu se encuentra bajo la amenaza de cimerios y escitas, que osan acampar en las mismas fronteras asirias. En el Sur, Babilonia sigue siendo un foco de agitación y de actividades antiasirias, produciéndose un levantamiento —acaudillado por Merodakhbalanan I— con la ayuda de Elam. Senaquerib sometió, por el momento, a los rebeldes y deportó a parte de la población. En Jerusalén se enrarece el ambiente, mientras que los egipcios —molestos por el entorpecimiento de su comercio en Palestina— fomentan y financian rebeliones (701 a.C.).

El monarca asirio, que ha fijado la capital del imperio en Nínive (orilla izquierda del Tigris, cerca de Mosul, Iraq), hace construir una flota por marinos fenicios y ataca a los elamitas. Pero en el 690 a.C. su rey, Huban-Imena, aliado de los persas, le rechaza en Halulé. No tiene mejor suerte cuando pretende castigar a Ezequías, rey de Judá, por su colaboración con Egipto. Pone sitio a Jerusalén, que debe levantar por causas no bien conocidas, tal vez una epidemia de peste. Finalmente, se vuelve contra Babilonia, a la que saquea y arrasa, aunque sin sofocar su espíritu levantisco.

No todo es negativo en estos años; Senaquerib desea que Nínive «no tenga rival» y se dedica a embellecer la ciudad. Así mismo adopta medidas para mejorar los rendimientos de la agricultura, construye canales de irrigación con esclusas, aclimata el algodón y planta vergeles. Se perfeccionan la industria y la artesanía con el descubrimiento de nuevas técnicas metalúrgicas y dota a su ejército de flechas con puntas de hierro. Una conspiración palaciega, tal vez propiciada por alguno de sus hijos, con la complicidad de la reina Sakutu, acaba con su vida.

Asarhaddon (681/669), uno de sus hijos, casado con una babilonia, accede al trono tras breve guerra civil. Dispone la reconstrucción del templo de Marduk e instaura una doble monarquía en Nínive y Babilonia. No tarda la guerra, sin embargo, en encenderse nuevamente en todos los frentes: los cimerios amenazan Anatolia y, con el concurso de los egipcios, los sirios vuelven a rebelarse. Asarhaddon, tras someter a Sidón y obligar al pago de elevados tributos a Judá, Chipre y Palestina, concierta alianzas con los arameos y compra la dudosa pasividad de Urartu y de la Media. En el 761 a.C. ataca Egipto y su general Sanabusu derrota al faraón Taharqa (XXV Dinastía), apoderándose de Menfis y de parte del país. Estos triunfos, empero, quedan bastante empañados ante la situación por la que atraviesa el imperio: las fronteras del Norte han quedado descuidadas y en el Oriente persisten la actitud levantisca de los babilonios y la hostilidad de los elamitas, mientras que las discordias nobiliarias minaban progresivamente su seguridad. *«La aristocracia asiria, que durante siglos había suministrado los cuadros de la administración y del ejército, se había enriquecido en demasía y se mostraba excesivamente arrogante para poder continuar sirviendo de modo incondicional al soberano»* [48]. Por tales motivos, procuró atraerse al alto clero.

Enfermo y abrumado por las preocupaciones, Asarhaddon acaba repartiendo sus Estados entre sus dos hijos. Tras su muerte, Assurbanipal (669/630) —el Sardanápalo de la leyenda— es rey de Asiria, y su hermano, Shamash-Shum-Ikim, de Babilonia. Este reparto de la monarquía asirio-babilónica se consuma en medio de intrigas y rivalidades sin cuento, que la anciana reina madre contribuye a reprimir. El nuevo rey, *«primero entre todos los príncipes, objeto del afecto de la reina Isthar, cordial deseo de todos los grandes dioses»* [49], ha de enfrentarse a una situación que se le escapa de las manos. La rebelión se extiende por doquier: en Fenicia, donde Sidón es arrasada, en Babilonia y en la frontera egipcia.

Sin embargo, había tratado de mostrarse más conciliador que su predecesor, lo que no quiere decir que lo fuese, firmando un pacto con Babilonia —gracias a la restauración de la ciudad, destruida e inundada en el reinado anterior—, muy hábil maniobra diplomática que le evitaba diseminar sus fuerzas, al no precisar dejar tropas en esta ciudad para defenderla de los moradores del Sur y del Este.

* * *

---
[48] *Historia Universal Ilustrada* (I), 1974. Pág. 58.
[49] Albert Champdor, 1985. Pág. 70.

Entre tanto, Egipto había aprovechado la crisis sucesoria para rebelarse, por lo que, tras consultar los oráculos: «... *Yo, el dios Bel, te hablo... El dios Sin está a tu derecha y el dios Shamash a tu izquierda* —se lee en las tablillas sacerdotales—; *sesenta grandes dioses están a tu alrededor, dispuestos en orden de batalla...*» [50], envió a sus tropas (669 y 662 a.C.), que derrotaron a los egipcios y asolaron Tebas con la habitual ferocidad asiria, tal como narran las inscripciones y textos de la época: «En mi segunda campaña me dirigí hacia Egipto y Etiopía... Con mis manos capturé esta ciudad (Tebas) por entero, con la ayuda de Assur y de Isthar. Allí encontré plata, oro, piedras preciosas, los muebles de su palacio de brillantes colores, la ropa blanca, grandes caballos, la gente, hombres y mujeres y dos grandes obeliscos... que estaban junto a las puertas del templo, todo lo cual quité de su sitio y me lo llevé a Asiria» [51].

La proverbial fortaleza asiria se estaba consumiendo en los campos de batalla, en durísimas guerras de desgaste, no ya para ampliar las conquistas, sino para conservarlas con dificultades, en reñida competencia con las nuevas potencias, cada vez más fuertes.

No tarda en producirse en el País del Nilo —aprovechando la retirada de las tropas asirias, que han de combatir en otros frentes— una reacción nacionalista encabezada por el príncipe saíta Pesamético. Curiosamente, Assurbanipal no hizo nada por recuperar Egipto, al revés que sus predecesores.

En el Norte, el reino de Urartu había sucumbido bajo el empuje escita y casi desaparecido la influencia asiria en el país de Nairi. Con enormes dificultades, los asirios consiguieron frenar el avance de los cimerios, que habían destruido el reino de Frigia y atacado Lidia, cuyo rey Gyges, muy a su pesar, hubo de hacerse vasallo de Nínive. Escaso de tropas, Assurbanipal se las arregló para pactar y quebrantar los acuerdos, lanzando a unos contra otros, con lo que sólo consiguió retratar lo inevitable y que las personas consiguiesen independizarse. En Babilonia, su propio hermano (despechado por su posición en segundo orden) se alza contra él. Durante tres años se combate con ferocidad; finalmente la ciudad fue tomada e incendiada (648 a.C.), y el propio Shamash-Shum-Ikim, conociendo la suerte que le espera, acabó suicidándose. Parte de la población fue asesinada.

---

[50] Ídem. Pág. 70.
[51] Ídem. Pág. 71.

Quedaba por escarmentar a los elamitas, cuyo rey Teumman había facilitado ayudas a los babilonios. El ejército asirio conquistó sus principales ciudades, que incendió, siendo sus habitantes masacrados unos y llevados al cautiverio otros, profanando, además, los templos y las sepulturas de los monarcas para privarles del descanso eterno. El propio Assurbanipal narra así esta campaña [52]:

> «En una extensión equivalente a un mes y veinticinco días de marcha, he arrasado los distritos de Elam. He esparcido allí la sal y he plantado zarzas. Me he llevado a Asiria como botín a los hijos de los reyes, los hermanos de los reyes, los miembros de la familia real, jóvenes y viejos, los prefectos, los gobernadores, los caballeros, los artesanos. Me he llevado también a sus habitantes, hombres y mujeres, adultos y niños, caballos, mulos, asnos, rebaños de ganado mayor y menor, más numerosos que una plaga de langosta. He traído a Asiria el polvo de Susa, de Madaktu, de Haltemas y de sus otras ciudades. En un mes he sometido a todo el Elam. *He suprimido en el campo la voz del hombre, el paso de los rebaños, los gozosos gritos de alegría, y los he sustituido por onagros, gacelas y demás animales salvajes...*»

El sádico ninivita, sin embargo, no disfrutó de la paz. Los cimerios dieron muerte al monarca lidio y, tras apoderarse de Sardes y Éfeso, llegaron hasta las costas de Asia Menor. Además, se formó, simultáneamente, una coalición de caldeos, elamitas, arameos, palestinos, árabes y egipcios, dispuestos a terminar con el poder asirio. Assurbanipal, tras cortar las comunicaciones entre Elam y Mesopotamia, emprendió una feroz campaña contra los árabes, castigándolos hasta el extremo de que —carentes de recursos— se vieron constreñidos, según las crónicas, *«a comerse la carne de sus propios hijos para poder satisfacer su hambre»* [53].

En los últimos años —se trataba de un hombre muy culto, aficionado al estudio y a la lectura— acabó por desentenderse de casi todo, encerrado en su palacio de Nínive y dedicando sus afanes a la formación de una inmensa biblioteca y a luchar contra las fieras en un parque del mismo... «Largos años de destrucciones, saqueos, deportaciones, ejecuciones, etcétera, habían ido creando en todo el mundo oriental una latente atmósfera de odio y deseos de venganza contra el terrible dominador —escribe Rodríguez

---

[52] *Historama* (I), 1965. Págs. 102 y 103.
[53] Albert Champdor, 1985. Pág. 75.

Neila [54]. *Los pueblos sometidos, masacrados una y otra vez, reincidían en sus intentos de liberarse del yugo que les esclavizaba. Cuando Assurbanipal devolvió la calma al Estado, finalizando su gobierno, en realidad la agonía asiria estaba en puertas.*»

* * *

La oposición de los nobles al rey y los enfrentamientos entre los diversos partidos de la nobleza catalizaron la crisis de toda la organización centralista del imperio. Los débiles e ineptos sucesores del cruel Assurbanipal nada o casi nada pudieron hacer para detener el desastre que se les venía encima. La invasión de los escitas, la restauración de la dinastía caldeoaramea de Nabopalasar en Babilonia y la alianza de ésta con los medos (base del futuro Imperio Persa) de Ciaxares causaron la caída de Asiria, lo que «*sobrevino* —afirma Rodríguez Neila— *por pura ley de evolución histórica*» [55]. En el 614 a.C., un ejército medocaldeo irrumpió en Asiria, cuyo ejército ante enemigos fuertes y bien mandados poco pudo hacer, apoderándose de Assur, la antigua capital del imperio, que fue entregada a un feroz saqueo. Dos años después, intervino directamente en la lucha del propio Nabopalasar, aportando refuerzos y sitiando Nínive, que capituló —agosto del 612— tras sólo tres meses de asedio. La ciudad fue arrasada y su rey, Shiusharraishkum, pereció entre las llamas.

Los restos del ejército asirio trataron de hacerse fuertes en las montañas de Harrán (609 a.C.), pero fueron derrotados y muerto su último monarca, Assurubalit II. La mayor parte de los supervivientes fueron exterminados, y sólo algunas míseras comunidades conservaron durante algunos años un pálido reflejo de la pasada grandeza.

* * *

Desaparecido el Imperio Asirio, quedaban tres potencias prestas a repartirse sus residuos: Egipto, Babilonia y Media. Por el momento, el Éufrates sirvió de frontera entre medos y babilonios. Menos resignado, el faraón Nekao (Necao) pretendió adueñarse de Siria, pero Nabopalasar envió contra él a su hijo Nabu-

---

[54] Juan Francisco Rodríguez Neila, Alejandro Ibáñez Castro y Lorenzo Abad Casal, 1985. Pág. 15.
[55] Ídem. Pág. 15.

codonosor, hábil general, que consiguió la definitiva victoria sobre los egipcios de Karkemish (orilla izquierda del Éufrates). El historiador hebreo Flavio Josefo (siglo I d.C.) resume así el resultado de la contienda: *«Así pues, el rey de Babilonia atravesó el Éufrates y tomó toda Siria, hasta Pelusium, con la excepción de Judea»* [56].

Nabucodonosor accedió al trono al día siguiente de su victoria, el primer día del mes de Elul (6 ó 7 de septiembre del 605 a.C.) del mismo año. Albert Champdor resalta su apresuramiento en llegar a la capital, atravesando el desierto, lo más rápidamente posible, lo que viene a indicar que tendría, sin duda, motivos para temer alguna intriga, tal vez porque su padre había logrado la corona no sin oposiciones [57].

El reino de Judá había conseguido bajo la dominación asiria mantener una relativa independencia, incluso había sacado partido de la rivalidad egipcio-babilónica, y acabó inclinándose por el faraón Necao. Irritado, Nabucodonosor cayó sobre Jerusalén, tomándola por asalto el 18 de marzo del 597 a.C., deportando al monarca Joaquín y unos tres mil miembros de la aristocracia judía a Babilonia, tras colocar a Sedecías en el trono de Judá.

Temeroso del poder babilonio, Sedecías, muy a disgusto, cumplía sus compromisos con el vencedor, aunque no tardó en coaligarse con los fenicios y egipcios. Nabucodonosor derrotó a unos y a otros, apoderándose de Tiro, tras largo asedio. Jerusalén resistió dieciocho meses, pero hubo de capitular (587 a.C.); esta vez la ciudad y el templo fueron destruidos. Los vencedores degollaron a los hijos del rey ante él y luego le cegaron; los más altos dignatarios y miles de judíos, entre los más aptos para el trabajo, fueron llevados al cautiverio.

Al igual que los asirios, los babilonios se enorgullecían de sus matanzas y salvajadas, practicadas como intimidación unas veces y otras como mera actividad deportiva. Babilonia parecía invencible y todos volvían sus ojos hacia el poderío y esplendor de la gran ciudad. Sin perjuicio del mucho tiempo dedicado a sus campañas, Nabucodonosor, tal como lo demuestran el gran número de inscripciones en edificios y ladrillos con su nombre hallados por toda Mesopotamia meridional, propició la construcción, reconstrucción y reparación de templos, palacios y fortificaciones a una

---

[56] Albert Champdor, 1985. Pág. 80.
[57] Ídem. Pág. 81. La usurpación e incluso el regicidio no eran infrecuentes en aquella época; de ello existen abundantes pruebas.

escala que sobrepasó en mucho a la de los asirios, convirtiéndola, además, en el primer emporio comercial del mundo.

En una de estas inscripciones se trasluce el orgullo que sentía por las impresionantes fortificaciones construidas en torno a la capital del imperio [58].

> «Para que ningún asaltante hostil se acerque a la muralla de Babilonia, hice lo que ningún rey hizo antes que yo; quise que la ciudad estuviera rodeada por una fuerte muralla. Cavé el foso, construí el borde con asfalto y ladrillos, levanté la muralla en su borde exterior a gran altura, coloqué amplias puertas y batientes de madera con adornos de bronce. Para humillar la faz del enemigo y que no osara sitiar la triple muralla la rodeé con poderosas corrientes semejantes a las olas del mar: superarlas sería como cruzar el mar y para no provocar inundaciones cavé fosos protegidos por terraplenes de barro cocido...»

Su endiosamiento le llevó a ordenar la construcción de una colosal estatua de oro que representaba su persona y a ordenar que fuera adorada; aquellos que se negasen a rendirle honores eran arrojados al fuego. Su orgullo y crueldad amargaron sus últimos años, y le llevaron a un gravísimo estado de demencia. En el Museo de Berlín se conserva un camafeo en el que aparece grabada su efigie con esta plegaria: *«Al dios Marduk, su señor Nabucodonosor, rey de Babilonia, dedicó esto para la conservación de la propia vida»* [59].

* * *

Las extraordinarias cualidades que habían adornado a monarcas como Hammurabí y Nabucodonosor brillaron por su ausencia en los sucesores de este último. Se precisaba una gran determinación y no menos gran vigor para hacer frente a las complicaciones políticas que se avecinaban en momentos en que las cosas comenzaban a cambiar. Baste el dato de que durante los ocho años siguientes a la poco gloriosa muerte de Nabucodonosor (562 a.C.) se sucedieron tres reyes. Finalmente, el sacerdote Nabonido —hijo de una sacerdotisa— fue elevado al trono por la clase sacerdotal. Centró sus intereses en actividades pacíficas, como la construcción y reparación de edificios, y religiosas: gustaba de

---

[58] *Enciclopedia Estudiantil Códex* (Núm. 130).
[59] Ídem. Núm. 130.

coleccionar estatuas de los diversos dioses, privando de su protección a las ciudades despojadas, dedicándose también al estudio de los antiguos textos. Poco dotado para el gobierno, acabó dejando los asuntos militares y políticos en manos de su hijo Belsharusur (el Baltasar de la Biblia). Padre e hijo estrecharon las relaciones con Ciro II «el Grande», rey de los persas, el nuevo pueblo del este de Mesopotamia que había sustituido a los medos (como veremos en el correspondiente capítulo) en la hegemonía del Irán.

Los persas, como lo demostraron los acontecimientos, no eran amigos muy leales; primero pretendieron intervenir en los asuntos internos del rico Estado babilonio y luego —constatando su debilidad— se lanzaron contra él, aprovechando la animosidad que gran parte de la población sentía hacia el padre (por arrebatar los dioses a las ciudades y pretender suprimir las popularísimas fiestas del Año Nuevo) y hacia el hijo (por su crueldad y desenfreno). El ejército babilonio desertó, en su mayor parte, y Ciro se presentó sin obstáculos ante Babilonia, de la que se apoderó —casi sin resistencia y merced a la traición de Gobrías, lugarteniente de Belsharusur, pasado a los persas— la noche del 15 al 16 del mes de Tasritu (octubre) del 539 a.C.

Los persas no destruyeron la ciudad y la conservaron integrada en su imperio. Más aún, Ciro deseaba contemporizar con los vencidos y, como consideraba la conquista de la misma como la liberación del pueblo babilonio, devolvió las estatuas de los dioses a las ciudades, permitiéndoles conservar la mayor parte de sus libertades, tanto en cuanto aceptasen su soberanía. Adoptó desde el principio sus prácticas tradicionales y legitimó su sucesión como rey de Babilonia, «cogiendo de la mano al dios Bel». En seguida dispuso la liberación de los judios que permanecían en el cautiverio (537 a.C.), devolviéndoles los vasos de oro y plata y demás objetos litúrgicos que Nabucodonosor había tomado del templo. Ciro se mostró magnánimo con Nabonido, tratándole con todo género de consideraciones, llegando a nombrarle gobernador de una provincia. Sin embargo, el tirano Belsharusur no tuvo tanta suerte, ya que fue asesinado por sus antiguos súbditos, que así vengaron las afrentas recibidas.

CAPÍTULO VI

CULTURA ASIRIO-BABILÓNICA

LITERATURA Y CIENCIA

La simplificación a que llegó la escritura cuneiforme en el segundo milenio a.C. favoreció su extensión al hacerse más inteligible y, por tanto, más asequible a ciertos sectores de la población. Un cambio fundamental lo supuso la dirección de la misma. Originariamente, como sabemos, los caracteres se disponían en columnas verticales (que se leían hacia abajo, de derecha a izquierda); sin embargo, en un momento dado, se descubrió que la escritura podía leerse mejor inclinando la tablilla hacia la izquierda, de manera que pudiera seguirse horizontalmente, por lo que se altera su dirección. Los signos experimentaron un giro de noventa grados y en lo sucesivo se leyeron de izquierda a derecha.

El paso a la escritura fonética viose favorecido por la escritura especialmente monosilábica de las raíces de las palabras sumerias, hasta el punto de que, en la época de la III Dinastía de Ur (2100 a.C.), el número de signos habíase reducido a un tercio de los anteriormente usados. Además, los signos individuales fueron combinados hasta formar innumerables caracteres compuestos; por ejemplo, los signos de «agua» ( ) y «cielo» ( ) unidos significaban la palabra «zunnu» ( ), que puede traducirse por «lluvia» o «agua del cielo».

A partir del siglo XV a.C., el sistema cuneiforme no sólo se utilizaría para el acadio-babilónico, sino que se aplicaría a otras lenguas que se valdrían del recurso del fonetismo para crear las escrituras silábicas.

Después del sometimiento de los sumerios, su lenguaje quedó relegado a aspectos religiosos y didácticos, tal como sucedería en Europa con el latín, tras el colapso del Imperio Romano, siendo paulatinamente sustituido como idioma coloquial por el acádico (del que el asirio era un dialecto), que conservó en su forma escrita el sistema cuneiforme sumerio, aunque adaptando muchos de sus signos. Veamos, pues, la composición de las palabras «padre» («abu» o «a-bu») y «hermanos» («ahu» o «a-hu») en acadio: [𒀀𒁍] y [𒀀𒄷], respectivamente.

Curiosamente, se produce una fase regresiva, opuesta totalmente a la natural evolución de todo sistema escriturario. Los escribas añaden signos ya en desuso o crean otros y utilizan diversos juegos gráficos relacionados con el contenido de los textos; así, ciertas grafías sólo se usaban para escritos científicos o para narraciones mitológicas, por ejemplo. El número de signos va ascendiendo de nuevo en la fase neoasiria (siglo VIII a.C.). *«El acadio perdió así su oportunidad* —afirma Molinero [60]— *de traspasar el estadio de un silabismo mezclado con logogramas. El motivo está en los propios escribas»,* ya que la escritura —por ser complicadísima— estaba reservada a una exigua minoría, poco inclinada a la pérdida de sus privilegios, si ésta se simplificaba y se divulgaba. Por el contrario, los pueblos periféricos a esta cultura, al no tener tales impedimentos, acabaron dando el salto evolutivo. Así, el cuneiforme quedó irremisiblemente condenado, perdiéndose uno de los más importantes elementos que daban cohesión a la cultura mesopotámica.

Durante el primer milenio a.C., el cuneiforme, acosado por los sistemas alfabéticos que surgen en la cuenca del Mediterráneo, se repliega a su cuna, ya que ni siquiera puede ser impuesto por la fuerza. Las dificultades que planteaban el sumerio y el acadio fueron superadas por el arameo (primer milenio a.C.), que —lógica consecuencia de las mencionadas deportaciones— se extendió con facilidad, hasta convertirse en una especie de lengua del comercio y de los negocios, de uso común para todos los pueblos. La difusión del arameo como lengua hablada fue seguida de una forma de escritura, en este caso alfabética (que se verá en el correspondiente capítulo) adoptada de la fenicia, mucho más simple que el sistema silábico cuneiforme y, por supuesto, más cómodo y manejable, ya que permitía escribir con tinta sobre diversos soportes, especialmente cuero o pergamino. En muchos docu-

---

[60] Miguel Ángel Molinero, 1985. Pág. 15.

mentos oficiales, a partir del siglo VIII a.C., aparece un resumen del texto en arameo junto al cuneiforme. *En los Imperios Asirio y Babilónico, existían los denominados escribas «sobre pergamino» y «sobre tablillas», lo que indica claramente el progreso de esta lengua y de la nueva forma de escritura.*

Si los textos reales asirios se grababan sobre lápidas y placas metálicas, que recubren los muros palaciegos, en la famosa biblioteca de Assurbanipal se encontrarán un gran número de tratados de astrología y leyendas babilónicas, escritas en tablillas de arcilla. Por su parte, las cartas aparecían rodeadas por una envoltura —del mismo material— en las que figuraban la dirección del destinatario y un texto de protección.

Se escribía también sobre las tablas de madera recubiertas de cera y con seguridad se empleaba la escritura de tinta sobre ésta, así como sobre pergamino, cuero y papiro. Se han encontrado abundantes diccionarios bilingües y trilingües, métodos para aprender el babilonio y el asirio, así como numerosas copias de obras literarias en caracteres cuneiformes; aunque a partir del reinado de Sargón II se extenderá, no sólo entre el pueblo sino en la propia corte, el uso del arameo.

No obstante, dada la naturaleza del clima, sólo los textos de barro cocido se han conservado hasta hoy, por lo que —curiosamente— estamos bastante peor informados de los acontecimientos literarios e históricos a medida que se van aproximando a la era actual. *Desde el siglo V a.C. tales informaciones, prácticamente, proceden de fuentes griegas.*

En lo que respecta a la lengua acadio-sumeria hablada era diferente de la escrita, y hacia estas fechas prácticamente había desaparecido, perdurando como idioma escrito —sólo conservado por muy escasos elementos apegados a la tradición— relacionado con la administración de los templos y la redacción de textos religiosos. *Los últimos escritos —fechados en el 75 d.C.— provienen de Uruk, la misma ciudad que vio nacer la primera escritura.*

* * *

En la antigua Mesopotamia, los sumerios poseían bibliotecas, donde se hallaron millares de tablillas, inscritas y convenientemente clasificadas, y aunque no fueron exhumadas en Babilonia, se sabe ciertamente que existían en palacios y templos, donde se conservaban en grandes tinajas dispuestas y ordenadas adecuadamente en sus respectivos estantes.

En las mismas ruinas de Nínive, los arqueólogos Hormuzd Rassam y George Smith dieron en 1872 con los restos de la biblioteca de Assurbanipal, compuesta por millares de tablillas clasificadas y catalogadas, según criterios muy actuales, en cuyos bordes llevaban una pequeña anotación indicando el contenido de cada una o el tratado a que correspondían. En aquellos tiempos existía la deplorable costumbre de robar los textos, al igual que suele ocurrir en las actuales bibliotecas; por eso, muchas de ellas contenían una severa admonición dirigida a los amigos de lo ajeno: *«Al que se llevare esta tablilla abrúmenle Assur y Belit con su ira, y borren su nombre y posterioridad de la faz de la tierra»* [61]. Gracias a esta biblioteca, fue posible conocer la historia de las dinastías asirias, su concepción del universo y las relaciones existentes entre dioses y hombres en el país de Assur.

El saber asirio, tributario en gran parte del babilonio, se pudo conservar gracias a la acción de los diversos monarcas que se preocuparon de fomentar la literatura, la ciencia y las artes. En tal sentido fue decisiva la conservación de casi treinta mil tablillas («tup-sharruti») de la biblioteca ninivita, que se encuentran —aunque parcialmente destruidas— en buen estado. Assurbanipal, siguiendo la costumbre de sus predecesores, pretendió reunir todo el saber de su tiempo, pretendiendo hacer de Asiria una gran potencia cultural: «... las tablillas raras que estén en tus archivos y que no existan en Asiria —así se dirige a uno de sus funcionarios [62]— búscalas y envíamelas. Además, si encuentras alguna que yo no te haya mencionado en mi carta y que juzgues que esté bien para mi palacio... envíamela».

* * *

Para la enseñanza de la escritura existían escuelas en Asiria y en sus colonias comerciales como Kanish, en Anatolia. El aprendizaje comenzaba reteniendo los signos de memoria, copiando largas listas de nombres, más adelante textos cada vez más largos y difíciles y, finalmente, estudiando alguna lengua extranjera, circunstancia de la que se ha beneficiado en mucho la actual filología. Normalmente, los escribas solían ser hombres, aunque había algunas mujeres desempeñando puestos similares a las actuales secretarias.

---

[61] *Enciclopedia Estudiantil Códex* (Núm. 19).
[62] Juan Francisco Rodríguez Neila, Alejandro Ibáñez Castro y Lorenzo Abad Casal, 1985. Pág. 23.

Los toscos monarcas asirios consideraban a Babilonia como la más preciada perla de su corona, ya que —no en balde— esta ciudad era tenida como el centro del mundo. *«Así pues, si bien Asiria conquistó e incorporó Babilonia a su imperio* —afirman García y Santacana—, *desde el punto de vista espiritual y cultural fueron los babilonios los que conquistaron Asiria»* [63].

Los asirios, y así lo demuestra el contenido de sus bibliotecas, eran grandes coleccionistas de las obras literarias y científicas de sus predecesores. Su propia contribución consistía casi exclusivamente en relatos oficiales sobre sus reyes y sus conquistas (con unas tediosas descripciones de destrucciones, saqueos y violencias).

Las denominadas «listas limmu» reflejaban la costumbre asiria de dar el nombre de una alta dignidad a cada año, empezando generalmente por el nombre del rey y recordando los más importantes acontecimientos que tuvieron lugar durante su reinado. «Estas listas proporcionan en ocasiones datos de vital importancia cronológica —comenta Cleator [64]—, como adición a la información existente acerca del orden de los monarcas asirios y de la duración de sus respectivos reinados, como sucedió en el caso de la siguiente anotación colocada junto al nombre de Pur-sagail, gobernador de Gozan: *"Rebelión en la ciudad de Assur. En* (el mes de) *Sivan hubo un eclipse de sol."»*

Efectivamente, la referencia a este fenómeno astronómico permitió fechar tal acontecimiento en el 15 de junio del 763 a.C.

En cuanto a las materias recogidas en las bibliotecas, cabe destacar en primer lugar que la mayor parte de la literatura asiria es una copia adaptada de la babilónica, mucho más original; gracias a esta labor recopilatoria, no carente de mérito, pudo conservarse el saber de la época de Hammurabí y otros escritos trascendentales, tales como el «Poema de Gilgamesh» y «La Historia de la Creación» (o «Las Siete Tablillas»).

No todo fue copiar ni recopilar. Los asirios se mostraron creadores en poesía, como lo demuestran «el Himno a Tiglatpileser» o el «Poema de Tukultininurta». Además, existió toda una literatura secundaria relacionada con el exorcismo y los conjuros encaminados a librar a los hombres de los genios maléficos o demonios, aunque el capítulo más importante de su literatura, como hemos visto, sea la historiografía.

---

[63] María Camino García y Joan Santacana, 1991 (2). Pág. 44.
[64] P. E. Cleator, 1986. Pág. 133.

Los caldeos y los asirios fueron pueblos muy avanzados en matemáticas; inicialmente contaban con los dedos: con ambas manos formaban una decena (base del Sistema Métrico Decimal). Pero al mismo tiempo no les pasó inadvertida la importancia de la docena (Sistema Duodecimal) y de su múltiplo, el número sesenta (Sistema Sexagesimal).

```
  Y   YY  YYY YYYY  YYY  YYY  YYYY YYYY YYYYY   <
  1   2    3    4    5    6    7    8    9     10
         60 V  600 K    1.000 <V   10.000 <<V
```

Los babilonios tenían una numeración sexagesimal; de ahí que la hora tuviese 60 minutos y el minuto 60 segundos. Dividían la circunferencia en 360° y el año en 360 días. Cada seis años se intercalaban unos cuantos días más y los sacerdotes se encargaban de añadir alguno cuando así lo requerían las circunstancias. El año comenzaba en el actual mes de abril y concluía en marzo:

1. NISANU   5. ABU   9. KISLU
2. AIRU   6. ULULU   10. TEBITU
3. SIVAN   7. TASRITU   11. SEBATU
4. DUZU   8. ARA-SAMNA   12. ADARU

Para realizar determinadas operaciones matemáticas, se valían de una forma primitiva, pero eficaz, de ábaco [65].

La base del sistema de pesas y medias babilónico era el «empan», siendo sus múltiplos y submúltiplos:

LÍNEA	$1^{1/12}$ de pulgada	0,002 metros
DEDO	$1^{1/12}$ del empan	0,022 metros
PULGADA	$1^{1/12}$ del pie	0,027 metros
PALMO	1/3 del empan	0,090 metros
EMPAN	10 pulgadas	0,270 metros
PIE	12 pulgadas	0,324 metros
CODO	24 dedos	0,540 metros
PASO DOBLE	1/2 de la pértiga	1,620 metros

---

[65] Algunos monarcas se interesaron vivamente por las ciencias y las cultivaron. Assurbanipal (669/630 a.C.) fue un excelente matemático, que se vanagloriaba de poder *resolver difíciles ejemplos de división y multiplicación*. Juan Francisco Rodríguez Neila, Alejandro Ibáñez Castro y Lorenzo Abad Casal, 1985. Pág. 24.

PÉRTIGA	1/10 del pletro	3,240 metros
PLETRO	100 pies	32,400 metros
ESTADIO	600 pies	194,400 metros

Para las medidas de superficie se empleaban los cuadrados de las medidas lineales; las más usadas en medidas agrarias eran el «pletro cuadrado» y el «estadio cuadrado».

Las medidas de capacidad o volumen estaban también basadas en las longitudes. El «vergel» era la cantidad de granos de cebada que precisaba para su siembra una determinada superficie.

Las más importantes medidas de peso eran:

TALENTO	60 minas	30.030,00 granos
MINA	6 piedras	505,00 granos
PIEDRA	2 siclos	84,16 granos
SICLO	2 dracmas	16,83 granos
DRACMA	6 óbolos	8,41 granos
ÓBOLO		1,40 granos
GRANO		0,46 granos

El sistema monetario no difería gran cosa del sumerio: el peso en plata de 180 granos de cebada era un «lot»; 60 «lot» formaban una «mina», y 60 «minas» integraban la unidad, el «biltu».

* * *

Respecto a las ciencias, la observación constante de los asirios, *caracterizada por su falta de interés por la especulación*, dio lugar a la recogida de datos que, tomados por pueblos como el griego, condujeron al conocimiento de causas y efectos en astronomía y medicina.

La ciencia en general, y especialmente la astronomía, nació vinculada estrechamente a la religión. Los «ziggurats», además de su función templaria, tenían un observatorio astronómico, ya que sus dioses, al igual que los de Summer, tenían fortísima significación astral. La astronomía y la astrología alcanzaron su máximo desarrollo durante el reinado de Assurbanipal. Naturalmente, sus primeras investigaciones se centraron en estudiar y comprender el movimiento de los astros, materia ya estudiada por los sumerios. Sin embargo, hasta el siglo VIII a.C. no encontraron aplicaciones inmediatas a sus conocimientos. Llegaron a calcular correctamente los valores medios de las revoluciones de los planetas, lo que les permitió formular predicciones acerca de futuros acontecimientos astronómicos. Descubrieron, por ejemplo, que los eclipses lunares se producen cada ocho años y que la duración del mes lunar es de veintinueve días y un cuarto, siendo la desviación de este valor regular y periódica.

Debido a sus creencias astrológicas, los babilonios fueron observadores asiduos de los cielos, circunstancia que en fecha no bien conocida les llevó al descubrimiento del «saros», un período de doscientos veintitres meses lunares, transcurrido el cual la Luna vuelve casi exactamente a ocupar su posición original, de gran utilidad a los auríspices.

Merced a las actividades astrológicas de sus sacerdotes, obtuvieron grandes y útiles conocimientos astronómicos. Del mismo modo, su interés por las entrañas de los animales les llevó a adquirir amplias nociones anatómicas, que les proporcionaron notable reputación por su destreza quirúrgica. Desde luego, los médicos babilonios y asirios, que utilizaron cuchillos en sus curas, pese a la dureza de las leyes si el paciente moría o empeoraba, cometieron equivocaciones. Sin embargo, consiguieron remedios para las enfermedades mediante emplastos y masajes y por la acertada administración de remedios vegetales y preparaciones minerales. Poseían amplísimo vocabulario fisiológico, e incluso llegaron a estudiar los síntomas de algunas enfermedades —todo ello dentro de criterios utilitarios y meramente empíricos— y a elaborar los correspondientes remedios: «*Machacar raíz de palo dulce como medicamento para la tos y beberlo con aceite y bebida alcohólica*» [66].

Abundan textos que contienen listas de medicinas apropiadas para aliviar dolores de cabeza, de muelas, para los ojos, mordeduras de serpientes o picaduras de escorpión; tratamientos que solían combinarse con exorcismos destinados a expulsar a los demonios causantes del daño.

La religión de babilonios y asirios, al igual que la de los sumerios, imaginaba un mundo por el que pululaban demonios y espíritus malignos. Se creía que los dioses eran la «causa primera» de las enfermedades, al opinar que constituían una especie de personificación de éstos como espíritus del mal. La misión del mago y del médico consistía, pues, en arrojar los demonios del cuerpo del paciente, bien mediante fórmulas rituales o por medio de la magia simpática, el primero, y el segundo, por medicamentos o, en último caso, mediante la cirugía.

---

[66] Ídem. Pág. 24.

La transgresión —tanto en cuanto alteraba el orden establecido por los dioses— comportaba el dolor y la enfermedad, y el afectado debía implorar clemencia a los dioses, tal como se lee en una de las tablillas de la Biblioteca de Assurbanipal (Museo Británico):

«... Oh, Señor, mis transgresiones son muchas; grandes son mis pecados./ ... Oh, dios, a quien conozco o a quien desconozco, mis transgresiones son muchas; grandes son mis pecados./ ... El dios a quien conozco o a quien desconozco me ha oprimido; la diosa a quien conozco o a quien desconozco me ha enviado el sufrimiento./ Aunque voy constantemente en busca de ayuda, nadie me toma de la mano./ Cuando lloro nadie viene a mi lado./ Me lamento y gimo, pero nadie me oye./ Me siento confuso, me siento abrumado, no puedo ver./ ... El hombre es necio; no sabe nada./ ... Tanto si peca como si obra bien, el hombre nada sabe./ Oh, dios mío, no arrojes de ti a tu servidor./ Tu servidor está cogido en las aguas de una ciénaga; tómale de la mano./ El pecado que he cometido, conviértelo en bondad./ ... Arráncame mis delitos como si fueran mi ropa...»[67].

* * *

En química no pasaron de la fabricación de tintes y esmaltes. Precisamente es en época asiria cuando aparecen los primeros tratados, como cierta famosa tablilla cuneiforme en la que figura el proceso de obtención de vidriado de plomo coloreado con cobre. Tal vez por tratarse de un hallazgo reciente, y que debía mantenerse en secreto, se redactó con caracteres sumerios, lo que hacía, en aquellas fechas, bastante difícil su lectura. La física, no obstante, sí se desarrolló en ingentes trabajos de ingeniería, canales excavados en la roca e ingeniosos elevadores de agua.

Civilización híbrida, en la que confluyeron diversos elementos, la babilonia y la asiria fue como un crisol que fundía las diferentes culturas del Oriente Medio y contribuyó a la difusión de sus ricas aportaciones. Así, y gracias a los asirios, los hititas conocerían los textos gramaticales que tratan de la escritura y lengua mesopotámicas.

---

[67] Albert Champdor, 1985. Págs. 73 y 74.

ARQUITECTURA Y ARTE

«En el arte, como en tantas otras cosas, los pueblos plasman su visión del mundo y de la vida. Por tanto, el conocimiento del arte de un pueblo determinado —afirma Lorenzo Abad [68]— nos ayudará en gran medida a adentrarnos en su espíritu. Es cierto que toda clase de arte es una creación personal, *pero no lo es menos que el artista está inmerso en la cultura de su pueblo, determinado por ella en cierto modo, y que entre los antiguos imperios del Asia Anterior el concepto de artista-creador nunca alcanzó la misma importancia que en Grecia o en las modernas culturas influidas por la tradición clásica.*»

* * *

La unificación del territorio mesopotámico, por Hammurabí, abrió un período de relativa calma, propició al desarrollo de las artes y de la cultura.

Del arte babilónico quedan escasos ejemplares, ya que se perdió parte muy considerable en las diversas destrucciones sufridas por la ciudad, especialmente a manos de los hititas y de Senaquerib. No obstante, sus restos sugieren un gran esplendor artístico. Los grandes palacios, tanto el de Zimrilim (Mari) con infinidad de salas y pinturas murales de profunda policromía, como el del propio Hammurabí, fueron arrasados. Sus vestigios muestran la combinación de los ladrillos en relieve con los huecos tradicionales ya utilizados en la época sumeria, que, con el «ziggurat», son característicos de esta arquitectura.

---

[68] Juan Francisco Rodríguez Neila, Alejandro Ibáñez Castro y Lorenzo Abad Casal, 1985. Pág. 24.

La destrucción de las principales ciudades asirias, entre los años 612/609 a.C., por parte del caldeo Nabopolasar y los medos, sus aliados, produjo el fin del arte imperial asirio, cargado de enérgicos fundamentos mitológicos. El «regreso a una línea más espiritual» tuvo en su hijo Nabucodonosor II un enorme impulso.

Cuando hablamos del arte neobabilónico cabe centrar toda la atención en torno a la edificación de la gran ciudad de Babilonia, que como tributo al dios Marduk levantara este monarca. El amplísimo recinto, orientado hacia los cuatro puntos cardinales y protegido por una doble muralla, contenía, además de la fortaleza real —rica en bajorrelieves de ladrillo esmaltado—, un colosal palacio, quizá residencia veraniega de los monarcas. La técnica del esmalte (mediante la cual se interpretan motivos vegetales y representaciones zoomórficas de imponente realismo) es, junto con la honda justificación religiosa de todas sus obras, la principal innovación del Imperio Neobabilónico.

* * *

Robert Koldewey daba comienzo a sus excavaciones arqueológicas de Babilonia en 1899, estableciendo que su recinto externo medía más de dieciséis kilómetros de longitud. En su interior estaba la ciudad propiamente dicha, de forma rectangular y menor en perímetro.

Inicialmente, Babilonia estaba situada en la orilla izquierda del antiguo cauce del Éufrates, aunque —con el paso del tiempo— se fue extendiendo por ambas partes del río, comunicadas por medio de un puente de siete grandes pilares hecho de ladrillo, con una anchura de veintidós metros. Ambas márgenes estaban protegidas por un dique que protegía a la ciudad de posibles inundaciones.

El plano de la ciudad tal como fue descubierto en las excavaciones corresponde a la etapa neobabilónica (siglos VIII/VII a.C.).

El barrio sagrado estaba situado en el centro de la parte oriental, a la izquierda del río. Era denominado «Esagila», con su templo consagrado a Marduk y un «ziggurat» que, al parecer, tenía siete pisos. En el patio donde se alzaba éste había varias edificaciones destinadas, probablemente, a viviendas para el clero y albergues para los peregrinos.

Las murallas eran de arcilla, adobes y ladrillos. Su tamaño era tal que por encima de ellas discurría un camino de ronda que permitía el paso a hombres, animales y carros, reforzadas por torres o cubos, levantadas a intervalos regulares de aproximadamente unos dieciocho metros. Los muros estaban decorados con figuras hechas de ladrillo esmaltado que representaban animales mitológicos.

El área interior tenía ocho puertas principales, dedicadas a una diferente divinidad del panteón babilónico cada una de ellas; la más importante, la de Ishtar, se conserva casi intacta en el Museo de Berlín. Sin embargo, la ciudad no tenía una auténtica planificación urbanística regular, aunque contaba con amplias avenidas que la dividían en grandes sectores. Por lo demás, el resto de las calles eran, al igual que en las ciudades de Summer, tan sucias como estrechas y, por supuesto, carecían de alcantarillado.

Babilonia en sí era una auténtica maravilla, ya que poseía diversos monumentos dignos de mención por su belleza y colosalismo: El «Etmenanki» (o «Casa Fundamental del Cielo y la Tierra»), famosa torre escalonada; el «Esagila», ya citado («Casa de la Cabeza Alzada»), con una magnífica estatua de oro venerada en una suntuosa capilla; la «Puerta de Ishtar», denominada también «El enemigo no pasará», o los palacios Nabucodonosor II, el restaurador de la belleza de esta ciudad en la última etapa de su historia.

La famosísima «Puerta de Ishtar» era un edificio abovedado excavado a principios del siglo XX por Koldewey. Situada al este del «Palacio del Sur», por su grandeza llegó a identificarla —aunque no categóricamente— con los famosos «Jardines Colgantes». De cuarenta y dos por treinta metros, de planta irregular, rodeada por un muro; se trataba, en realidad, de una especie de fortaleza que protegía el acceso al recinto de la ciudad. De esta puerta partía la «Avenida Procesional», adornada con ciento veinte leones de ladrillo esmaltado, de más de dos metros de altura, coloreados en blanco, rojo y amarillo, que concluía en el gran «ziggurat» de casi cien metros de altura.

Uno de los más importantes edificios excavados es el conocido como «Palacio de Invierno de Nabucodonosor», con planta trapezoidal y dotado de numerosas habitaciones en torno a varios patios, de los que recibían luz y agua. Las casas particulares estaban compuestas de varias habitaciones dispuestas alrededor de un patio central, pudiendo constar de una o dos plantas. Pequeñas capillas, destinadas al culto de las deidades menores, alternaban entre éstas.

Sin embargo, entre todos estos monumentos destacarían para la posteridad los mencionados «Jardines Colgantes», cuya construcción motivó diversas leyendas —con muy escaso fundamento— relacionadas con la reina Samuramat (o Semíramis), considerados —no sin razón— por los antiguos como la «Segunda Maravilla del Mundo».

Eusebio de Cesárea, obispo y erudito (siglos III y IV), apoyándose en textos del historiador y sacerdote Beroso, adjudicó la paternidad de tal construcción a Nabucodonosor II, aserto que en nuestros días no admite réplica. Estos jardines o pensiles —según D. J. Wiseman [69]— estaban situados en el sector Noroeste, cerca del río, por el lado occidental del «Palacio del Norte» y de la ciudadela «Halsu rabitu», y edificados sobre terrazas de distintos niveles, que formulaban una montaña artificial de cien por doscientos treinta metros, cubierta de espeso arbolado y tierra húmeda.

* * *

La iconografía, a partir de la I Dinastía de Babilonia, añade a los motivos tradicionales nuevos motivos: el toro androcéfalo y el sol alado, que representa el encuentro del soberano con el dios, que se interpreta, a veces, con símbolos abstractos, como es frecuente observar en los «kudurrus» o en las estelas.

Los artistas babilónicos trabajaban sobre diorita y otras piedras más duras aún, que debían traerse desde muy lejos. A esta circunstancia se debe el que hayan llegado bien conservadas hasta la actualidad algunas de sus obras de arte. Los babilonios demuestran mayor cuidado de los detalles, más cuidadosa elaboración y mayor meticulosidad que la desplegada por sumerios y acadios. La piedra en que fue grabada la ley —de procedencia divina— impuesta por Hammurabí constituye una verdadera obra de arte por la perfección caligráfica del texto, así por las figuras del monarca y del dios del Sol, como por las diversas representaciones secundarias que le sirven de complemento y adorno.

Pese a la belleza de las artes decorativas y suntuarias, la elevación de su criterio arquitectónico es lo que resulta verdaderamente impresionante, aun contemplándolo con criterios actuales.

Pese a lo poco que se ha conservado, no cabe duda de que la escultura debió ser tan numerosa como de excelente calidad, tal

---

[69] De la obra «Nabucodonosor y Babilonia». D. J. Wiseman, Londres, 1985, mencionada por Federico Lara Peinado, 1985. Págs. 12 y 31.

como parece desprenderse de las descripciones bíblicas y de los textos de Herodoto de Halicarnaso.

* * *

A lo largo de dos grandes fases (1350/1078 y 935/610 a.C.) del Imperio Asirio se va desarrollando un arte, que puede ser calificado como «el más característico de toda la civilización mesopotámica». Este arte, derivado inicialmente del sumerio-acadio, recibe diversas influencias, entre ellas la hitita.

Durante siglos, la capital del imperio fue Assur. Pero en el siglo XIII a.C. Tukultininurta I inauguró la que sería práctica habitual entre los monarcas asirios: la construcción de una nueva capital.

Concebidas como testimonio de la fuerza y del poderío, estas nuevas capitales constaban de templos y palacios profusamente adornados con esculturas, relieves y pinturas. Al igual que los demás pueblos mesopotámicos, los asirios emplearon materiales de construcción perecederos, como el adobe y, en menor cuantía, el ladrillo cocido. El primero formaba el núcleo del muro y el segundo el revestimiento. En contadas ocasiones se usaba el ladrillo vidriado, que con el tiempo iría alcanzando mayor difusión.

Assur, la antigua capital, se encontraba rodeada parcialmente por el antiguo curso del Tigris, que le servía no sólo como vía de comunicación, sino con eficaz complemento de su sistema defensivo. La ciudad tenía planta casi triangular, con la base en el Norte y uno de los vértices en el Sur. Había sido ocupada ya en el 3000 a.C., época de la que se conserva un templo dedicado a Enlil. En época acádica —según los testimonios aportados por la arqueología— fue un centro muy importante. A partir del siglo XIX a.C. se formaría un primer reino independiente.

Los monumentos mejor conservados fueron edificados entre los años 1350 y 610 a.C., palacios y templos, en su mayor parte construidos principalmente en la parte alta de la ciudad que limitaba al Norte y al Este con el Tigris, y a cuyo alrededor se situaban los demás edificios.

Además, era frecuente la edificación de templos dobles, en los que se rendía culto a los dioses en un único santuario.

La ciudad estuvo rodeada, como era normal, por una muralla, en la que se abrían diversas puertas —según fechas y circunstancias—: así en el siglo XIX a.C. fueron solamente tres; seis en el período intermedio y trece en el reino neoasirio.

A diferencia de los egipcios, los mesopotámicos no se interesaban gran cosa por las tumbas, ya que carecían para ellos de valor religioso. En cambio, concedían gran importancia a los palacios y a los templos (más bien a sus torres). En el palacio de Sargón II en Khorsabad (Dur-Saruykin o Dur-Sarrukin; es decir, «Ciudad de Sargón), la torre del templo recuerda vagamente a las pirámides egipcias. Sin duda fue uno de los conjuntos arquitectónicos más importantes de Mesopotamia y formaba —en este caso— parte de la capilla real.

Los palacios reales se edificaban con fines tanto militares como residenciales. Servía de base a los palacios una inmensa plataforma, que en el caso concreto de Dur-Saruykin se elevaba unos dieciocho metros por encima de la ciudad propiamente dicha y que así constituía un verdadero baluarte en el interior de las fortificaciones urbanas. Dentro de la plataforma se trazaba una eficaz red de drenaje que permitía la evacuación total de la humedad. Los conductos debían ser abovedados para soportar el peso del edificio. El ladrillo servía también para la construcción del único piso del conjunto y el tejado hacía las veces de terraza.

Los palacios neoasirios estaban divididos en dos zonas claramente diferenciadas: una pública (o «Bib-Anu») y otra privada (o «Bab-Anu»). Tenían una planta cuadrada con una serie de patios, de los cuales el mayor estaba comunicado con las dependencias públicas. En los palacios no faltaban capillas para el culto, ya que el rey era, además, el sumo sacerdote de la divinidad epónima de la ciudad: Assur, en este caso. Como el ladrillo secado al sol no es muy resistente, se excluía —en principio— el empleo de columnas, aunque se han encontrado restos de algunas construidas del mismo material. Al no disponer de otra madera que la de los cedros del Líbano, lejana y costosísima, hubieron de recurrir al arco y a las bóvedas —de las que conocían varias clases—, especialmente a las de medio cañón.

El colosal palacio construido por Sargón II en Khorsabad constituye, sin duda, el más interesante ejemplo de la arquitectura asiria. Sus puertas de entrada estaban decoradas con dos bajorrelieves simétricos representando una pareja de toros alados con cabeza humana.

La ciudad de Nínive (a unos veinte kilómetros al sur de Khorsabad) se elevaba en la margen izquierda del Tigris. Desde ella podían dividirse las cumbres nevadas del Curdistán y todo el gran valle fluvial. Fue descubierta por el arqueólogo inglés Austen Layard a mediados del siglo XIX, en competencia con su colega francés Paul-Emile Botta, quien exhumó las ruinas del citado palacio de Sargón II.

Por lo que respecta a las viviendas de los particulares y aspecto de las calles puede servir lo escrito sobre las ciudades sumerias y babilónicas; las casas variaban en función de la posición y riquezas de sus dueños. Pueden servirnos de referencia las viviendas de los comerciantes establecidos en Kamish (aunque éstas presentan algunas influencias locales), con zócalo de piedra, muros de adobe, entramado y vigas de madera. Se disponían en torno a un patio y, en su mayor parte, tenían dos plantas: la baja dedicada al negocio y la alta a la vivienda.

***

Para atenuar la pobreza de construcción, los grandes edificios reales y religiosos recibían una rica ornamentación escultórica. Más que de bulto redondo la escultura asiria es relivaria. La gran innovación consiste, pues, en el revestimiento —por lo general— de la parte inferior de los muros, a base de ortostatos, grandes placas de piedra en las que se labraban figuras mitológicas, procesiones, escenas guerreras o cinegéticas, etcétera. Las entradas, como se ha dicho, estaban flanqueadas por «lamasus» o toros androcéfalos alados, que simbolizan los poderes del cielo, las tierras y las aguas, protectoras del monarca. Estas figuras tienen doble punto de vista: frontal en reposo y lateral, en movimiento; tal como puede verse en el procedente del palacio de Sargón II (actualmente en el Museo del Louvre). Visto oblicuamente, aparece dotado de cinco patas. *«Estas monumentales estatuas aladas que se integran en la masa arquitectónica rompen la monotonía de los muros de entrada de los palacios además de conferirles una insólita y estremecedora majestuosidad»* [70].

Entre los asirios, el realismo apenas esbozado en las estatuas de Gudea (siglo XXII a.C., Museo del Louvre) acabaría por desaparecer posteriormente en la estatua de Assurnasipal (siglo IX a.C., Museo Británico). La escultura fue realizada en una delgada losa de piedra y los convencionalismos lineales aparecen muy acentuados.

La escultura asiria no constituía un fin en sí misma; es decir, no se realizaba para satisfacer la sensibilidad de nadie. Por el con-

---

[70] Everard M. Upjohn, Paul S. Wingert y Jane Gaston Mahler, 1972 (1). Página 123.

trario, obedecía a una función muy precisa: hacer patente el poder y el fasto de los reyes asirios. La mayor parte de las obras conservadas son bajorrelieves o altorrelieves, siendo el alabastro —relativamente abundante en las proximidades de Nínive— el material más utilizado, fácil de trabajar y susceptible de adquirir gran suavidad bajo el cincel. Los escultores asirios aprovecharon esta circunstancia y esculpieron —sobre todo en los bajorrelieves— figuras tan ricas en detalles y tan suaves que el resultado es sorprendente.

La personalidad bélica y cruel de los asirios habría de desembocar en una interpretación mucho más realista (al contrario viene a ocurrir en la escultura), cargada de fuerza expresiva y que presenta en los bajorrelieves su máximo exponente. Escenas de victorias o agresivas de cacerías de fieras (especialmente, leones) constituyen la habitual temática que siempre se alterna con la creación de seres fabulosos y mitológicos, que protagonizan las decoraciones de los palacios. Las manifestaciones animales son impresionantes y alcanzan su más sobrecogedora manifestación en los muros del palacio de Assurbanipal II: «La caza del león» y «La leona herida» (Museo Británico).

El relieve es, sin duda alguna, la manifestación artística más original de los asirios, alcanzando su apogeo a partir del siglo IX a.C. Algunos de sus convencionalismos coinciden con los egipcios, aunque con ciertas modificaciones, debidas a las tradiciones del país. Así, en el friso del palacio de Kalah (actual Nimrud), que fue una de las capitales del imperio, edificada por Assurnasipal II —que representa el asedio a una ciudad—, actualmente en el Museo Británico, cabellera y vestidos aparecen tratados a la manera asiria, pero el cuerpo humano está tratado alternativamente de frente y de perfil, como en Egipto.

Si el arte asirio representa a los seres humanos siguiendo severos convencionalismos (como la Escolta de Tigaltpileser III, Kalah, Museo Británico), los animales están tratados con bastante mayor libertad. «La leona herida», de un metro de largo por sesenta centímetros de altitud, procedente de Nínive (siglo VII a.C., Museo Británico), es una auténtica obra maestra y, aunque el artista no consiguió reflejar con absoluta exactitud la anatomía del animal, la figura delineada con trazos muy simples sobre la piedra presenta una dignidad salvaje.

En las escenas de banquetes, frecuentemente relacionadas con las cinegéticas, los escultores llevaron hasta sus últimos extremos el gusto por las miniaturas; trajes, muebles, marfiles y toda clase de adornos aparecen trazados con minuciosidad, afán por el detalle y un realismo admirable. Cuando Assurbanipal cena con su favorita —la única escena, tal vez, en que aparece una mujer en la escultura asiria—, el ágape tiene lugar en lo que podrían ser los jardines del palacio, pero de los más próximos árboles cuelgan las cabezas de los adversarios del rey.

* * *

Sin llegar a la precisión admirable del bajorrelieve, la pintura asiria fue predominantemente parietal decorando los palacios. Merecen citarse los frescos del de Til-Barsib (siglo VIII a.C.).

Los asirios no eran grandes pintores; sólo dos colores parecen haber sido utilizados por ello, como indican los restos de materias colorantes descubiertos en las edificaciones anexas al palacio real de Khorsabad: un color rojo, que es un óxido de hierro, y el azul, que es lapislázuli pulverizado, que se aplicaban mezclados con una capa glutinosa sobre los muros, previamente recubiertos con cal. Cualquier idea de perspectiva, de matiz o de difuminación era del todo ajena a su modo de ser.

Es de suponer que los palacios reales estarían también adornados con alfombras y tapices de colores suntuosos que atenuarían un poco la severidad del estilo. Asia Menor fue desde muy antiguo famosa por sus tapices. Este arte decorativo adquirió un carácter tan esencial que la losa que pavimenta la entrada principal del palacio de Senaquerib (Nínive) reproduce motivos de tapicería. Cualquier verdadera alfombra habría acabado por deteriorarse en poco tiempo en un lugar como aquél.

«Los babilonios y los asirios, igual que muchos de sus predecesores, no parecen haberse dado cuenta —afirma Albert Champdor [71]— *del placer estético que puede derivarse de la contemplación de una determinada forma o de un delicado colorido.»*

---
[71] Albert Champdor, 1985. Pág. 100.

Plano de BABILONIA.-

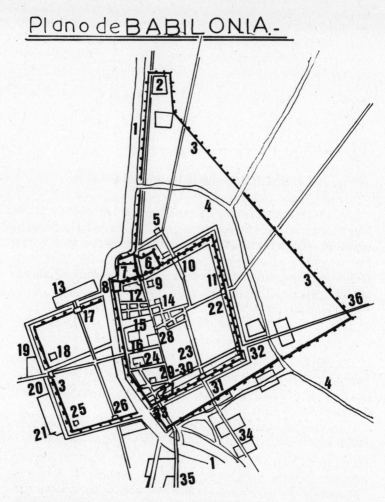

Plano de BABILONIA (poco antes de su caída definitiva): 1. Curso del río Éufrates, en la época anterior a Cristo. 2. Palacio de verano de Nabucodonosor. 3. Muralla exterior. 4. Canales. 5. Templo del Año Nuevo. 6. Puerta de Ishtar. 7. Fortificaciones del Norte. 8. Ciudadela. 9. Templo de Ninmah. 10. Puerta de Sin. 11. Doble muralla interior. 12. Palacio de Nabucodonosor y Jardines Colgantes. 13. Suburbio de la Puerta de Lugalgirra. 14. Templo de Ishtat. 15. Ziggurat. 16. Esagila. 17. Puerta de Lugalgirra. 18. Templo de Hadad. 19. Suburbio de Nuhar. 20. Puerta de Hadad. 21. Cementerio. 22. Puerta de Marduk. 23. Puerta Sagrada. 24. Templo de Marduk. 25. Templo de Samash. 26. Puerta de Samash. 27. Puerta de Urash. 28. Casa Sagrada. 29 y 30. Templos de Gula y Ninurta. 31. Puerta de Enlil. 32. Puerta de Zababa. 33. Suburbio de Litamu. 34. Suburbio de Duru-sha-Karrabi. 35. Camino a Nippur. 36. Camino a Kish.

LA RELIGIÓN ASIRIO-BABILÓNICA

En las creencias religiosas, especialmente, babilonios y asirios fueron continuadores de sumerios y acadios. Persiste la multiplicidad de los dioses, el culto a los astros y las prácticas mágicas. *Paralelamente al auge adquirido por las ciudades de Assur y Babilonia, corría el de sus respectivos dioses, que alcanzaban la significación de dioses nacionales.*

* * *

La mayoría de las divinidades asirio-babilónicas eran de origen sumerio. Por ejemplo, los tres grandes dioses del Cosmos: Anu, Enlil y Enki. También, aunque con nombres distintos, Samash (el Sol) y Sin (la Luna).

Sin, también denominado Nanna, era representado con figura humana y los símbolos de la fertilidad, ya que los babilonios creían en el influjo de la Luna sobre la vegetación terrestre; su esposa era Ningal, su hijo más famoso es Samash (el Sol), y su hija, Ishtar (Venus). Samash, el dios Sol, procede de la Luna, ejerce de juez y posee la ciencia adivinatoria. Su hermana era la divinidad más divulgada por todo el panteón babilónico. Dirige los combates y es también diosa del amor, y se la identificaba con el planeta Venus. Había otros númenes nacionales, como Marduk, de culto muy antiguo; Nabú, su hijo, y muchos otros secundarios. Y si bien es cierto que los babilonios tuvieron que reconocer —por la fuerza— la supremacía del dios asirio Assur (las poblaciones vencidas, si se sometían y aceptaban a este dios oficial, podían seguir con sus cultos, ya que —en realidad— no eran muchas las diferencias), éste quedó relegado a celebraciones militares y poco más. En realidad, los únicos cultos que llegaron a generalizarse entre los babilonios fueron los de sus dioses locales.

La interpretación babilónica del mundo, del hombre, de la muerte y de la vida de ultratumba, fue esencialmente religiosa y puede resumirse en la exaltación de su dios nacional, Marduk, al frente de todos los demás, como creador del universo y de la humanidad y dios de la guerra. Marduk debe enfrentarse con Tiamat, una especie de «monstruo primordial», más bien un abismo sin fondo y sin límites, identificado con el dios egipcio Num, y cuya existencia es anterior a la creación del mundo. El destino del hombre es absolutamente pesimista, tal como figura en el citado «Poema de Gilgamesh».

La religión es oficial y está considerada como la única vía para obtener la benevolencia de los dioses y verse libre de los demonios y malos espíritus. Por ello, más que en ninguna otra religión de la antigüedad, en la babilónica tienen decisiva importancia la magia, la adivinación y la astrología, como medio para conjurar a tan nefastas fuerzas.

* * *

Las creencias religiosas de los asirios, básicamente derivadas de las sumerio-acadias, eran muy semejantes a las de Babilonia. El monarca era el representante del dios en la Tierra. Los templos y la organización del culto estaban encomendados a la clase sacerdotal —hombres y mujeres—, que debían ocuparse así mismo del cuidado de las estatuas que representaban a las deidades, a las que había que alimentar, lavar, vestir, etcétera.

En la mitología asirio-babilónica, los dioses menores —al igual que ocurría con los cortesanos de los palacios reales— eran servidores de los dioses más importantes. En la famosa biblioteca de Assurbanipal aparecieron registrados más de dos mil quinientos dioses: todos ellos tenían rasgos y costumbres similares a los de los humanos; sólo se diferenciaban de éstos por sus poderes y, especialmente, por el don de la inmortalidad, negado a los hombres.

Según sus creencias, los dioses habían creado al hombre con el único objeto de que sirviera a sus fines. Dado que los dioses tenían determinadas necesidades, debían satisfacerlas gracias a los trabajos de los mortales que, en todo momento, debían dedicarse a servirles. Dada la limitada extensión del capítulo, renunciamos a extendernos sobre las ceremonias y rituales.

Se rendía culto oficial y público a Assur, dios supremo, creador del universo y de la humanidad, al que se representaba como un guerrero. Y cuando Asiria se convirtió en un gran imperio, su importancia aumentó hasta el extremo de superar a los demás dioses. Su culto sobrevivió varios siglos a la caída de Nínive, ya que los arameos lo adoraban con el nombre de Asir.

Le seguía en importancia Ishtar, identificada con Astarté, Cibeles y otras diosas de Oriente. Deidad ambivalente de la guerra, del amor y de la fecundidad, aparecía representada con atavíos guerreros. Aparecía asociada a Tamnuz, su amante (dios de la vegetación), cuyo mito era muy similar al egipcio de Osiris: muerte y resurrección.

Dos son los rasgos que distinguen a esta diosa: el mito de su descenso al mundo inferior y su vinculación con ciertos ritos curativos, en los que se la invocaba para que fuera propicia con los enfermos. Se la responsabilizaba del gran diluvio que anegó la tierra.

En su honor se practicaba la «prostitución sagrada» (el dinero obtenido de la misma correspondía a la diosa). En sus templos se daba cobijo a numerosas prostitutas (o «karmathu»), que ejercían su oficio enmarcándolo en un culto compuesto por cánticos, pantomimas y danzas sexuales, y en los que, ocasionalmente, participaban también homosexuales (o «assinu»).

El panteón asirio estaba integrado, además, por otros muchos dioses, como Adad, numen de las tormentas, y Ninurta, de la guerra y de la caza. La estructura religiosa estaba formada por el templo, los sacerdotes y los cultos y, por supuesto, los fieles.

Los cultos —cuya parte fundamental eran los sacrificios— no eran inamovibles y los dioses solían ser suplantados frecuentemente por otros en la adoración de los fieles. Así, bajo Tukultininurta, se impondrá, sobre los demás, el dios de la caza, Ninurta; bajo Assurnasipal, Ishtar recibe todos sus favores, mientras que, a partir del reinado de Adadnirari III, Marduk y Nabú son adorados tanto en Babilonia como en Asiria.

Algunos de estos cultos traspasaron las fronteras de Asiria, expandiéndose por todo el Oriente Medio; tal fue el caso de la diosa Ishtar.

Los creyentes asirios no solían dirigirse a los más grandes dioses; lo hacían, en sus plegarias, a otros de rango inferior con los que les resultaba más fácil establecer algún tipo de relación personal mediante sacrificios y fórmulas ya, de antemano, establecidas, y en las que solamente cambiaba el nombre de la divinidad, encaminados a obtener su perdón y su favor, puesto que la piedad era recompensada en la Tierra con una larga y tranquila existencia.

* * *

Tanto a los babilonios como a los asirios les faltaba la idea del premio o del castigo en el más allá. Tras la muerte iban a parar a la «Casa de las Tinieblas» de la que no se vuelve jamás, donde todos son iguales y donde sólo los muertos en combate pueden esperar alguna relativa consideración.

Existe, pues, una gran imprecisión respecto a la vida de ultratumba, aun cuando se crea en la existencia de los espíritus y en una cierta forma de supervivencia. Sin embargo, a diferencia de la religión egipcia, el difunto no se diviniza, ni los vivos parecen tomarse demasiado cuidado por los muertos. «Las famosas tumbas de Ur, cuyos cadáveres han sido enterrados con todos sus utensilios y servidores terrestres, representan casi una excepción, en el estado actual de los descubrimientos —afirman Ballesteros y Alborg [72]—. *«Las tumbas no constituyen ciertamente un monumento característico del arte mesopotámico, en contra de lo que sucede en la mayoría de las civilizaciones antiguas. El "Poema de Gilgamesh" representa bien el fracaso del hombre para triunfar de algún modo sobre la muerte. Con pocas esperanzas en el más allá, el hombre mesopotámico no pide a los dioses sino una larga vida en este mundo.»*

Para los asirios el mundo de ultratumba no era un paraíso, sino —como narran sus mitos— un lugar desolado: *«Donde el polvo es su alimento/ y la arcilla su sustento,/ donde no ven la luz y viven en la oscuridad,/ donde visten plumas como los pájaros,/ donde el polvo y el silencio lo cubren todo»* [73]. Tan pesimista visión del más allá les llevaba a buscar su felicidad en este mundo y jamás en la otra vida.

* * *

Estas gentes veían a los dioses manifestarse en los fenómenos de la naturaleza y creían que éstos influían directamente sobre ellas, lo que no podía por menos que conducirles a una práctica fanática de la religión. «Sin razonamiento deductivo piensa (se

---
[72] Manuel Ballesteros y Juan Luis Alborg, 1973 (I). Pág. 49.
[73] María Camino García y Joan Santacana, 1991 (2). Pág. 46.

refiere al babilonio o al asirio) que un fenómeno natural es la causa del siguiente, y esta idea de destino, entendida a la vez como "fatum" cósmico —escribe Ibáñez Castro [74]—, explica la importancia que para este pueblo tienen los oráculos y la proliferación de adivinos y videntes, "baru", que, estudiando el hígado animal, el vuelo de las aves o la caída de una gota de aceite y su reflejo debían responder con certeza a cualquier consulta sobre un acontecimiento de interés (de ahí la gran importancia que tuvo la astrología). *Práctica que tendría como principal consecuencia la paralización de decisiones e impediría seguir una clara línea política.»*

El asirio se siente dominado por los espíritus, algunos buenos, pero malos, en su mayoría, causantes de desgracias y enfermedades, contra los cuales sólo cabe la brujería. Como prevención contra los males, llevaban extraños amuletos basados en el principio de que «lo igual previene lo igual»; pero, además, existía toda una gama de exorcismos para combatirlos.

---

[74] Juan Francisco Rodríguez Neila, Alejandro Ibáñez Castro y Lorenzo Abad Casal, 1985, Pág. 22. Las aclaraciones entre paréntesis son nuestras.
Los asirios se valían del vuelo de las aves para predecir el futuro: «... si al salir de caza, el halcón deja la diestra del rey para ir a posarse en su mano izquierda, el rey triunfará en cuanto emprenda...» (de una inscripción venatoria procedente de Khorsabad, siglo VIII a.C.).
María Camino García y Joan Santacana, 1991 (2). Pág. 49.

CAPÍTULO VII
POLÍTICA, LEYES Y CLASES SOCIALES

«Quizá ningún imperio, entre los que surgieron durante la antigüedad, entendió mejor que el asirio la teoría del poder despótico... Aunque su período mejor conocido sea el final, bien documentado por los libros de la Biblia que describen el azote asirio, o por los anales de sus monarcas victoriosos, llenos de jactancia y de soberbia, y gráficamente ilustrado por los relieves de aquellos suntuosos palacios, desde donde gobernaban provincias y reinos con férrea mano... Es probable que la peculiar idiosincrasia asiria se fraguara durante muchos siglos de incertidumbre o apogeo, forjándose al contacto con enemigos declarados, basculando entre momentos de álgido optimismo o decaimiento espiritual» [75].

* * *

Nos encontramos en Asiria con un concepto teocrático de la monarquía. El verdadero soberano es el dios Assur y, por tanto, el rey es su «vicario» (o «shangu»), sumo sacerdote y administrador suyo, siendo su deber ampliar sus dominios y someter a los pueblos para que reconozcan su preponderancia. Por tal motivo, sus guerras de conquista tenían el carácter de «guerras santas».

«Como gran vicario del poderoso dios Assur, el rey no podía dar un trato de igualdad a ningún otro monarca: o bien éstos eran enemigos del dios o eran vasallos. Como enemigos se les destruía

---

[75] Juan Francisco Rodríguez Neila, Alejandro Ibáñez Castro y Lorenzo Abad Casal, 1985. Pág. 4.

sin contemplación —comentan Camino y Santacana [76]—, como vasallos, se les exigía el pago de un tributo. *Todos los tratados que conocemos entre el rey asirio y sus vecinos revelan este carácter dominante.»*

La unidad del imperio recaía, en la práctica, sobre el monarca; sus poderes eran ilimitados y sólo debía rendir cuentas ante el dios, como su administrador, especialmente porque solía gobernar ayudado por la divinidad mediante oráculos, que corrían a cargo del clero, que así disponía de una manera, más o menos directa, de restringir parcialmente la iniciativa real. Un texto de la época de Assarhaddón dice sobre la figura del soberano: «... *Puede abatir al poderoso y elevar al débil, ajusticiar al que lo merezca y perdonar al que pueda serlo. Escucharéis todo cuanto diga y haréis lo que ordene. No incitaréis a ningún otro rey, a ningún otro señor en contra suya»* [77].

En el arte asirio abundan representaciones de la caza del león, como la del palacio de Kalah (siglo XI a.C.), en la que aparece Assurnasipal atravesando con su espada a una de estas fieras; lo que, más que un acto cinegético, constituye un acto ritual: el monarca, como máximo representante del dios, debe dar muerte al león (símbolo de las fuerzas del mal). Por este motivo, ha de cazar y abatir por su propia mano a otras numerosas bestias salvajes: cabras monteses, toros salvajes, elefantes o ciervos, lo que constituye una acción grata a los ojos de la divinidad.

Sin perjuicio de todo esto, el rey se aseguraba el reconocimiento de su soberanía mediante el establecimiento de «relaciones personales» con todos sus súbditos, que debían prestar una especie de juramento de fidelidad («ade»), por el cual se comprometían a servirle incondicionalmente. Con el tiempo, este procedimiento sería adoptado por los generales y los gobernadores de las provincias.

Al igual que ocurría en otros pueblos de la antigüedad, la cuestión sucesoria nunca pudo resolverse satisfactoriamente. Hasta el siglo IX a.C. se mantuvo la tradición de que el primogénito —de acuerdo con el derecho y la voluntad del dios— fuera el heredero. A partir de entonces, y sin duda, para evitar rivalidades, los reyes asociaban al trono al elegido para que éste fuera adquirien-

---

[76] María Camino García y Joan Santacana, 1991 (2). Pág. 41. A partir del reinado de Shamshiadad I, los monarcas asirios reciben el título de «Rey del Universo», y desde Salmanasar I, el de «Rey de las Cuatro Regiones».

[77] Juan Francisco Rodríguez Neila, Alejandro Ibáñez Castro y Lorenzo Abad Casal, 1985. Pág. 16.

do la debida experiencia, y ya no tenía que ser necesariamente el hijo mayor. A partir de entonces, pasaba a la «Casa de la Sucesión» (o «Bit riduti»), donde aprendía todo lo que se consideraba necesario. Pese a estas medidas, no se solucionaron los problemas sucesorios ni acabaron las intrigas cortesanas, acerca de los cuales existen abundantes testimonios.

Tampoco se sabe gran cosa sobre la familia real. En el harén del palacio residían la reina madre, la esposa o esposas legítimas y las denominadas «mujeres del rey», que podían ser asirias o extranjeras. A las que, salvo los eunucos («sha reshi») y con ciertas limitaciones, ni siquiera los servidores de palacio podían aproximarse.

* * *

El clero asirio procedía de las clases sociales más altas y, por su ministerio, gozaba de gran prestigio. Organizado jerárquicamente y muy especializado, *constituía una casta separada del resto de la sociedad*. Sin embargo, su personalísima vinculación al rey les convertía, de hecho, más que en servidores o representantes de la divinidad, en funcionarios. Gran parte de sus rituales, cultos, liturgias y símbolos venían del antiquísimo foco cultural sumerio.

La circunstancia de que los soberanos fueran los sumos sacerdotes del dios oficial y nacional puede explicar el hecho de que la clase sacerdotal nunca pudiese alcanzar el poder y la influencia política que poseía en otras zonas del Próximo Oriente.

* * *

El gobierno central residía en la capital del imperio, y para cada una de las provincias el rey nombraba gobernadores («shaknu») encargados del mantenimiento del orden y del cobro de los impuestos, para lo cual disponía de tropas y del personal administrativo necesario. Los tributos se establecían según un catastro o relación de las propiedades de los súbditos.

No se tienen indicios de algo similar al actual «consejo de ministros» con funciones especializadas, ni de la existencia de una verdadera carrera política o administrativa. *Todo dependía del favor del rey, que solía rodearse de una camarilla constituida según su capricho, con la que compartía la administración del imperio.*

Para administrar sus territorios, los monarcas asirios dispusieron, como hemos indicado, de abundantes funcionarios —divididos en categorías—, que accedían a sus respectivos cargos mediante una orden real o «abat sharni» y, pese a que su fidelidad, por lo general, era irreprochable, no siempre estuvieron a salvo de traiciones e intrigas. Para tratar de evitar los abusos y limitar las ambiciones particulares de éstos, algunos cargos tendían a desdoblarse y se procuraba que no fueran hereditarios. Por lo demás, y dada la circunstancia del juramento de vinculación personal, cada vez que un rey subía al trono solía escoger a sus más altos magistrados.

Gracias a la costumbre —mencionada en anterior capítulo— de denominar cada año con el nombre de un dignatario, ha sido posible conocer los nombres y las atribuciones de algunos de estos altos personajes. Así, hasta el reinado de Salmanasar V (727/721 a.C.), cabía distinguir el general («turtanu»), también jefe del protocolo; el heraldo de palacio («nagir ekalli»), encargado de la publicación de los decretos reales; el copero mayor («rab shaque»); el intendente o gran administrador del patrimonio real («abarakku») y el gobernador de la capital de imperio («shakhin mati»), al que estaban subordinados los gobernadores provinciales. Con el tiempo, se fueron produciendo algunas variaciones en tal jerarquía, y en tiempos de Senaquerib dependía más del capricho real que de cualquier norma establecida, si bien no deja de ser cierto que jamás existió un reparto de funciones ministeriales, como se ha dicho y como lo evidencia el que en algunas zonas fronterizas más peligrosas —la del Alto Tigris, por ejemplo— su administración fuera encomendada al copero, al que se le otorgaban, por tal razón, poderes militares.

La exhumación de miles de tablillas durante las excavaciones de los siglos XIX y XX ha servido para conocer abundantes datos sobre la administración del Imperio Asirio. No todas ellas proceden del territorio asirio propiamente dicho, sino también de más allá de sus fronteras. Aunque la mayor parte de estos documentos son de contenido económico, han permitido obtener precisa información sobre la configuración política y étnica de las diferentes provincias o las instrucciones enviadas por los monarcas a los territorios conquistados, y lo que no es menos interesante sobre asuntos tan variados como la etiqueta de palacio, el tráfico de mercancías o curiosas observaciones sobre plantas medicinales. Gracias a ciertas tablillas conservadas en el Museo Británico, Campbell Thompson ha establecido el hecho de que los mesopotámicos conocieron la adormidera, la mandrágora, el beleño, el cannabis, la belladona, etcétera (como vehículo se utilizaba el vino de palma o la cerveza).

* * *

La razón de que los asirios se convirtieran en feroces y crueles guerreros debe buscarse en la circunstancia de que durante siglos —cuando todavía no eran poderosos— se vieron hostigados casi continuamente por pueblos nómadas vecinos (especialmente los arameos), lo que les obligó a adaptarse a las tácticas bélicas más avanzadas. En poco tiempo, los reyes asirios dispusieron de ejércitos numerosos y bien equipados, aguerridos y organizados en cuerpos de caballería, arqueros, honderos e ingenieros encargados de la construcción de puentes, fortificaciones y de las diversas máquinas de guerra, cuya tecnología —por avanzada— cambió escasamente durante siglos.

«... Alzará pendón a gente lejana/ y llamará silbando a los del cabo de la tierra,/ que vendrán pronto y velozmente.
No hay entre ellos cansado ni vacilante,/ ni dormido ni somnoliento;/ no se quitan de sus lomos el cinturón/ ni se desatan la correa de los zapatos./ Sus flechas son agudas,/ y tensos sus arcos./ Los cascos de sus caballos son de pedernal,/ y las ruedas de sus carros un torbellino;/ su bramido es de león;/ ruge como cachorro de león,/ gruñe y arrebata la presa,/ y se la lleva, sin que nadie pueda quitársela...» (Isaías, 5-26/29).

No obstante, los asirios siempre que podían evitaban el choque con el enemigo en campo abierto, aunque jamás lo rehuían, especialmente si los adversarios eran numerosos. Normalmente, tras las campañas almacenaban víveres y pertrechos para lanzarse a sus habituales guerras de saqueo y hostigamiento. En sus avances el ejército asirio, a cuya cabeza solía ir el monarca, recordaba más a una caravana dedicada a esquilmar a los pueblos que hallaba a su paso (maderas, metales preciosos, caballos y otras bestias de carga, carros, esclavos, etcétera), que a una fuerza conquistadora. Por tal motivo, solían ser clementes con aquellos que aceptaban someterse y pagar tributos, ya no podían permitirse su exterminio. Eran, por el contrario, extraordinariamente crueles con los que se atrevían a resistírseles (los testimonios escritos y la iconografía así lo demuestra), especialmente con sus gobernantes y reyes, con los que se ensañaban bárbaramente.

Tal como hemos indicado, el ejército asirio llegó a ser muy numeroso, por lo que nada de particular tenía el que pudieran en algunas campañas alinear más de cien mil hombres. Se trataba de una auténtica máquina de destrucción, siempre dispuesta, implacable y en continuo proceso de perfeccionamiento, preparada para enfrentarse al enemigo en cualquier lugar y con cualquier clima, siempre bien mandado y dotado de elevada moral de victoria, a lo que cabía añadir un gran entusiasmo religioso y un ferviente patriotismo.

Probablemente fue obra de Tigaltpileser III o de Sargón II la creación de un ejército real permanente, compuesto por los «hupsi», tropas mercenarias (esclavos y prisioneros incluidos) y hombres de la población, especialmente campesinos y gente sin oficio ni beneficio, propensos a crear problemas si se los mantenía ociosos. Los mandos y las unidades selectas, empero, eran totalmente asirios.

La eficacísima milicia asiria, cuyo principal arsenal era Kalah, siempre renovada y revisada, constaba de infantería pesada y ligera (que incluía arqueros y honderos), zapadores, caballería y carros.

Los carros llevaban cuatro hombres: el conductor, un arquero y dos portadores de escudos; arrastrados por tres caballos, constituían el sistema de ataque favorito. En un relieve de Assurnasipal II vemos unos arqueros montados que cargan sobre el enemigo arrojando sus flechas, acompañados cada uno por un soldado que les lleva las riendas. Con el tiempo acabaron abandonando este incómodo y poco útil sistema, convirtiéndose en eficaces auxiliares (armados con lanzas o con arcos) de los carros.

Además supieron valerse eficazmente del espionaje y sobre todo del citado efecto desmoralizador, provocado por el rastro de muerte y desolación que estos feroces guerreros dejaban tras sí. Sin embargo, tales métodos, aunque eficaces, acabaron concitando la animadversión de todos los estados del Próximo Oriente contra Nínive —que acabó por derrumbarse en medio de clamores de odio y venganza—; por otra parte, la matanza y deportación de poblaciones que habitaban en las fronteras del imperio acabaron haciéndole más vulnerable a los asaltos de los medos y sus aliados. Además, la mayor parte de los sometidos —que difícilmente soportaban el yugo asirio— buscaban la ocasión propicia para sublevarse, creando graves inestabilidades.

***

Dado que, por ahora, no se dispone de ningún texto legislativo completo asirio, resulta bastante difícil el conocimiento detallado del orden social, aunque sí podemos hacernos una idea bastante aproximada. En los textos se designaba a la población (tanto libres como esclavos) con expresiones un tanto confusas, como «nishe» («gente»), «napshati» («individuos») o «sabe» («tropas»), *aunque todos eran «servidores esclavos» («urdu») del rey, a quien debían lo que tenían y lo que eran, y éste, a su vez, al dios nacional.*

Podemos clasificar a estos «urdu» en libres y esclavos. Los primeros, a su vez, se dividían en «patricios» («mar banuti»), «artesanos» («ummane») y «proletarios» («khubdhi»).

Los «mar banuti» constituían la clase noble, aunque debe tenerse en cuenta al hablar de «nobleza» del diferente significado que tenía entonces esta expresión; también el alto funcionariado, el clero, los magistrados y los mandos militares. Se trataba, por tanto, de un grupo poco menos numeroso, por lo que debieron nutrirse sus filas con elementos subalternos, soldados distinguidos e incluso mujeres, que podían acceder a determinados altos cargos. Quedaban exentos de la prestación del servicio militar, enviando a un sustituto.

Al grupo de los «ummane» pertenecían comerciantes, artesanos y funcionarios de rango inferior (o «tub sharru»). Eran bastante más numerosos que los anteriores y estaban, por supuesto, obligados al servicio militar y al pago de tributos.

Sin embargo, la inmensa mayoría de la población estaba constituida por la clase de los «khubdhi», con muy escasos recursos poseedores de pocos bienes y, aparte de las ya mencionadas obligaciones, debían efectuar ciertas prestaciones personales al Estado, como podían ser algunas obras públicas. Si sus condiciones de vida no eran envidiables, tampoco cabe afirmar que fueran malas, ya que contaban con cierta protección estatal, bien proveyendo al sustento de viudas y huérfanos, bien haciendo más soportables las condiciones del trabajo, introduciendo nuevos métodos y herramientas; *al fin y al cabo, constituían la base del colonato y del ejército.*

Finalmente, por debajo de los libres estaban los esclavos, cuyo signo externo lo constituían la cabeza rapada y los lóbulos perforados (podían o no llevar algún pendiente). En su mayor parte pertenecían al monarca o al templo, ya que los particulares tenían muy pocos. Procedían de las continuas guerras que el imperio mantenía, pero especialmente de las casi constantes deportaciones. Baste mencionar que la campaña contra el pequeño reino de Israel (722 a.C.) proporcionó más de treinta mil. Sin embargo, no se tienen noticias de la existencia de tratantes de esclavos, tal como ocurría en otros pueblos de la antigüedad, como el egipcio. Un número bastante considerable procedía de la autoventa, especialmente de pequeños campesinos, incapaces de hacer frente a sus deudas, llegando a pagarse por ellos cinco o seis veces por debajo del precio habitual, sobre todo en período de crisis económica.

Si bien la situación del esclavo asirio distaba de ser aceptable, era, sin embargo, bastante mejor que la del romano, por ejemplo, ya que su compraventa o cualquier forma de transmisión de propiedad quedaba regulada por las leyes, como también sus delitos e, incluso, sus relaciones con sus amos. *«Si un esclavo o una esclava han recibido algo (robado) de manos de la esposa de un señor* —decía una ley de la etapa medio-asiria (siglo XI a.C.)—, *se cortará la nariz (y) las orejas del esclavo o de la esclava, compensándose así por la (propiedad) robada, mientras que el señor cortará las orejas de su mujer. Sin embargo, si deja a su mujer libre, sin cortarle las orejas, no les serán cortadas al esclavo o a la esclava y así no compensarán por la (propiedad) robada»* [78].

Pese a tratarse de un «bien vendible» (la legislación asiria no proporciona muchas noticias sobre los esclavos), tenían personalidad jurídica, por lo que les eran reconocidos ciertos derechos inalienables, como contraer matrimonio —incluso con libres—, poseer bienes (tierras y esclavos, por ejemplo), promover acciones judiciales, denunciar delitos y exigir justicia y dedicarse al comercio. Sin embargo, muy pocos accedían a la libertad, los esclavos eran caros y las manumisiones poco frecuentes. El número de éstos en poder de los particulares no pasaba, en las explotaciones agrícolas, de ocho a treinta, según su extensión. Y en las ciudades, comerciantes y artesanos solían tener tres o cuatro, *ya que al poder movilizar el Estado grandes masas de población libre («khubdhi»), la esclavitud jamás supuso un factor clave de la economía.*

* * *

Los primitivos asirios fueron un pueblo de rudos pastores y agricultores que vivían en la mayor austeridad. Pero sus contactos

---

[78] Adolfo Domínguez, 1985. *Selección de Textos*, pág. III.

con los pueblos de la llanura sumerio-babilónica les dieron la posibilidad de conocer sus logros y sus desarrolladas técnicas agrícolas y comerciales, y acabaron aspirando a lograr un mayor nivel de vida.

Si bien se desconoce casi todo lo relativo a su régimen de propiedad y distribución de la tierra, los textos de la época nos proporcionan algunos indicios. Entre los asirios las tierras se medían en «imeru» (o «vergel»), o sea, en unidades de carga de semillas que podía transportar un asno. Por tanto, un «imeru» correspondería a una extensión de tierra sembrada con dicha carga (unos siete mil metros cuadrados). *«Si esto fuera así* —opinan Camino y Santacana [79]—, *las propiedades medio-asirias podrían ser de unas quince hectáreas*. Una gran propiedad agraria podría acercarse a las cien hectáreas, pero había propiedades mucho mayores.»

Los asirios practicaban, en general, una clase de agricultura similar a la de muchas regiones mediterráneas: conocían el barbecho y utilizaban bastante mano de obra, en su mayoría descendientes de poblaciones sometidas, hombres y mujeres deportados de otras regiones.

El cultivo más importante, y del que dependía todo el país, era el de los cereales, sobre todo el trigo. También se cultivaban abundantemente la cebada, la avena, el mijo y otras gramíneas. Las legumbres, probablemente, constituían el segundo cultivo en importancia, junto con la vid, utilizada bien como fruta o bien para su transformación en vino. Conocían los frutos secos (higos, pasas, etcétera), además de diversas hortalizas. Lugar destacado ocupaban las plantas forrajeras, que se alternaban con el barbecho.

La importancia que la ganadería y sus derivados (lana, pieles, leche, queso, etcétera) tenía entre los asirios queda justificada por la existencia de abundantes cultivos para su alimentación.

Por lo general, las familias campesinas se componían de cinco miembros, y de éstas sólo una pequeña parte (menos del 10 por 100) eran campesinos independientes. Los documentos mencionan también la existencia de colonos y esclavos adscritos a la tierra, de los cuales la mayor parte pertenecían al palacio o al templo, aunque podían estar también al servicio de determinadas autoridades, lo que no quiere decir que, forzosamente, se tratase de esclavos.

Indudablemente, el Estado asirio debía disponer no sólo de grandes reservas de alimentos, sino de medios para su transporte

---

[79] María Camino García y Joan Santacana, 1991 (2). Pág. 38.

y almacenamiento. En una estela de Assurnasipal II (siglo VIII a.C.) se dice que, con motivo de la celebración de una fiesta en su nuevo palacio de Kalah (Nimrud), fueron invitadas setenta mil personas, entre notables asirios, huéspedes extranjeros distinguidos, incluso trabajadores, consumiéndose, entre otros manjares: 2.000 vacas, 16.000 ovejas y 10.000 pellejos de vino [80].

* * *

> «Habitando un país árido y montañoso, que contrasta abiertamente con las feraces tierras del Sur mesopotámico, aquellos primeros asirios desarrollaron hábilmente sus originales aptitudes nómadas, no sólo para descubrir y explorar los contados recursos naturales a su disposición, sino para encontrar una adecuada base económica en el comercio de tales productos con las tierras limítrofes. La lana de los ganados, tejida y teñida, sustentó una importante industria textil. Al mismo tiempo, la explotación del cobre, la obtención de la plata a partir del plomo y el disponer de placeres de oro en la comarca del río Zab les convirtieron en traficantes de metal» [81].

Por lo que respecta al comercio, cabe suponer que estaba, en su mayor parte, en manos de intermediarios, destacando los arameos. Dado que éstos escribían sobre materiales perecederos, no se conocen bien los fundamentos básicos de sus transacciones, que, de cualquier manera, estaban reguladas por las leyes. Se sabe, sin embargo, que se trataba de un comercio basado principalmente en determinados artículos de lujo: oro, plata, marfil, piedras preciosas y determinados tejidos y tintes, así como las materias primas necesarias para fabricar armas o herramientas (cobre, hierro y estaño). «Los únicos beneficiarios —apuntan Camino y Santacana [82]— eran los ricos y, sobre todo, la aristocracia vinculada al rey.»

Los encargados de comprar y vender eran los «tamkaru», que probablemente estuvieran encargados, aunque de manera ocasional, de la recaudación de ciertos impuestos. En general, las principales caravanas de mercaderes se dirigían a los palacios, que desempeñaban —al parecer— importantísimo papel en los circuitos comerciales. En otros casos, se confiaba a las expediciones

---

[80] Juan Francisco Rodríguez Neila, Alejandro Ibáñez Castro y Lorenzo Abad Casal, 1985. Pág. 18.
[81] Ídem. Pág. 6.
[82] María Camino García y Joan Santacana, 1991 (2). Pág. 40.

militares la misión de obtener el hierro, el cobre y el estaño, tan indispensables a los asirios. Es bastante probable que el estaño les llegase a través del comercio fenicio, en gran parte.

Las mercancías se trasladaban por vía fluvial o marítima, unas veces (el intenso tráfico de embarcaciones daría lugar a un esbozo de código marítimo), o mediante caravanas, otras, que bajo una fuerte escolta armada atravesaban desiertos y montañas, uniendo entre sí ciudades y fortalezas.

Sabemos, por las evidencias arqueológicas, que los asirios conocían las peculiaridades de las huellas digitales y que las usaban para fines muy determinados; por ejemplo, se imprimía la del pulgar derecho en el barro todavía húmedo para autentificar contratos o para dar mayor validez a lo que llamaríamos hoy «información confidencial», por lo que cabe pensar en la existencia de algún registro o archivo de estas huellas, con el fin de comprobar su legitimidad en un momento determinado.

Muchos comerciantes asirios se establecieron en diversos lugares, en ocasiones alejados de su país natal, donde vivieron casi siempre en paz con los nativos e, incluso, crearon allí sus familias y supieron adaptarse bien a las costumbres locales. Entre todas estas colonias, merece especial mención la de Kanish (Kültepe, Anatolia), ya aludida y tal vez la más importante.

Aquí fueron halladas gran cantidad de tablillas que proporcionaron interesantísimas informaciones sobre sus actividades comerciales, ya que contienen anotaciones contables, actas, contratos, procesos y correspondencia mercantil o familiar. Se hace mención de una institución mercantil, el «karum», especie de «cámara de comercio«, con sucursales en diversos puntos del imperio, a cuyo frente se colocaban los citados «kamkaru».

Los banqueros prestaban dinero a los comerciantes y éstos —transcurrido el plazo convenido— debían devolverlo duplicado, lo que no debe sorprender, habida cuenta de los riesgos que comportaba el tráfico comercial y los altos intereses de los préstamos (en el caso del campesinado, en ocasiones, hasta el 50 por 100).

* * *

Aunque no se conoce bien la legislación asiria, no es aventurado afirmar que debía tener poco que ver con la babilónica y las de otros Estados limítrofes, consideradas, tal vez, «blandas» o ajenas al modo de ser de este belicoso pueblo. Las leyes asirias (difícilmente se puede hablar de «código» al no estar ordenadas, como en las de Ur-Namu entre los sumerios, o las de Hammurabí entre los babilonios) se caracterizan por su dureza y por no tener en cuenta la condición social del individuo. Con frecuencia tales leyes son muy detallistas, y más que un código —en el actual sentido del término— parecen una relación de sentencias dadas en sus respectivos juicios.

Cabe hablar de un antiquísimo derecho consuetudinario como origen de la legislación, y merecen citarse las compilaciones, que no códigos, *de Nuzi* (siglo XV a.C.) *y de Tiglatpileser I* (siglo XI a.C.).

Existían leyes relativas a los actos comerciales, contractuales y la propiedad de bienes muebles e inmuebles, animales y esclavos. Los «kudurru», ya citados en capítulo anterior, eran piedras gruesas y ovoidales, con representaciones de dioses y seres mitológicos; inicialmente, se usaban como mojón para delimitar los terrenos pertenecientes al templo o a la clase sacerdotal, aunque, posteriormente, se convirtieron en meros instrumentos acreditativos de propiedades rústicas, que debían custodiarse, junto con otros documentos, en los templos.

A diferencia de Summer o Babilonia, la situación de la mujer era poco halagüeña, ya que ni siquiera podía decidir sobre su matrimonio —que le era impuesto— y, una vez casada, debía cubrir su rostro con un velo (prohibido a sacerdotisas solteras, esclavas o prostitutas). Si era abandonada por el marido, no tenía derecho a indemnización alguna, pudiendo ser reducida al estado servil, junto con sus hijos, para el pago de las deudas del marido. Si éste desaparecía, estaba obligada a esperar su regreso al menos dos años, al cabo de los cuales —según las normas del levirato— podía casarse con uno de sus cuñados. Mientras tanto, el Estado debía cuidar de su mantenimiento, y si regresaba el esposo recobraba sus derechos sobre la mujer y los bienes, aunque no tenía ninguno sobre los hijos habidos en su ausencia.

Tampoco las mujeres podían dedicarse al comercio, ni sacar nada de la casa —bajo pena de muerte— sin permiso del esposo. En caso de adulterio le estaba permitido al ofendido tomarse cumplida venganza, matando a los culpables. El aborto intencionado merecía también la pena capital. Aquellos que permitían ciertos delitos, bien por complicidad, bien por no perseguirlos o no denunciarlos, no salían mejor parados.

Los castigos, aparte de la pena de muerte, ejecutada por los más atroces medios, podían consistir en castración, quemaduras con hierros al rojo o asfalto hirviente, mutilaciones, apaleamiento o trabajos forzados, etcétera.

* * *

Los babilonios no llegaron nunca a formar una masa homogénea, *por lo que no parece aventurado suponer la existencia de una fuerte estratificación social, no muy diferente de la asiria.* Las capas más altas de su sociedad, los «mar bani» (o «gente bien»), administradores de los recursos estatales o de las riquezas del templo, estaban bien organizados en poderosos clanes familiares, constituyendo la única aristocracia del país. A su servicio, bien en palacio o en el templo, trabajaban colonos, clasificados en varias categorías; pero todos, no obstante, arrendaban parcelas de tierra más o menos extensas.

Había numerosos esclavos (de los que nos ocuparemos), que ni jurídica ni socialmente se diferenciaban mucho de lo ya descrito entre los asirios. Curiosa categoría aparte la constituían los oblatos, gentes dedicadas al servicio del templo y que solían ser marcados con alguna señal especial.

Aun cuando se tienen pruebas de la existencia en Babilonia de explotaciones agrarias familiares, de comerciantes libres, de banqueros y artesanos, *la impresión de los historiadores es que el templo constituía el centro de toda actividad socio-económica, ya que la ciudad era la «morada del dios».*

* * *

A partir del reinado de Nabucodonosor, la organización militar babilónica se hizo similar —sin llegar a su altura— a la asiria, y sus métodos tácticos, armamento y, cómo no, sus brutales tácticas intimidatorias. «Los babilonios se enorgullecieron con sus triunfos y su botín —escribe Albert Champdor [83]—, sus violaciones, sus carnicerías y el hedor de la sangre y el fuego. Por las calles carbonizadas iban cogiendo víctimas al azar y, separándoles las piernas, se las arrancaban, partiéndolas por la mitad, como si aquello fuese una especie de deporte, o bien las desollaban vivas, por el simple placer de hacerlo o para demostrar lo bien que sabían hacerlo, o les arrancaban el cuero cabelludo o los crucificaban para saborear su victoria.»

---

[83] Albert Champdor, 1985. Pág. 84.

Nabucodonosor se dio cuenta de la vital importancia del Éufrates como factor de expansión política y comercial y la utilizó al máximo por medio de una ingeniosa reconstrucción y ampliación de la red de canales para la navegación e irrigación, gran parte de la cual databa de unos mil doscientos años antes. Además, dispuso la construcción de un largo canal de aprovisionamiento —el Libil-higalla—, para alterar el curso del río, y de un gran embalse que garantizaba a la ciudad agua en abundancia en cualquier época del año.

> «Nabucodonosor no podía jactarse de sus campañas ni de sus crueldades, sino más bien de sus trabajos de arquitecto —comentan Ballesteros y Alborg [84]—, en lo cual seguía las viejas tradiciones sumerias. Como Hammurabí, a quien había tomado seguramente por modelo, fue guerrero por necesidad y gobernante por vocación. Se apoyó mucho para su tarea en la clase sacerdotal, tan poderosa siempre en su país, pero abrió con ella una ancha brecha en la paz interior, por donde se precipitó la ruina de sus estados. A los sacerdotes les desagradaba profundamente la incesante actividad militar, que daba la supremacía a los soldados. Preferían más bien, y lo consiguieron por completo, que Babilonia fuera el centro comercial e industrial, renunciando al poderío de las armas... *Se mantuvo, sin embargo, la paz con el exterior, porque la resistencia de los sometidos, destrozada por tantos años de agotadoras luchas y castigos inhumanos, no podía dar más de sí.*»

A diferencia del pueblo asirio, el babilonio nunca fue belicoso. Bien es cierto que hacían la guerra, pero la consideraban solamente como «un buen negocio», por lo que hacían cuanto estaba en su mano para eludir el servicio militar, bien mediante el pago de impuestos especiales o el envío de sustitutos (ya en tiempos de Nabucodonosor se recurría al empleo de tropas mercenarias). Aparte de los mercaderes, artesanos, pequeños comerciantes y campesinos, una gran parte de la población, de uno u otro modo, quedaba absorbida por las actividades religiosas —numerosas y frecuentes—, algunas larguísimas, que requerían el concurso de

---

[84] Manuel Ballesteros y Juan Luis Alborg, 1973 (I). Págs. 46 y 47. Sirva como complemento de la cita de ambos autores el expresivo ejemplo tomado de la obra de A. Champdor, 1985. Pág. 83: «Un encuentro con Egipto en el año 601 a.C. causó considerables pérdidas a entrambos ejércitos y, como resultado, *parece ser que Nabucodonosor se halló deficiente en carros de guerra y en caballos; por consiguiente, ya no hizo más incursiones en Egipto durante mucho tiempo después de este contratiempo.*»

mucha gente: sacerdotes, sacerdotisas, músicos, magos y un sinfín de auxiliares laicos.

* * *

Ya en los diferentes códigos de leyes: el de Ur-Nammu (siglo XXI a.C.), el de Lipit-Ishtar (siglo XX a.C.) y los de Eshnunna o de Hammurabí (siglo XVIII a.C.), especialmente este último —al que nos referiremos con mayor detenimiento—, se contienen disposiciones que permiten conocer bien el problema de la esclavitud en Babilonia.

Estas leyes contienen referencias a los esclavos —de las que se infiere, por el contenido de los documentos mercantiles llegados hasta la actualidad, que su número no debía ser muy elevado— relativas a su carácter de bienes vendibles, la propiedad de los amos, así como lo relativo a los hijos, contratos de compraventa, robo o fuga de esclavos, marcas para distinguirles, castigos en casos de mal comportamiento, su posición y valoración social, etcétera. Veamos ahora algunas curiosas disposiciones legales [85]:

> «Si la esclava de un hombre, comparándose a su dueña, habla insolentemente (a él o a ella), se le llenará la boca con un cuarto de sal» (Código de Ur-Nammu).
> «Si un hombre no tiene títulos contra (otro) hombre, pero (no obstante) secuestra la esclava del (otro) hombre, retiene la secuestrada en su casa y causa (su) muerte, dará dos esclavas al propietario de la esclava como compensación» (Código de Eshnunna).
> «Si de la mano del hijo de un señor o del esclavo de un particular, un señor ha adquirido o recibido en custodia plata u oro, un esclavo o una esclava, un buey o una oveja o un asno, o cualquier cosa que sea, sin testigos ni contrato, tal señor es un ladrón: (en estos casos) será castigado con la muerte» (Código de Hammurabí, artículo 7.º).
> «Si un señor ha comprado un esclavo (o) una esclava y antes de que transcurra un mes una enfermedad se ha precipitado sobre él, lo devolverá a su vendedor y el comprador recuperará la plata que había pesado» (Código de Hammurabí, artículo 278.º).
> «En el caso de un señor que vendió una esclava cuando había una reclamación contra (ella) —y ella fue llevada— el vendedor dará dinero al comprador de acuerdo con los términos del contrato en toda su cuantía; si ella tenía hijos, le dará a ella medio siclo de plata por cada uno» (Legislación neobabilónica. Siglos VII/VI a.C.).

---

[85] Adolfo Domínguez, 1985. *Selección de Textos,* págs. II y III.

Al igual que sucedía entre los asirios, se accedía a la servidumbre en calidad de prisionero de guerra, por la compra, por autoventa o por no pagar alguna deuda (aunque en tal caso la ley garantizaba un máximo de tres años, en la casa del acreedor, debiendo recobrar posteriormente la libertad y proteger su integridad física), y en algún caso como castigo a determinados delitos.

El esclavo tiene personalidad jurídica y se le permite la posesión de bienes propios, y aun cuando pudieron tener alguna importancia en los trabajos domésticos o artesanales, no parece que lo tuvieran en los agrícolas, aunque sí como auxiliares de los campesinos.

En el período neobabilónico acabó cayendo en desuso la autoventa, y aunque el número de esclavos entre las gentes de fortuna media oscilaba entre tres y cinco, el de templos y palacios se incrementó notablemente.

* * *

Como en Summer y Asiria, la base de la vida económica y social era la agricultura. Los impuestos y bastantes adquisiciones seguían pagándose en especie. No resulta, por tanto, extraño que a esta actividad se dirigiesen los más solícitos cuidados de la administración. En Babilonia el terreno aluvial era muy fértil y apto para el cultivo de cereales. Prosperaba extraordinariamente la palmera, de la cual, además de los dátiles, podían —mediante la adecuada elaboración— extraerse licores y fibras textiles. Expertos ganaderos, supieron crear un método de cruzamiento e inseminación artificial aplicable a numerosas razas vacunas y lanares, con el propósito de mejorarlas.

La obra de Nabucodonosor hizo de Babilonia un auténtico centro internacional para cualquier clase de actividad, ya fuera comercial, intelectual o religiosa. En los primeros momentos, sus rutas comerciales fueron casi las mismas que las de Assur; posteriormente fueron ampliándose hasta la India, Afganistán, Jordania, Egipto, Persia, el Cáucaso, Palestina, Líbano y algunos puertos del Mediterráneo. No obstante, estos largos y fatigosos viajes no estaban libres de toda clase de peligros. Habían mejorado los medios y las vías, pero no por ello resultaban menos difíciles: los vehículos mejoraron y las ruedas —dotadas de radios— se hicieron más ligeras.

La gran extensión del comercio, especialmente el terrestre o caravanero, está atestiguada por abundantes textos y vestigios de la época. Con arreglo al Código de Hammurabí y a las legislaciones posteriores, en caso de robo, los mercaderes no estaban obligados a reponer los géneros perdidos, pero sí, en cambio, al pago del doble de la suma que —en caso de trabajar con créditos— les hubiesen adelantado los banqueros si regresaban de su aventura comercial sin haber obtenido ninguna ganancia.

Los antiguos sumerios habían navegado ya, cuatro mil años a.C., por el golfo Pérsico y el mar Rojo. Sus panzudas embarcaciones, equipadas a la vez con velas y remos, se limitaron inicialmente a la navegación de cabotaje, atreviéndose poco después a saltar de isla en isla. A juzgar por los datos que poseemos, se trataría de naves de alto bordo parcialmente cubiertas.

Estas embarcaciones sirvieron de modelo para la construcción de los cargueros asirio-babilónicos en los que el armazón era exclusivamente de madera, teniendo el casco propiamente dicho recubierto con gruesas pieles curtidas. A pesar de su aparente fragilidad, con ellas emprendieron viajes de larga navegación.

Aparecieron entonces en el Asia Menor los primeros y florecientes puertos de tránsito o transbordo, constituyendo el punto de reunión de los mercaderes de los más diversos y lejanos países. Para poder llegar a sus reuniones en las fechas fijadas previamente se realizaron en Babilonia los primeros itinerarios de comunicaciones terrestres y marítimas.

El tráfico fluvial siguió teniendo tanto o más interés que en las anteriores etapas; se utilizaron barcos de menor tamaño y en especial las famosas «kufas», aún en uso en el Tigris y el Éufrates, muy parecidas a grandes cestos, que, además de servir para la pesca, tenían gran capacidad de carga.

En Babilonia existieron varias casas de banca. Algunos documentos citan los nombres de algunos banqueros, como los hermanos Murash-Shu y Egibi, quienes se contentaban con obtener beneficios del 20 por 100.

Pese a la severidad de la ley, los deudores no estaban del todo desamparados, ya que, en determinados casos, se establecían moratorias en los pagos. *«Cuando alguien tenga una deuda con intereses* —rezaba el artículo 48.º del Código de Hammurabí— *y la sequía o las tormentas malogren sus sembrados, destruyendo las cosechas, o no haya crecido su trigo a causa de las inclemencias del tiempo, ese año quedará dispensado de la entrega de grano a su acreedor, y tampoco habrá de pagarle mayores intereses por la demora»* [86].

---
[86] Pieter Coll, 1986. Pág. 204.

Antes del reinado de Hammurabí, la justicia había sido administrada casi exclusivamente por unos sacerdotes conocidos como «jueces de las puertas del templo», hasta que ese monarca, para evitar lo que él llamaba «abuso divino», los sustituyó por jueces y magistrados laicos. *«Esta drástica reforma estableció el dominio de la ley por toda Babilonia* —escribe Champdor [87]— *y su imperio, y dejó muy claro para todos que el tiempo de los sobornos y de los favores había terminado...».*

Pese a la innegable dureza de los doscientos ochenta y dos artículos del citado Código de Hammurabí, éste —que no llegaba a la de las leyes asirias— reconocía la plena personalidad jurídica de la mujer —que no era considerada ni esclava del hombre ni su inferior, sino su igual y gozaba de idénticos derechos legales—, que podía poseer y administrar, al margen de cualquier control, su patrimonio privado y dedicarse, incluso, al comercio. Estaba autorizada a promover pleitos y a testificar ante los tribunales de justicia.

Los vínculos matrimoniales —establecidos mediante contrato regular— sólo podían disolverse en muy contados casos (esterilidad o enfermedad grave, por ejemplo), a requerimiento de ambas partes, en igualdad de derechos. En caso de adulterio, los amantes debían ser condenados a muerte, pero, como se partía del principio de la «presunción de inocencia», las acusaciones debían ser probadas, lo cual no siempre era fácil. El matrimonio tenía como fin principal la procreación, «a fin de que el hombre no se extinguiera». No estaba admitida la poligamia, pero en caso de esterilidad, la esposa podía conceder al marido una de sus esclavas «para suministrar prole a la casa». Los hijos de la sierva, una vez reconocidos, eran manumitidos y también su madre quedaba libre a la muerte del amo.

Las acusaciones debían ser debidamente probadas, ya que *«si un hombre inculpa a otro de homicidio sin poder comprobar lo que dice, debe ser muerto».* Los contratos tenían que ser redactados —con arreglo a unas normas— y firmados por testigos; si un hombre entregaba algún objeto valioso a otro para que se lo guardara *«sin testigos ni contrato escrito, y luego el otro negara haberlo recibido en el lugar donde se hizo el depósito, el caso no constituye materia litigante».* Los delitos contra la propiedad y la

---

[87] Albert Champdor, 1985. Pág. 58. El final del prólogo de este Código concluye con estas palabras, sumamente significativas: «... *yo establecí la ley y la justicia en la lengua del país, causando con ello el bienestar del pueblo»* (Ídem, pág. 56).

seguridad se castigaban con especial rigurosidad. *«Si un hombre entra en una casa que no es la suya, forzando la puerta, debe ser muerto y enterrado delante del sitio donde se ha introducido»*, y no salían mejor librados ni el fraude ni la imprudencia temeraria. *«Si una mujer vendedora de vino... ha hecho que el valor del vino sea menor que el del grano, hay causa contra la vendedora de vino, y, si se prueba el caso, la mujer será arrojada al agua»* o, *«si un arquitecto construye una casa, pero su obra no es lo bastante resistente y luego resulta que la casa que él ha construido se derrumba, causando la muerte del propietario de la casa, el arquitecto será condenado a muerte»*. La práctica de la medicina también quedaba regulada. *«Si un cirujano ha unido y consolidado un hueso roto a un señor, o le ha curado una distensión de un tendón, el paciente dará al cirujano cinco siclos de plata»*... Por el contrario... *«si un cirujano realiza una operación importante a un señor con una lanceta de bronce y causa la muerte a dicho señor, o abre la órbita de un señor y le destruye el ojo, se condena al cirujano a cortarle la mano»*. En cuanto a los esclavos, debían saber comportarse, ya que *«si un esclavo ha dicho a su propietario: tú no (eres) mi propietario, su propietario probará que se trata (efectivamente) de su esclavo y le cortará la oreja»* [88].

Todo está reglamentado. La ley del talión sanciona heridas, injurias, homicidios, etcétera, con penas que varían de acuerdo con la condición social de la víctima; así, cuando un esclavo abofetea al hijo de un hombre libre, hay que cortarle una oreja. Pero, no obstante, tan bárbaros y desproporcionados castigos no pueden evitar que se aprecie el cuidado con el que este Código (y la posterior legislación) protege la vida, la propiedad y las necesidades económicas, como se deduce de una detenida lectura de su contenido.

---

[88] Ídem. Pág. 57. *Enciclopedia Códex* (Núm. 75). Adolfo Domínguez, 1985. *Selección de Textos*, Pág. II.

CRONOLOGÍA ASIRIO-BABILÓNICA

Fechas a.C.	Hechos históricos, político-económicos y culturales
2500	Procedentes, probablemente, del Cáucaso, comienzan los asirios a establecerse en el norte de Mesopotamia, a orillas del Tigris.
1925	Los hititas —pueblo indoeuropeo—, tras conquistar el territorio ocupado por sumerios, elamitas y guti, se apoderan de Babilonia.
1900	Mercaderes asirios establecen una colonia en Anatolia. Los amorritas se establecen en Babilonia.
1800	Los asirios se adueñan de gran parte de Mesopotamia, llegando a formar un importante imperio. Tras una progresiva decadencia, sin embargo, acaban cayendo bajo el control de Babilonia y de otros pueblos.
1700	Nace el Primer Imperio Babilónico. Reinado de Hammurabí.
1600	Fin de la dinastía de Hammurabí. Los cassitas se apoderan de Babilonia. Babilonios y asirios compilan los escritos científicos de los sumerios.
1500	Dinastías cassitas en Babilonia. Declive de la producción agrícola.
1400	Babilonia conquista las ciudades-Estado mesopotámicas.
1350	Bajo el reinado de Assurubalit I se libera Asiria y se inicia una secular rivalidad con Babilonia. La Edad del Hierro llega al Asia occidental.
1200	Dominio de los reyes de Elam sobre Babilonia. Expansión asiria. Nabucodonosor I expulsa a los elamitas rehaciendo temporalmente el Imperio Babilónico.
1100	Los asirios controlan el territorio que se extiende desde el Mediterráneo septentrional hasta el lago Van (Turquía). Tiglatpileser I conduce a Asiria a una nueva etapa de poder militar y prosperidad. A su muerte, los pueblos oprimidos se sublevan y ponen en peligro el imperio.
900	Guerras entre Asiria y Babilonia.
800	Babilonia cae bajo el dominio del imperio asirio.
782	Declive del poderío asirio.
745	Reinado de Tiglatpileser III, restaurador de Asiria; desde el 729 a.C., rey de Babilonia.
722	Reinado de Sargón II.
701	Nínive, capital del Imperio Asirio.
689	Babilonia, destruida por los asirios.
664	Los egipcios (con Pesamético I) consiguen independizarse de Asiria.
626	El general caldeo Nabopolasar accede al trono de Babilonia.
612	Babilonios y medos (con ayuda de contingentes escitas) destruyen la ciudad de Nínive. Fin del Imperio Asirio.
605	Nabucodonosor II derrota a los egipcios y somete al reino de Judá.

Fechas a.C.	Hechos históricos, político-económicos y culturales
587	Nabucodonosor conquista y arrasa la ciudad de Jerusalén.
580	Construcción de los famosos «jardines colgantes» de Babilonia, considerados como una de las maravillas de la antigüedad.
539	Ciro II «el Grande», rey de los persas, conquista Babilonia, que se integra así en el Imperio Persa.
529	Fallecimiento de Ciro II.

CRONOLOGÍA COMPARADA

Fechas a.C.	Situación	Hechos históricos y culturales
2300	Egipto	VI Dinastía. Aumento gradual del tamaño de las mastabas de los particulares. Descentralización del Gobierno e incremento del feudalismo.
2080	Egipto	XI Dinastía. Nueva unificación del Alto y Bajo Egipto. Aparición de los «Textos de los Sarcófagos».
2000	América del Sur	Primera muestras de cerámica en Perú y Bolivia.
	Etiopía	Se inicia el uso del bronce.
	Europa (en general)	Difusión del uso del bronce.
	Próximo Oriente	Procedentes del sudeste de Europa, los hititas se establecen en Anatolia y fundan sus primeras ciudades-Estado, entre ellas Hattussa.
1900	Próximo Oriente	Abraham emigra con los suyos desde Ur (Baja Mesopotamia) a Canaán (Palestina).
1800	América del Sur	Pinturas de cerámica más antiguas de Ecuador. Botellas con asa de estribo («Cultura Machalilla»).
	Europa Central	Difusión del denominado «vaso campaniforme», probablemente originario de la Península Ibérica.
	Egipto	XIII Dinastía. Aparición del sarcófago antropoide y de las figurillas «respondientes». Cobra importancia el culto a Osiris. Se somete Nubia y se comercia con Siria y el Egeo, a través de Biblos.
1700	Región del Egeo	Se adopta en Creta la llamada escritura «lineal A». Los palacios cretenses son destruidos por terremotos y reconstruidos, en seguida, con mayor lujo.
	Grecia	Se registra en Micenas (Peloponeso) un movimiento de inmigración de jonios y dorios.

Fechas a.C.	Situación	Hechos históricos y culturales
	Europa occidental	Monumentos megalíticos de Carnac (Bretaña) y Stonehenge (Inglaterra); civilizaciones ligadas al comercio del ámbar, estaño y cobre.
1600	Egipto	XVII Dinastía. Invasión de los hicsos, que introducen en el país carros de guerra tirados por caballos. Nubia recupera su libertad.
	Europa central	Poblados «tell» en las regiones del Mediterráneo y Bajo Danubio con necrópolis de incineración (urnas).
	Región del Egeo	Influencia cretense en el continente (Micenas).
	Próximo Oriente	El monarca hitita Mursili I invade Siria y toma Babilonia; los hititas se convierten en la primera potencia de la zona.
1500	China	Dinastía «Shang». Difusión de estatuas ceremoniales de bronce.
	India	Invasión de los arios que ocupan el Punjab (región superior del Indo). Introducción de la religión védica, un idioma indoeuropeo y el sistema de castas.
	Oriente Próximo	Empleo de metales para la fabricación de aperos agrícolas.
	Irlanda	Uso del bronce.
	América del Norte y Central	Cultura Olmeca. Cultura Maya: período formativo preclásico (Méjico).
	Italia	Aparición de los «terramares», al norte del país.
1450	Región del Egeo	Adopción de la escritura «lineal B», no sólo empleada en la isla de Creta, sino en la Grecia continental (Pilos y Micenas).
	Egipto	XVIII Dinastía. Reinado de Tutmosis III. Enfrentamientos egipcio-hititas por la hegemonía en Siria y Palestina. Relaciones con Chipre, región del Egeo, Anatolia y Babilonia.
	Próximo Oriente	Desarrollo de la escritura ugarítica.
	China	Las tropas de la Dinastía «Shang» utilizan carros de combate.
1400	Región del Egeo	La ciudad de Cnosos (isla de Creta), devastada.
	Europa occidental	En Fresne-le-Mer (Francia) se encuentra el más antiguo testimonio de la utilización del yunque.

Fechas a.C.	Situación	Hechos históricos y culturales
1365	Egipto	XVIII Dinastía. Fracasa la reforma monoteísta de Amenofis IV. Pérdida de la influencia en Asia.
1350	Grecia	Puerta de los Leones (Micenas, Peloponeso).
1304	Egipto	XIX Dinastía. Traslado de la capitalidad de Tebas a Pi-Ramsés. Gran actividad constructora.
1275	Egipto	Ramsés II lucha contra los hititas (batalla de Qadesh). Templo de Abu-Simbel.
1200	Próximo Oriente	Los denominados «Pueblos de la Mar» invaden Anatolia. Hundimiento del Imperio Hitita. Destrucción de Ugarit (costa siria del Mediterráneo). Los filisteos se establecen en Palestina.
	Península Ibérica	Penetración de emigrantes de procedencia indoeuropea.
	Región del Egeo	Destrucción de la Troya «homérica».
	Egipto	Ramsés II rechaza la invasión de los «Pueblos de la Mar».
1100	Europa central y occidental	Cultura de los campos de urnas funerarias. En Italia, Civilización de Vilanova.
	Egipto	Aparece el llamado «Libro de los Muertos», colección de textos funerarios de significado mágico.
	China	Probable fecha de los inicios de la Dinastía «Chou».
1000	India	Los arios comienzan a extenderse por la llanura del Ganges. Aparece una forma de brahmanismo riguroso. Predominio de los brahmanes (clase sacerdotal).
	Sur de Rusia	Llegada de los primeros escitas que comienzan a expulsar a los cimerios.
	Japón	Cultura de Jomon media.
	Italia	Los pueblos latinos comienzan a instalarse junto al Tíber.
900	Europa	Comienza la difusión del uso del hierro.
	América del Norte	Cultura «Adena» (semisedentaria), al nordeste de los actuales EE.UU.
	América del Sur	Cultura de Chavín, la más antigua del Perú prehispánico. Sus principales centros son: Chavín de Huantar, Cerro Blanco y Cerro Sechín.
	Próximo Oriente	Tras la muerte de Salomón, su reino queda dividido entre su hijo Roboam (Judá) y el general Jeroboam (Israel).

Fechas a.C.	Situación	Hechos históricos y culturales
814	Norte de África	Unos mercaderes fenicios fundan la ciudad de Cartago.
800	Península Ibérica	Actividad comercial fenicia en la costa sur: fundación de los puertos de Malaka y Abdera. Auge de la cerámica.
766	Grecia	Celebración de los primeros Juegos Olímpicos: Año «0» del calendario griego.
753	Italia	Fundación de Roma. Comienzo de la monarquía.
750	Sur del Cáucaso	Los cimerios emigran hacia Armenia e irrumpen en territorios costeros de Grecia, llegando a suponer una amenaza para Asiria.
	Grecia	Comienzo de la colonización griega en el Mediterráneo occidental. Homero compone «La Ilíada» y «La Odisea».
722	Próximo Oriente	Caída de Samaria. Asiria se anexiona el reino de Israel.
716	Próximo Oriente	Sargón II de Asiria somete a los sirohititas.
715	Egipto	XXV Dinastía. Los asirios invaden el país. Predominio del culto de Amón.
700	Próximo Oriente	Ciaxares, rey de los medos, arroja a los escitas hacia el Norte.
	Europa central	Se generaliza el uso del hierro. «Cultura de Hallstatt».
	Grecia	Esparta se da una constitución fundamentalmente belicista y autoritaria, concediendo especial interés a la educación militar. El poeta Hesíodo escribe «Los trabajos y los días».
	Próximo Oriente	Introducción de la moneda en las ciudades del Asia Menor.
690	Próximo Oriente	Caída de Frigia, ante los ataques cimerios.
683	Grecia	Se instaura en Atenas una república aristocrática.
671	Egipto	Durante el reinado del faraón Taharqa (XXV Dinastía) los asirios invaden el país.
650	Italia	Primeras inscripciones etruscas. Comercio con Egipto, Asiria y Fenicia.
625	Grecia	Auge económico de la ciudad de Mileto (Caria, Asia Menor).
616	Roma	Los reyes latinos y sabinos que habían gobernado, hasta el momento, la ciudad son sustituidos por reyes etruscos.

Fechas a.C.	Situación	Hechos históricos y culturales
600	América del Norte	«Cultura Mogollón», de carácter agrícola (Oeste de los EE.UU.). Pirámide de Cuiculco (Méjico), de forma circular, con cuatro pisos, a los que se accede por escaleras. Utilizada como templo, poseía un altarcito pintado de rojo en la parte superior, donde se efectuaban sacrificios en honor de los dioses.
	Grecia	Aparición de la cerámica decorada con figuras negras. La poesía lírica culmina con Alceo y Safo de Lesbos.
	India	Se producen notables cambios religiosos: desarrollo del hinduismo, a partir del brahmanismo. Surge la secta heterodoxa de los jainistas.
	Península Ibérica	Sarcófagos antropoides de Cádiz.
587	Próximo Oriente	Fin del reino de Judá. Jerusalén cae en poder de Nabucodonosor II, siendo deportada gran parte de la población.
585	Próximo Oriente	Los cimerios destruyen Urartu, amenazan las fronteras del Imperio Babilónico e irrumpen en Frigia, Lidia y territorios griegos de la costa.
583	Península Ibérica	Fundación de la ciudad de Emporion (Ampurias), en el golfo de Rosas. Notable presencia comercial griega en las costas del Mediterráneo y del Atlántico andaluz. Gran actividad económica de los pueblos ibéricos del Este y del Sur. Gran estatuaria ibérica del Sudeste peninsular.
563	India	Nacimiento cerca de Kapilavastu (Norte del país) de Siddharta Gautama, que luego se convertiría en el Buda (o «El Iluminado»).
559	Próximo Oriente	Ciro II «el Grande» funda el Imperio Persa.
550	Italia	Desarrollo del arte etrusco bajo influencia griega. Expansión etrusca por el valle del Po.
517	China	Entrevista de Lao-Tse y Confucio, sabios chinos y fundadores, respectivamente, del taoísmo y confucianismo.
509	Roma	Derrocada la monarquía, se proclama la república.
507	Grecia	Clístenes, el legislador, pone fin a la tiranía en Atenas y sienta las bases de un sistema democrático.

SEGUNDA PARTE
Pueblos marginales

I
Los Hititas

CAPÍTULO VIII

LA HISTORIA DE LOS HITITAS

En la historia del Oriente antiguo el paso del tercero al segundo mileno a.C. se caracteriza por la invasión de un grupo de pueblos, que procedían de una extensa región, difícil —sin embargo— de localizar, aunque comprendida entre la meseta de Pamir (Asia central) y las estepas de la Europa centro-oriental.

El nombre de indoeuropeos con el que se viene designando a estos pueblos no se refiere a su unidad étnica, sino más bien a la circunstancia de que hablaban idiomas comunes derivados de un tronco lingüístico original. Aquellos pueblos prehistóricos de lengua indoeuropea constituían —probablemente— un vasto conjunto de tribus nómadas o seminómadas, que tenían en común, no sólo la lengua, sino determinadas estructuras socio-económicas y religiosas. Se dedicaban al pastoreo y a la ganadería (en particular del caballo), y ocasionalmente al cultivo de cereales. Se organizaban en tres grupos o clases sociales: sacerdotes, guerreros y campesinos, que tenían en común el culto de los antepasados.

Si resulta difícil precisar las características de estas gentes, lo es más reconstruir sus migraciones en la época prehistórica. No obstante, se considera que las corrientes migratorias siguieron dos direcciones principales: una hacia el Sudeste y que pobló el subcontinente indio, mientras que la otra avanzó hacia el sudoeste y se fraccionó en diversas ramas que alcanzaron Asia Menor y la Península Balcánica. Determinar cuándo ocurrió todo esto resulta muy difícil, pero, en cualquier caso, sabemos con certeza que, por estas fechas, grupos numerosos de indoeuropeos ya se hallaban establecidos en Asia Menor, la meseta de Irán, la Península Balcánica, la llanura meridional de Rusia y el valle del Danubio.

* * *

Bajo la denominación de hititas (o hetitas) conocemos un conjunto de pueblos diferentes que a principios del segundo milenio a.C. aparecen en el área histórica del Próximo Oriente. Desde el punto de vista etnográfico no cabe hablar de «hititas en sentido propio», puesto que estaban compuestos por los más diversos elementos. Caben distinguirse —sin embargo— dos grupos principales: los «hititas asiáticos», más propiamente conocidos como «khatitas», de tipo armenoide, que formaban la principal población autóctona del centro y este de Asia Menor, y con los cuales se fundieron otros diferentes como los «khurritas», y otros elementos indoeuropeos, llegados probablemente de distintas procedencias: los «luitas», arribados por mar a las costas de Cilicia, y los «nesitas», que alrededor del año 2000 a.C. penetraron por el Bósforo en el Asia Menor. Estos últimos —y aquí cabe hablar de «protohititas»— conquistaron los núcleos luitas y el reino de los khatitas asiáticos, formando un único Estado, que será llamado con el nombre genérico de «khatitas autóctonos» por los pueblos del Oriente Próximo, y más tarde, hititas, derivado de su capital Khatti, Hetheusas o Hattusas, nombre que predominó —tal vez— por la influencia de la pronunciación hebrea (hititas provendría del vocablo «hitti»), dando el nombre ya popular y generalmente admitido por todos.

Estos antiguos pueblos anatolios serían los primeros grupos indoeuropeos que actuaron con cierta fuerza política en la historia del Oriente antiguo y que de la ciudad de Hattusas (situada en la llanura de Bogázköy, Anatolia) tomaron —como hemos mencionado— su nombre. En esta región habitaban poblaciones autóctonas, regidas por minorías indoeuropeas, probablemente procedentes del Este.

Pese a tal diversidad racial, desde el punto de vista cultural, el pueblo hitita formaría un conjunto bastante bien definido, que llegaría a ocupar casi todo el Asia Menor, el Alto Éufrates y el norte de Siria y que, por su situación entre Oriente y Occidente —como puente entre ambos—, desempeñó un papel muy importante. Inicialmente, los hititas mantuvieron contactos con los acadios de Sargón —quien seguramente los sometió— y relaciones comerciales con Summer y durante el reinado de Hammurabí dependieron de Babilonia.

Su vida, en los primeros momentos de su aparición y asentamiento, se reducía a continuas luchas entre las distintas tribus para obtener la supremacía sobre las demás. A comienzos del segundo milenio a.C., uno de sus monarcas, Pithana, consiguió hacerse con el control de la región situada entre el río Halys (Kizilirmak) y el lago Tatta (Tuz Gölü). Su hijo, Anitta, extendió sus dominios hasta anexionarse Hattusas (dando comienzo al Imperio Antiguo) y proclamándose «Gran Rey». Sus descendientes siguieron una política expansionista, superando la cordillera del Tauro y extendiéndose hacia el norte de Siria. Hacia el 1650 a.C. Labarna Khattusil I (o Hattusil I) conquistó la ciudad siria de Alepo y, tras excluir de la sucesión a su hijo, designó en su lugar a su nieto Mursil I (hacia 1620 a.C.), quien estableció la capitalidad del país ya unificado en Hattusas, iniciando así la verdadera historia del pueblo hitita.

* * *

Al descomponerse el Imperio Babilónico, tras la muerte de Hammurabí, Mursil I conquistó nuevamente Alepo y posteriormente Karkemish y el norte de Siria. Realizó una expedición contra Babilonia, que ocupó y cuyos despojos hizo llevar a su capital. Sin embargo, esta conquista se hallaba demasiado alejada (más de dos mil kilómetros) para poder mantenerla. A su regreso a Hatusas fue asesinado por su cuñado, y con este magnicidio se iniciaría una larga y oscura sucesión de luchas internas, que duraría varios decenios (hacia 1590 a.C.).

La crisis, determinada también por las inciertas normas de sucesión al trono, fue resuelta por el rey Telepinu (o Telebino), que estableció las reglas precisas. Comprendió la necesidad de poner fin a la monarquía electiva y reformó la ley sucesoria. A partir de entonces, la monarquía se hizo hereditaria. Sin embargo, la Asamblea de Nobles —el «Pankus»— conservó ciertos derechos de intervención (sobre esta Asamblea nos extenderemos en otro capítulo). *Opuestamente a los conceptos en uso en otros imperios, los reyes hititas nunca estuvieron divinizados.* Fue, por tanto, el primer soberano de la historia que adoptó una especie de «constitución laica». También se le atribuye la promulgación de un Código, cuyo contenido contrasta con la dureza de los vigentes en Asiria y Babilonia.

Telepinu firmó tratados con otros reyes vecinos, que facilitaron las comunicaciones con la Alta Siria y Mesopotamia. Tras su muerte siguió un período de varios años de incertidumbre, en los cuales se concretó el esfuerzo hegemónico de los hurritas de Mitanni. Finalmente, hacia el 1420 a.C. se reanuda la documentación histórica, que prosigue de manera continuada hasta la desaparición del poderío hitita (sobre el 1200 a.C.).

La etapa que siguió pasó a la historia como Imperio Nuevo. A comienzos de éste los hititas cosecharon algunos descalabros en su lucha contra Mitanni.

* * *

La situación se invirtió con la subida al trono de Suppiluiluma (o Shubiluliuma I), hijo de Tukhaliash III, que reinó en el período 1380/1346 a.C.; tal vez, el soberano más importante de toda la historia hitita. Su primer objetivo fue aislar y debilitar a Mitanni, lo que consiguió explotando en su provecho las debilidades internas de los hurritas y tejiendo una tupida red de pactos con los monarcas de varios Estados vecinos. Al mismo tiempo, llegó hasta Alepo y Qadesh, y extendió su influencia a Ugarit, hasta entonces en la esfera de los intereses de Egipto.

En los años siguientes, Suppiluiluma I se ocupó especialmente de Anatolia, engrandeciendo su reino considerablemente con la incorporación del territorio de los kaskas, montañeses del Norte, salteadores y enemigos de los hititas. Tras la pacificación de Anatolia, se le reclamó en Siria por los acontecimientos que siguieron tras la muerte del rey mitannio Tusratta, colocando en el trono de Mitanni a Mattiwaza —un personaje de su agrado—, lo que le aseguraba la alianza de los hurritas.

Conquistada más tarde la ciudad de Karkemish, nombró rey de la misma a su hijo Biyassil, constituyendo así un fuerte baluarte contra el poder asirio, y para salvaguardar las fronteras con Egipto entregó el gobierno de Alepo a otro de sus hijos. Precisamente, de este imperio, y como evidente demostración del prestigio hitita, llegó una propuesta de matrimonio de la viuda del faraón Tutankhamon, solicitando unirse a un hijo de Suppiluliuma (enlace jamás celebrado, por la extraña muerte del candidato).

Finalmente, estableció algunos contactos con los aqueos, que dominaban las costas e islas del Egeo, y penetró hasta Canaán, donde se detuvo al tropezar con los egipcios, con cuyo rey, Horemheb, firmó un tratado. En sus últimos años, organizó su imperio en forma de una confederación, concediendo autonomía a las provincias —en forma de estados feudales— y adoptando el título de «Gran Rey», de antigua tradición.

Entre sus sucesores, tras el corto reinado de Arnuanda, no faltaron monarcas de relieve, como Mursil II y Mutallu (o Muwatallu), lo que no impidió el declive del imperio, cuyas causas no están totalmente claras, pero que pueden buscarse entre las continuas rebeliones tanto de algunos Estados vasallos (en particular de los kaskas en el Norte y de los asirios en el Sudeste), como en el desgaste provocado por el contencioso con Egipto por el predominio en Siria y Palestina. Las crisis dinásticas y las luchas por la sucesión también contribuyeron —en mucho— a disminuir el prestigio y la autoridad del poder central.

* * *

Enardecido por sus éxitos, Suppiluliuma I se proclamó el «Gran Rey, el Rey de Hatti, el Valiente, y el Bienamado dios de la Tormenta», no dudando en firmar en sus tratados como «Yo, el Sol» [89].

Mursil II, su hijo, reinaba sobre un extenso imperio, que se extendía desde Siria al mar Negro, englobando a Mitanni, Estado vasallo desde entonces y que los asirios pretenden anexionarse. Fue relativamente buen político y hábil estratega; pese a lo cual, hubo de enfrentarse a kaskas y aqueos, que se habían ido instalando en las costas de Anatolia, dando al país algunos años de prosperidad hasta su muerte hacia 1315 a.C.

Espíritu atormentado y místico, dejó una hermosa «Plegaria por la peste», reflejo de la angustia que presagia una difícil situación:

> «Dios de la tormenta de Hatti, mi señor, y vosotros dioses, mis señores: así es, se ha pecado. Mi padre también ha pecado. Ha tergiversado la palabra de dios de la tormenta de Hatti, mi señor. Y yo, yo en nada he pecado. Y así es: el pecado del padre recae sobre el hijo..., y puesto que he confesado el pecado de mi padre, que se aplaque el espíritu del dios de la tormenta, mi señor. Sed, de nuevo, benévolos conmigo y alejad otra vez la peste del país de Hatti» [90].

El nombre de su hijo Mutallu (1315-1290 a.C.) está vinculado con el nuevo rumbo que tomó la historia hitita, tras la muer-

---
[89] *Historama* (I), 1965. Pág. 88.
[90] Ídem. Pág. 89.

te de Mursil II. Al principio de su reinado fue atacado por kaskas, aqueos y asirios, debiendo incluso, por poco tiempo, abandonar la capital. Por su parte, Ramsés II no se ha resignado a la pérdida de Siria y, al frente de su ejército, avanza hacia el Norte. Apenas ha conseguido pacificar Anatolia, Mutallu debe enfrentarse con el faraón, en Qadesh (a orillas del Orontes, Siria). La batalla (1296 a.C.), cuyo resultado fue muy discutido —ambas partes se adjudicaron la victoria—, en realidad dejó inalteradas las fronteras territoriales y las áreas de influencia de ambos contendientes.

Por estos años irrumpieron en la zona los primeros contingentes de los llamados «Pueblos del Mar». Intuyendo el peligro y no pudiendo enfrentarse a los nuevos enemigos ni controlarlos, se unió a ellos, dirigiéndoles contra Siria y finalmente contra Egipto, cuyos reyes se mantuvieron a la defensiva.

Felizmente para Ramsés II, su adversario falleció pocos años después y una nueva crisis sucesoria dificultó las ambiciones hititas. Los egipcios vuelven a ocupar parte de Siria y los asirios consiguen ciertas ventajas en el Alto Tigris. Un hermano de Mutallu, el futuro Khattusil III, con la ayuda de la nobleza, depuso a su débil sobrino, Urhi-Teshub (1281), iniciando acto seguido negociaciones con Ramsés, que concluyen con la firma de un tratado de paz (1278 a.C.), y al que entrega (1266) una de sus hijas en matrimonio, acabando así con la larga rivalidad. Sin embargo, son los asirios los que han salido ganando, ya que, aprovechando la rivalidad egipcio-hitita, han aumentado sus dominios.

* * *

Pero el fin del Imperio Hitita estaba próximo, ya que durante el reinado de su sucesor, el pacífico Thudaliya IV, los «Pueblos del Mar» irrumpieron en Asia Menor, poniendo fin a principios del siglo XI a.C. al imperio, bajo el reinado de Suppiluliuma III.

En estos años, los registros arqueológicos señalan el fin de Hattusas y de otras ciudades, el cese de su gobierno y el general retroceso de todo el país de Hatti hacia estadios culturales primitivos. Los últimos textos procedentes de Hattusas mencionan, además de las definiciones de los monarcas aliados, la ruptura de tratados por parte de algunos Estados vecinos e intrigas dentro de la misma corte hitita.

Poco después, de los hititas de Anatolia no perduraría ni el recuerdo de su nombre. *«Los griegos, que tan bien conocieron el país* —recuerda Blanco Freijeiro [91]—, *creían que allí, en Capadocia, había existido en tiempos un temible Estado cuyo ejército estaba constituido por mujeres: las amazonas.»*

Aniquilado el Imperio Hitita, su civilización encontró un postrer refugio en la región del Tauro y en el norte de Siria, donde florecieron principados neohititas, absorbidos por los asirios a principios del siglo VII a.C. «La región, comprendida entre el Alto Éufrates y el Mediterráneo, era de un extraordinario interés económico —escribe Manuel Bendala [92]—, sobre todo para el comercio... Sin duda, el control de estos territorios era una de las bases fundamentales para la prosperidad del país, y de ahí la contundente defensa de que ellos hicieron frente a las pretensiones de Egipto. *Varios reinos neohititas surgirán en torno a las ciudades que viven ahora su momento de esplendor: Malatia, Senzirli, Marash, Til Barsip, Tell Halaf; Karkemish, centro importante durante el período anterior, será en éste la sede del principado más poderoso.»*

---

[91] Antonio Blanco Freijeiro, Alberto Bernabé Pajares y Manuel Bendalá Galán, 1985. Pág. 15.
[92] Ídem. Pág. 27.

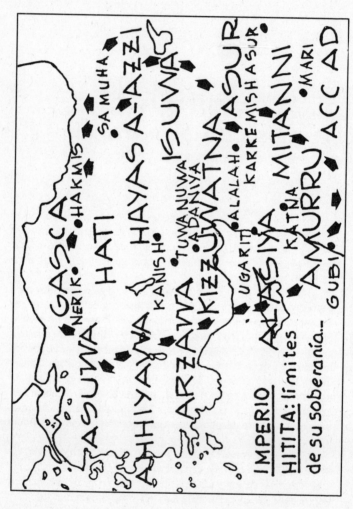

IMPERIO HITITA: Límites de su soberanía.

CAPÍTULO IX
CULTURA, SOCIEDAD E INSTITUCIONES

ARTE Y ECONOMÍA

«De entre todas las civilizaciones presentes en el Asia anterior durante los períodos iniciales de la historia humana, la hitita ha sido tradicionalmente una de las menos conocidas y, sin embargo, una consideración objetiva obliga a situarla junto a las más importantes...

... La civilización hitita presenta unos rasgos generales muy específicos, que si por una parte la hacen semejante a sus vecinas, por otra aportan una gran originalidad. Organizó un Estado que en ningún momento poseyó la fuerza y cohesión internas que definieron a las existentes en Mesopotamia. Pero, por el contrario, nunca estuvo basado en las formas de absolutismo monárquico con que aquéllos se identificaron. Sociedad dotada de estructuras legales muy concretas, la hitita tampoco alcanzará en las manifestaciones de sus poderes los grados de dureza represiva ejercida sobre la población que mostraron Asiria y Babilonia...

... El denominado "país de los mil dioses" demostraría, en otro sentido, una elevada capacidad de asimilación de las creencias religiosas de los pueblos sobre los que progresivamente iba imponiendo su dominio. Esto serviría para diferenciarlo de forma neta de los demás pueblos con los que cronológicamente coexistió, en el sentido de su intrínseca flexibilidad frente a la rigidez mesopotámica o egipcia. *La civilización hitita se aproxima de esta forma* —estableciendo las obvias salvedades— *a concepciones mentales más avanzadas, que habrían de fructificar más adelante entre los emprendedores fenicios, los geniales griegos o los expansivos romanos...»* [93].

* * *

Desde que en 1812, el anglosuizo Burckhardt —miembro de la Sociedad Africana de Londres—, descubriese accidentalmente en la ciudad siria de Hama unas inscripciones hititas, hasta que entre 1912 y 1916 el checo Fiedrich Hrozny corroborase la tesis del noruego Knudzton, que en 1902 opinaba que la lengua hitita era indoeuropea, desafiando a algunos de los más conocidos filólogos, y, aun careciendo de textos bilingües, consiguiendo traducir algunos textos, hasta el glosario de Sturtevant (1936), con más de tres mil palabras, hasta nuestros días, ha sido preciso un ímprobo esfuerzo para conocer los textos y los caracteres hititas. En 1957 se hallaron en Boğazköy tablillas bilingües (en hitita y acadio), que permitieron profundizar en la historia y en la cultura de esta civilización.

En la actualidad se dispone de gran cantidad de tablillas de barro cocido, cuyas líneas están escritas por el sistema «bustrófedon» (derecha a izquierda e izquierda a derecha). La primera línea del texto podía comenzar por cualquier extremo, si bien, normalmente, la palabra inicial se hallaba a la derecha. Los signos fueron jeroglíficos (de cuyos caracteres existían dos tipos: el monumental —muy cuidado— y el cursivo —simplificado—, empleado en las tablillas), disponiendo de signos determinativos para conceptos especiales o para separar palabras, lo que facilita la lectura, y cuneiforme (más bien utilizados, hasta su abandono, en las relaciones diplomáticas). Además de las tablillas de barro cocido y los estiletes, se sirvieron de tablillas de madera, revestidas con lino y barnizadas con cal, usando pinceles, circunstancia que no contribuyó a la conservación de muchos documentos.

Al igual que los mesopotámicos, disponían de sellos, confeccionados con esmero y elegancia. Eran de distintos tipos: en rodillo (adecuados para rodar sobre creta), cúbicos, aplastados o redondos. Algunos podían ser utilizados de varios lados.

La temática de los textos es muy diversa: documentos históricos (crónicas, anales, cartas, tratados y edictos); relacionados con el culto y las festividades, así como los que recogen con minucio-

---

[93] Antonio Blanco Freijeiro, Alberto Bernabé Pajares y Manuel Bendalá Galán. 1985. Págs. 4 y 5.

KARKEMISH. **Escritura Cursiva.** ciudad (determinativo)

sidad los detalles de las diversas prácticas rituales. Destacan también los de índole administrativa o técnica (donaciones reales, censos, instrucciones a funcionarios e incluso... ¡un manual sobre la cría de caballos!). De suma importancia son los textos legales, el llamado «Código» y el contenido de algunos procesos. Su afán por las prácticas adivinatorias se refleja en la gran cantidad de tablillas dedicadas a los signos astrales, los presagios, el comportamiento de ciertos animales para formular augurios y otros asuntos similares.

Por lo que respecta a los textos puramente literarios, debe tenerse muy en cuenta que eran los escribas profesionales quienes los controlaban que, como parte de su entrenamiento, los copiaban, traducían, resumían o adaptaban, con evidente falta de respeto a los originales. *Por lo demás, estos textos,* a diferencia de las obras literarias de nuestros días, *no eran obras de creación dirigidas a un determinado público lector.*

Entre los numerosos textos mitológicos procedentes de Boğazköy, cabe mencionar una versión del «Poema de Gilgamesh», de la que existen copias en acadio e hitita y que —pese al deficiente estado de conservación de las mismas— han evidenciado ser de innegable utilidad. Quedan pequeños fragmentos de una versión de «Atrahasis», poema acadio sobre el diluvio, y de adaptaciones de mitos cananeos, como el de «Asertu», cuyo contenido recuerda la historia de José y de la mujer de Putifar (Génesis, 39-7/20), y otros restos en los que se describe la violación de la diosa Ishtar en el monte Piaisa.

Otras tablillas contienen himnos y plegarias a los dioses, como la famosa «Plegaria por la peste», ya mencionada, y en la que Mursil II suplica a los dioses el perdón por sus pecados y por los de su padre. Los hurritas, sus vecinos territoriales, influyeron notablemente sobre su cultura, como lo evidencian los poemas relacionados con Kumarbi, padre de todos los dioses, detentador del poder celeste y destronado por Teshub, que no se resignaba a desempeñar un papel secundario. Al igual que gran parte de los textos citados, este material tampoco se ha conservado en buen estado y se le conoce como «El reinado de los cielos» (o «La Teogonía»), cuyo esquema argumental presenta ciertas afinidades con algunas producciones de la literatura arcaica griega (por ejemplo, «La Teogonía» de Hesíodo, siglo VIII a.C.). A este poema cosmogónico le siguen otros de temática similar, como el de «Hedammu», o el «Canto de Ullikummi», versión más cuidada del anterior y tal vez la creación más conseguida de la literatura hitita.

Merecen citarse especialmente los textos de temática histórica, como los «Anales» de diversos reyes (por ejemplo, los de Mursil II); la «Proclamación», de Telepinu, que subió al trono tras una etapa caótica; o la «Apología», de Khattusil III, quien, tras un golpe de Estado, accedió al trono y, naturalmente, precisaba justificar y legitimar sus actos: «La diosa, mi soberana, en todo me tuvo de su mano, porque yo era un hombre concorde con la justicia divina, porque ante los dioses yo me encontraba obediente y no hice jamás las malas acciones propias del género humano...» [94].

La épica —en general, de origen hurrita— aparece escrita en versos rudimentarios o en ingenua prosa, que prestaba escasísima atención a la estilística, interesándole más la narrativa, y cuyo contenido recuerda el de ciertos cuentos populares, lo que no menoscaba el atractivo que tales producciones tienen y que, en la mayor parte de los casos, no han llegado hasta la actualidad en buen estado de conservación.

* * *

No vamos a detenernos acerca de los conocimientos científicos y técnicos de los hititas, ya que adoptaron los de los pueblos vecinos, sin aportar gran cosa a éstos. Fueron —no obstante— buenos constructores y hábiles metalúrgicos, que trabajaron con pericia el hierro y el plomo. Conservaron celosamente el secreto de la obtención del hierro, muy posiblemente procedente de algún lugar del Cáucaso. Inicialmente, este metal —al que se otorgaba más valor que al oro o a la plata— era muy poco usado. Frecuentemente, los monarcas egipcios solicitaban a los de Hattusas les enviasen algunas armas de hierro, aunque fueran pocas, peticiones que eran sistemática y categóricamente rechazadas.

Numerosos contactos con países vecinos, civilizados o bárba-

---

[94] Ídem. Pág. 19. Curiosamente, este trascendental documento ha llegado a la actualidad en bastante buen estado de conservación.

ros, les permitieron el desarrollo de una forma de civilización híbrida, en la que aparecían mezclados numerosos elementos de muy diversa procedencia.

Dotados, los hititas, de una asombrosa facilidad de adaptación —eran, además, grandes viajeros—, bien dotados para las lenguas y tolerantes con las costumbres y creencias extranjeras, supieron hacerse admitir, en calidad de intérpretes o de consejeros, en numerosas cortes del Próximo Oriente. De este modo, se iban infiltrando pacíficamente unas veces, y otras por la fuerza de las armas, en la mayor parte de los reinos circundantes de la meseta de Anatolia, acrecentando así su imperio [95].

* * *

La capital del imperio fue Hattusas (la actual Bogăzköy), que se extendía a ambos lados de una profunda garganta rocosa, dominando al Norte un anchuroso valle cultivado. Unos tres kilómetros al este, y a unos doscientos metros sobre el nivel de la llanura, una fuente natural originó la formación de un pequeño bosque sagrado (hoy llamado Yazilikaya) en el que se levantó un santuario excavado en las rocas y del que subsisten escasos vestigios.

Su elección a orillas del Halys (actual Kizilirmak) obedeció, sin duda, a razones estratégicas, que justificaron —durante el reinado de Mursil I— el traslado de la corte desde Kussara, la antigua capital. «Una visita a las ruinas de la capital hitita..., con los restos de sus palacios y templos, sus monumentales esculturas y el perímetro de más de seis kilómetros de longitud de sus sólidas murallas, *forzosamente despierta en el visitante la convicción de que aquella ciudad fue cuna y mansión de un gran pueblo imperialista*» [96].

Su parte más antigua, que se encarama a una elevada ciudadela, no medía más de trescientos sesenta y cinco metros de longitud; pero con el paso del tiempo se extendió hasta alcanzar por el Norte las colinas de Kizlarkaya y Büyyakkaya. En tiempos de Suppiluliuma I (1380/1346) se construyó un enorme arco de for-

---

[95] Incluso, caído el imperio, los hititas siguieron prestando notables servicios en las cortes de varios países del Próximo Oriente. Así, se lee en la Biblia (II Samuel, 11-1/27) que Betsabé —mujer de extraordinaria belleza, con la que cometió adulterio el rey David— estaba casada con «Urías el heteo», seguramente uno de los principales jefes del ejército de Israel.

[96] *El despertar de la civilización*. 1963. Pág. 190.

tificaciones en la ladera del Sur, originándose el citado recinto cerrado, con cinco puertas (tres al Este y dos al Oeste), decoradas con gigantescas figuras de animales, entre las que destacan la Puerta de los Leones, cuya infraestructura era de piedra, aunque su parte superior se construyó de madera y adobe; la de las Esfinges, de posible influjo asirio, y la del Rey, del siglo XIV a.C.

Las murallas constituyen una auténtica obra de ingeniería. Sus cimientos se levantaron hasta el nivel requerido por medio de un terraplén, parcialmente rematado por un muro en talud de piedra labrada. Por encima de la infraestructura se alzaba una muralla doble de excelente construcción de piedra, con torres y muros externos, para dificultar los ataques directos. Con el paso del tiempo, sin embargo, las edificaciones se fueron extendiendo más allá del recinto, tal como ha venido ocurriendo en casi todas las ciudades amuralladas, y durante el reinado de Thudaliya III (1400-1380), la ciudad fue reestructurada, alcanzando una extensión de cerca de ciento veinte hectáreas [97].

Cuatro de sus edificios han sido identificados como templos. Uno de ellos es una gran construcción de piedra caliza, con una columna frente a un ancho patio central, y se halla en un «temenos» o recinto sagrado, conteniendo diversas cámaras, almacenes y otras dependencias accesorias. En estos edificios, el santuario propiamente dicho, que encerraba la estatua objeto del culto, es de granito. Dispone de un acceso indirecto y sobresalía algo por detrás de la fachada principal, a fin de que recibiese la luz solar lateralmente; los archivos ocupaban el lado oriental y el santuario, propiamente dicho, el centro del conjunto.

La vida administrativa y oficial tenía su centro en la primitiva ciudadela, reconstruida en el siglo XIII a.C. Planificada con criterios funcionales, la componían tres barrios, que se extendían en torno a tres plazas o patios abiertos, en los que se alzaban diversos edificios.

Tanto en la capital como en otras ciudades, Qadesh o Arinna, por ejemplo, los huertos y jardines se mezclaban con las construcciones, que —con la excepción de templos y palacios— eran bajas, de una sola planta, con muros de ladrillo provistos de algunas ventanas y techumbre de madera. La mayor parte de la población, sin embargo, habitaba en vulgares cabañas.

* * *

---

[97] García Rueda Muñoz, 1985. Pág. 20.

La escultura hitita que ha llegado a nuestros días, tanto figuras de animales (leones, esfinges o águilas), como de seres humanos que intervienen en los cultos o asisten a éstos, debe enmarcarse en el ámbito de lo religioso y, aun cuando no se puedan fechar tales obras con anterioridad al siglo XV a.C., no quiere decir que no existieran anteriormente. Las figuras de los monarcas no aparecen ni en relieves rupestres ni en sellos hasta la centuria siguiente. Recogiendo la opinión de Gómez Tabanera [98], podemos concluir diciendo que la escultura hitita es de estilo tosco, con acusadas influencias de los pueblos vecinos, y que halla en el relieve su más notable forma de expresión. Merecen citarse, entre otros, los del santuario rocoso de Yazilikaya (con las figuras del dios Sharruma, que concede sus dones al rey Thudaliya IV), los de la misma capital y los de los zócalos de Karkemish.

Su escultura no sólo produjo obras de gran tamaño, sino otras mucho menores, así como relieves —en los que eran expertísimos—, que esculpían ateniéndose a rígidas normas: los brazos, los ojos y las orejas aparecen estilizados en posturas invariables. Los hombres muestran el brazo contra el cuerpo, mientras que las mujeres avanzan ambos.

Muchas de sus obras menores de escultura, relieve, marfil, orfebrería —en la que destacaron— y cerámica se hallan repartidas por los museos de Ankara, Estambul, Adana, Londres, Nueva York, París, etcétera.

Fueron, además, excelentes carpinteros (actividad en la que los actuales habitantes de la región sobresalen), demostrando en estas manifestaciones artísticas menores competencia y buen gusto.

No puede decirse mucho sobre la arquitectura y el arte neohititas, tanto en cuanto tal denominación sólo es justificable hasta cierto punto. La herencia de la etapa imperial es incuestionable, aunque en seguida se advierte el paulatino predominio de las nuevas formas sobre las antiguas.

Como ejemplo de conjunto urbano, cabe mencionar la ciudad de Senzirli (Norte de Siria) rodeada de una fuerte muralla doble y circular, dividida en espacios también fortificados.

Esta arquitectura no era original y no llegó a producir ninguna obra trascendental, si bien cabe mencionar el tipo de edificio conocido como «hilani» o «bit-hilani» (nombre de origen asirio), consistente en una especie de palacete dotado de amplio pórtico adintelado sobre columnas, o pilares que descansaban en bases

---

[98] José Manuel Gómez Tabanera, 1959. Pág. 69.

esculturadas y flanqueadas por dos torres, dando paso a un patio o pieza ampliada, cuyo eje principal es paralelo al pórtico y a cuyo alrededor se sitúan diversas cámaras interiores. Para Gómez Tabanera[99] el «hilani» sería el germen de los palacios reales persas.

En escultura y relieve puede advertirse el paso del estilo tradicional, que nunca se perdió del todo, al influenciado por los asirios y, posteriormente, por los arameos. Tales manifestaciones merecen interés especial, siendo, además, más numerosas que las del período imperial, conservándose bastantes muestras procedentes de Karkemish, Tell-Halaf, Irviz, Malatia, Alaka Hüyük o Senzili en los museos de Ankara o Estambul, entre otros.

* * *

Pese a que la propia Hattusas era un gran centro comercial, los hititas jamás destacaron por sus dotes mercantiles, empresa en la que no se mostraron emprendedores ni hábiles; especialmente, si se les compara con sus principales competidores asirios, babilonios y fenicios. Las rutas eran terrestres (carecían de flota) y no abundaban en sus territorios determinadas materias primas.

En cambio, sus tierras eran fértiles; en ellas crecía abundantemente la cebada (con la cual fabricaban cerveza), el trigo y la vid. Además de éstos, que constituían sus principales recursos agrícolas, se contaba también con el aceite, aunque no se sabe si era de almendras o de oliva. Otros productos comunes eran los lacticinios, las frutas y las hortalizas. Según parece, los propios hititas, o ciertos pueblos por ello sojuzgados, contaban con una vasta clase social consagrada a los trabajos agrícolas.

Papel importante en la ganadería lo constituía la doma del caballo, utilísimo —como hemos señalado— tanto en la guerra como en el transporte y el comercio. En Hattusas se halló un verdadero tratado de equitación escrito —al parecer— por un hurrita, que describía minuciosamente su doma, que duraba aproximadamente unos siete meses.

---

[99] Ídem. Pág. 68.

CREENCIAS, SOCIEDAD E INSTITUCIONES

«La religión hitita es, en general, naturalista —afirman Ballesteros y Alborg [100]— y sus ceremonias tienen frecuentemente carácter de orgías, que simbolizan el proceso de los fenómenos naturales. Se atribuían éstos a una gran divinidad llamada "la Gran Madre", representada generalmente por la Luna. Su culto, que tuvo gran influencia en algunos similares de todo el Oriente Próximo y aun de Grecia, iba acompañado de prácticas violentas que les enajenaban haciéndoles caer en delirios místicos, propicios a toda clase de exageraciones. Existía la prostitución ritual y sus santuarios se emplazaban en lugares agrestes.»

De tales creencias se conocen mejor las de la etapa final del imperio. *Sus dioses, muy humanos, personificaban las fuerzas y objetos de la naturaleza.* El dios es igual que el hombre, hasta puede morir; sin embargo, es un ser más poderoso e inteligente. Desde muy antiguo, los hititas distribuyeron a todos los seres en un orden jerárquico muy estricto: dioses, demonios, héroes, reyes y hombres (entre los que sobresalían guerreros y sacerdotes). A su vez, los animales también estaban ordenados según un riguroso criterio.

Los textos religiosos, complementados en su caso con representaciones figuradas, ofrecen un panorama de la religión hitita. Como era habitual práctica en casi todos los imperios de la antigüedad, tendieron a respetar las divinidades locales de los territorios conquistados en la creencia de que éstas tutelaban la región y era preferible integrarlos en sus propios cultos y así ganarse su benevolencia. Resultado de tal práctica era la existencia de una serie de santuarios locales, en cada uno de los cuales se rendía culto a un dios principal o a una pareja divina, rodeados de cierto

---

[100] Manuel Ballesteros y Juan Luis Alborg, 1973 (I). Págs. 101 y 102.

número de deidades menores que producían «a escala divina» la rígida estructura palaciega.

Los gobernantes ejercían cierto control sobre los cultos. Por ello, el monarca oficiaba como sacerdote en los actos religiosos más importantes de los diversos centros, *al ser considerado como intermediario entre los dioses y los hombres*. Sin perjuicio de este control, y para evitar una excesiva multiplicación de éstos, los escribas del palacio real anotaban los nombres de los diversos dioses y procuraban —para evitar su proliferación excesiva— asimilarlos al panteón oficial.

Este panteón incluía una multitud de cultos propios de las diversas comunidades anatolias reunidas bajo la autoridad del monarca de Hattusas. Los teólogos reales elaboraron una «religión oficial», en la que el primer puesto correspondía a la «gran pareja», formada por el dios de la tempestad y su esposa, la diosa llamada «Sol de Arinna», que en los centros de influencia hurrita recibían respectivamente los nombres de Teshub (que solía ser representado como un varón con barba empuñando un hacha y de pie sobre los lomos de un toro) y Hebat (Hepit o Hepit Ishtar), que habitualmente aparecía acompañada por un león y a la que designaban los hurritas con el mismo ideograma que el mesopotámico Isthar (diosa de la guerra y del amor). En los templos de origen hático, el dios de la tempestad, llamado Taru, desempeña un papel secundario con respecto a su esposa Wurushemu, la diosa solar. El primero era la divinidad nacional de la estirpe dominante de lengua indoeuropea y, por tanto, de todo el imperio. Hebat era la suprema diosa femenina, «la gran diosa» de la fertilidad. Designada con el ideograma del Sol, se la rendía especial culto en la ciudad de Arinna.

En torno a esta «gran pareja» se hallaban las divinidades menores, cuyos nombres hititas no se conocen bien. Pueden citarse, entre otras, a Yarris, el señor del arco, que siembra la destrucción y la muerte entre los enemigos, y a Telepino, venerado en el centro cultural de Nerik, asociado a la vegetación, e hijo del dios de la tempestad.

Acerca de sus creencias sobre la vida de ultratumba se sabe muy poco. Incineraban los cadáveres y hacían ofrendas a los difuntos.

Los cultos se desarrollaban en templos y santuarios al aire libre, si bien sólo una minoría exigua tenía acceso a los dioses. En ellos intervenían muchos sacerdotes y servidores auxiliares. Numerosos documentos describen las instrucciones dadas a éstos y los complicados rituales de las grandes festividades religiosas, tanto los tradicionales como otros a los que ocasionalmente se recurría en caso de emergencia. En todo caso, debía observarse un estricto estado de pureza ritual, mantenido rigurosamente por el clero, especialmente en los sacrificios de animales y de personas.

Regulado por normas minuciosas, el culto consistía en ofrendas a los dioses de alimentos y bebidas, que diariamente se llevaban a templos y santuarios. Así mismo eran frecuentes —por causas rituales— las ceremonias de purificación, en las que participaba el propio monarca, que también intervenía en las prácticas adivinatorias (astrología, ornitoscopia, oráculos, el vuelo de las aves, etcétera), análogas a las que estaban en uso en Mesopotamia, y en los rituales mágicos (destinados a combatir los hechizos, la impotencia, la peste, etcétera). Unas y otros se hallaban muy difundidos, porque los hititas —pueblo muy religioso—, creyendo que las desgracias provenían del pecado (remitimos a la «Plegaria por la peste»), aun del involuntario, o del descuido de los dioses, se abstenían de emprender cualquier iniciativa privada o pública sin haber consultado previamente su voluntad. Hasta en los documentos oficiales se encuentran clasificadas las divinidades, bajo cuya protección debían colocarse.

Los textos que revelan de manera más inmediata sus vivencias religiosas y la relación entre hombres y dioses son las oraciones, de las que se han conservado algunas, y en las que aparece bien claro el pragmatismo de los hititas en sus relaciones con los dioses, tal como comenta Bernabé Pajares, ya que llega a darse el inusual caso de que los orantes traten de persuadir al dios de las ventajas que comportaría beneficiarlo. Con todo, la relación entre hombres y deidades en ocasiones llega a extremos tan íntimos como: «*Desde que mi madre me dio a luz, tú, dios mío, siempre cuidaste de mí. Tú, dios mío, eres mi refugio y mi amarra. Tú, dios mío, me llevas junto a hombres buenos. Tú, dios mío, me mostraste lo que debía hacer en época de calamidad...*» [101].

* * *

De estatura media y de complexión más bien maciza, los hititas poseían caracteres físicos más de europeos que de asiáticos. Se distinguían por sus largos cabellos y la nariz larga y recta.

---
[101] Antonio Blanco Freijeiro, Alberto Bernabé Pajares y Manuel Bandalá Galán, 1985. Pág. 18.

Soldados aguerridos, eran básicamente montañeses, frugales y amantes del ejercicio físico, especialmente de la caza.

El vestido más usado por los hombres era una túnica, con mangas cortas, que llegaba hasta la rodilla, sujeta al cuerpo con un cinturón. En las regiones más cálidas se usaba también el «perizoma», un faldellín que dejaba totalmente al descubierto el tórax, y que, entre los más ricos, solía llevar brillantes bordados. Encima se colocaba una amplia capa, que podía llevarse en distintas formas en torno al cuerpo. Las ropas femeninas eran muy sencillas y no solían usar tocados muy costosos. Llevaban un vestido con pliegues, encima del cual se colocaba una amplia capa —parecida a la de los hombres— que plegaban a su gusto.

En las ceremonias religiosas el monarca llevaba una vestimenta especial, constituida por una larga túnica que llegaba hasta las rodillas y que se adornaba con franjas y bordados. En estos casos, el rey debía soportar el inconveniente de una barba postiza y de un gorro apretado y alto, que constituía el símbolo de la dignidad real y era el mismo con el que se representaban los dioses. Los cabellos largos y lisos se peinaban hacia abajo, y las orejas, perforadas, se adornaban con aretes. El distintivo de la dignidad real era una especie de báculo denominado «linto».

La ropa, los adornos y otros detalles eran muy parecidos entre los hititas y sólo variaban en calidad y variedad, de acuerdo con la posición y la fortuna de sus dueños.

* * *

Desde los tiempos más remotos, los jefes de Estado anatolios se arrogaban el título de «Rey» o de «Gran Rey». Por su parte, los hititas, desde el comienzo de su historia, constituyeron una confederación de tribus, cada una gobernada por un jefe electo. Se admitía, empero, la existencia de un monarca (en calidad de «jefe supremo»), que entre los hititas se llamó Labarna (nombre que después usarían sus sucesores, al igual que los emperadores romanos el de César), elevado al trono por una Asamblea de Nobles (o «Panku»), clase superior constituida por los jefes de clanes y castas, y que tenía el derecho de derrocar, e incluso de dar muerte, al soberano convicto de haber incurrido en alguna falta especialmente grave. No tardó en ponerse de manifiesto que tal sistema se prestaba a la conspiración y al regicidio, por lo que el rey Telepino puso fin a la monarquía electiva, dictando una nueva ley sucesoria que establecía un orden fijo entre los príncipes y princesas, comenzando por el primogénito del monarca.

El Imperio Hitita estaba constituido por un conglomerado de pueblos muy diversos, no sometidos necesariamente a su directa administración. Los tratados estipulaban las relaciones de vasallaje, que comprendían el pago de impuestos y la aportación, en caso de guerra, de contingentes militares. Por su parte, el soberano hitita garantizaba a sus vasallos el mantenimiento de sus Estados, que así conservaban su lengua, sus costumbres y su originalidad.

Si bien es cierto que, ocasionalmente, los reyes hititas adoptaron algunas denominaciones rimbombantes, cuando se dirigían a otros soberanos solían tratarles como «hermanos», y tan sólo cuando Asiria pretendió monopolizar la realeza, en tiempos de Thudaliya IV, éstos adoptaron el de «Rey de la Totalidad».

Las reinas, a su vez, utilizaron el nombre de Tawananna (con el mismo propósito que el de Labarna entre sus esposos), llegando a gozar de muchas prerrogativas —entre ellas el percibir tributos— incluso tras el fallecimiento del monarca. *Debía tolerar, no obstante, que sus maridos tuviesen otras mujeres y que los hijos de éstas pudieran desplazar a los suyos en el orden sucesorio.*

Al igual que en cualquier Estado feudal, los reyes otorgaban a sus familiares la soberanía de ciudades y reinos vasallos, lo que les obligaba a desgajar grandes y ricas extensiones territoriales del patrimonio real (lo que a la larga perjudicaría al imperio), para éstos y sus descendientes, a cambio del homenaje que éstos deberían rendirle.

Distritos y provincias, a su vez, dependían de gobernadores, que podían ser militares (en las zonas fronterizas) o civiles, mientras que la administración de aldeas y otros núcleos de población *«que ignoraban "el mando de un solo hombre" se hallaban en manos de grupos que los documentos denominaban unas veces "los más ancianos" y otras "el consejo de notables". Con ellos negociaba* —escribe Blanco Freijeiro [102]— *el poder central como únicos responsables de las comunidades respectivas...».*

Por debajo del rey y de la nobleza se hallaban los sacerdotes y los funcionarios civiles y militares, cuyo cometido era la administración de las finanzas, la justicia, el protocolo, la diplomacia o el mando del ejército, etcétera. No se observa entre ellos —a diferencia de lo que ocurría en otros imperios— una especialización muy rigurosa, por lo que podían asumir varias funciones y simultanear los deberes de su cargo.

---

[102] Ídem. Pág. 14.

Respecto al clero, Blanco Freijeiro, mantiene la posible existencia de «ciudades santas», como Arinna, administradas por los sacerdotes. Los templos poseían abundantes terrenos y fincas propios, y los representantes de los dioses estaban exentos de bastantes cargas y obligaciones [103].

Sus actividades estaban reguladas meticulosamente, mediante edictos relativos a la limpieza ritual, las responsabilidades a exigir por los incendios en los templos o el destino que debían seguir las ofrendas —de las que los sacerdotes eran tan sólo meros custodios—, estándoles severamente prohibido apropiárselas o sustituirlas por otras de calidad inferior.

La casta guerrera dominaba sobre una gran masa de campesinos, en situación cercana a la servidumbre, y de la que se surtía gran parte del ejército. Los hititas extendieron el uso del hierro y descubrieron la fabricación del acero. *Sus ejércitos eran temibles y numerosos* (en Qadesh, Mutallu alineó más de veinte mil hombres y quinientos carros). *Sus movimientos y su habilidad en los asedios habían sido poco frecuentes hasta entonces.*

Las continuas campañas defensivas o de conquista les obligaron a mantener un fuerte ejército, compuesto por tropas de infantería, caballería y, sobre todo, carros ligeros, con dos ruedas de seis radios y tirados por dos excelentes caballos, y una dotación compuesta por el auriga y uno o dos soldados (arquero y lancero al mismo tiempo y, en su caso, un escudero), cuya efectividad dependía no sólo de la eficaz preparación de los hombres y bestias, sino de la habilidad táctica y de la explotación del factor sorpresa, lo que imponía el sigilo, el desplazamiento nocturno y silencioso, y el ataque repentino; si algo fallaba, los hititas no tenían el menor reparo en emprender la retirada.

Sin embargo, el grueso del ejército seguía formado por la infantería, ya que no sólo debía combatir, sino ocupar y dedicarse a realizar determinadas obras de fortificación o trazado y reparación de caminos. El ejército hitita se componía de los propios súbditos del rey de Hattusas, de los soldados suministrados por los monarcas vasallos —que, en el caso de que no pudiesen aportar tropas, debían contribuir enviando elevadas sumas de oro— y, por último, de mercenarios.

A los soldados se les prometía una parte de los bienes tomados al enemigo: esclavos, ganado, metales preciosos, etcétera; por lo que, si no se cumplía este compromiso, no dudaban en entregarse

---

[103] Ídem. Págs. 11 y 12.

al saqueo, lo que, en ocasiones, supuso un grave inconveniente y puso en peligro (como en Qadesh) más de una victoria.

Las clases media y baja —las más numerosas y más estables de la población— estaban constituidas por artesanos y comerciantes en las ciudades y por labriegos en el campo. Los pastores llevaban una vida seminómada, por lo que no les resultaba difícil —cuando les convenía— abandonar sus tierras y eludir así los mandatos reales y el cumplimiento de determinadas obligaciones (el servicio militar, por ejemplo). *El palacio y, tal vez, los templos podían obligar a los ciudadanos libres a realizar algunos trabajos no remunerados;* no obstante, esta exigencia era muy limitada, así como a entregar —en concepto de exacción— ganado, tejidos, paja y lana, pudiendo requisar sus caballos, en caso de guerra.

En situación intermedia entre libres y esclavos se hallaban los deportados, si bien su situación era bastante más llevadera que entre asirios y babilonios, ya que algunos llegaron a desempeñar puestos de importancia en la corte o trabajaban para la administración civil o religiosa. Además, *se les permitía conservar la situación jurídica en que se hallaban antes del traslado;* mientras que colonos hititas —a los que se proporcionaba todo lo necesario— pasaban a sus países de origen y ocupaban su lugar, no tardando en mezclarse con los nativos.

La esclavitud entre los hititas presentaba rasgos muy similares a la mesopotámica. Los siervos poseen personalidad jurídica y pueden poseer y administrar bienes; además, su situación es más soportable. Entre 1325 y 1200 a.C., coincidiendo con la etapa imperial, se recopila la legislación sobre los esclavos. Se les considera como un «medio de pago», se prohíbe darles muerte —al menos a los ajenos—, se castiga su robo, su fuga y —por supuesto— los delitos cometido por éstos, exponiendo los castigos que debían aplicarse. Igualmente está legislado el «status» de los hijos de uniones mixtas: *Si un hombre libre y una esclava (se convierten) en amantes y cohabitan, y él la toma como esposa, y ellos crean un hogar y tienen hijos; (si) después se pelean o se separan uno de otro, dividirán los (artículos) del hogar equitativamente, (y) el hombre puede quedarse con los hijos (pero) la mujer se quedará con un hijo»* [104].

* * *

---
[104] Adolfo Domínguez, 1985. *Selección de Textos.* Pág. III.

Las leyes penales y los juicios estaban inspirados en el Código de Hammurabí. La colección (más bien que Código) de leyes que ha llegado a nuestros días está compuesta por dos tablillas, aunque parece ser que existió una tercera, que se perdió, conocida por «*Si alguno...*» (a causa de las palabras que inician muchos de sus parágrafos). De cualquier forma, los hititas, menos feroces que los mesopotámicos o más conscientes, tal vez, de su superioridad, fueron legisladores más benévolos, reconociendo a cada persona, por baja que fuera su casta, el elemental derecho a la libertad invididual.

Acerca del delito de sangre, se dice: «... *Ahora, si un príncipe comete ese pecado* (se refiere al homicidio), *pague con su cabeza, pero no causaréis daño ni a su casa ni a su hijo...*» [105]. De acuerdo con las costumbres de la época, se hace en estas leyes la habitual distinción entre libres y esclavos, y las compensaciones económicas que se debían de dar a los primeros eran normalmente el doble de las que habrían de percibir los segundos. Así la indemnización que debía pagarse a un esclavo por morderle la nariz era de quince shekels (siclos de plata), el precio de un caballo, mientras que cualquier hombre libre percibía treinta. Las sanciones impuestas a los transgresores variaban así mismo de acuerdo con su categoría social; así, si un hombre libre mataba una serpiente mientras pronunciaba el nombre de alguien (con la aviesa intención de desearle algún mal), se le condenaba al pago de cincuenta shekels (una mina de plata); pero si era un esclavo el que cometía tal delito, se le condenaba a muerte.

Curiosamente, una buena parte de los actos delictivos mencionados en esta colección de leyes estaba relacionada con hurtos y robos de una u otra clase. «La naturaleza de estas leyes —comenta Cleator— puede ser deducida de una disposición que enuncia que, si un perro devora una cantidad de manteca de cerdo y el propietario de la manteca lo advierte, *éste está legalmente autorizado para matar al perro y recuperar de su estómago la manteca robada*» [106].

---

[105] Antonio Blanco Freijeiro, Alberto Bernabé Pajares y Manuel Bendalá Galán, 1985. Pág. 19.
[106] P. E. Cleator, 1986. Pág. 161.

CRONOLOGÍA HITITA

Fechas a.C.	Hechos históricos, político-económicos y culturales
2000	Los hititas —un pueblo indoeuropeo—, procedentes del sudeste de Europa, se establecen en Anatolia, fundando sus primeras ciudades-Estado, entre las que destaca Hattusas.
1800	Anitta, rey de la ciudad-Estado de Kussara, empleaba ya carros de guerra y caballos para conquistar Hattusas y otras ciudades rivales. Feudalismo; monarquía electiva.
1780	Anitta se anexiona el reino de Puruskanda, aprovechando que Asiria se ve forzada a interrumpir indefinidamente su presencia en Capadocia.
1680	Comienza el reinado de Khattusil I (o Labarna Khattusil I, «el César de Hattusas»), fundador del Imperio Antiguo, que une las diferentes ciudades-Estados en una federación de la que él es la autoridad central.
1650	Expansión del Imperio Hitita a expensas de sus vecinos. Khattusil I conquista Alepo.
1620	Mursil I accede al trono.
1590	Tras la conquista de Babilonia, Mursil I es asesinado por un familiar. Había invadido Siria, conquistado esta ciudad y fijado la capitalidad del reino en Hattusas, convirtiendo a los hititas en una potencia de primer orden.
1500	Después de varios años de decadencia y luchas por el poder —que suponen pérdidas territoriales—, Telepino consolida la monarquía y establece la sucesión hereditaria. Promulgación del Código hitita; pese a su dureza, bastante más humano que los de Mesopotamia. Aparición de la escritura jeroglífica hitita.
1470	Los reyes hititas Zudabtas y Huzziyas, tributarios de Egipto.
1450	Fin de la etapa de sumisión hitita a los egipcios.
1380	Accede al poder Suppiluliuma I, con el que se inicia una nueva etapa histórica. Aparición de la escritura hitita cuneiforme silábica.
1370	Los hititas conquistan gran parte de Mesopotamia y del norte de Siria. Auge de las manifestaciones arquitectónicas. Fundición del hierro.
1340	Inicio de contactos pacíficos entre los imperios hitita y egipcio.
1335	Reinado de Mursil II. Redacción de los «Anales».
1320	Luchas entre hititas y kaskas (tribus belicosas de las montañas de Anatolia). «Plegaria por la peste».
1315	Se inicia el reinado de Mutallu (o Muwatallu), quien mantendrá continuas guerras, especialmente con Egipto, por la posesión de Siria.
1296	Batalla de Qadesh, entre los ejércitos hititas y egipcios, de resultados indecisos.
1290	Muerte de Mutallu. Presencia hitita en Palestina.
1285	Alianza entre hititas y babilonios. Realización de relieves rupestres.

Fechas a.C.	Hechos históricos, político-económicos y culturales
1281	Subida al trono de Khattusil III (hermano de Mutallu), tras deponer a su inepto sobrino. Negociaciones con Ramsés II.
1278	Se firma un tratado entre los soberanos hitita y egipcio, reforzado con la boda de una hija del primero con el segundo (1266 a.C.). Inicio de un período de paz entre los hititas y sus vecinos, alarmados ante la creciente amenaza. Redacción de la «Apología» (texto religioso que trata de legitimar al monarca).
1250	Irrupción de los «Pueblos del Mar», bajo el reinado de Thudaliya IV.
1220	Reinado de Arnuanda III (o Arnuwanda). Los hititas y los egipcios se reparten las zonas de influencia en el Próximo Oriente.
1200	Aprovechando su debilidad, los asirios consiguen rechazar a los hititas.
1190	Bajo el reinado de Suppiluliuma III se produce el colapso definitivo del Imperio Hitita, a manos de los «Pueblos del Mar». Surgen algunos pequeños principados neohititas, sometidos por Sargón II de Asiria (hacia el 716 a.C.).

CRONOLOGÍA COMPARADA

Fechas a.C.	Situación	Hechos históricos y culturales
2300	India	Los pueblos del valle del Indo utilizan una escritura logosilábica no descifrada. Civilización similar a las de Mesopotamia y Egipto, con agricultura, ganadería, comercio y ciudades.
	Egipto	La descentralización del gobierno —por las actividades de la nobleza— conduce a la anarquía.
	Europa Occidental	Culturas megalíticas.
2200	Próximo Oriente	Una invasión extranjera destruye Accad. Gudea, príncipe de la ciudad sumeria de Lagash, protector de las artes.
	América del Sur	En el territorio del actual Perú se inicia el cultivo de la habichuela y de la calabaza.
2100	Europa	En algunos lugares se utilizan carros y los palos que se empleaban para trabajar la tierra son reemplazados por arados muy primitivos. Grandes sepulcros megalíticos.
	Próximo Oriente	Período Neosumerio. Renacimiento cultural y artístico. Máximo esplendor de Summer. Construcción del «ziggurat» de Ur. Los amorreos fundan Babilonia y Assur.

Fechas a.C.	Situación	Hechos históricos y culturales
	Península Ibérica	Utilización del cobre. Cultura megalítica. Organización habitacional en poblados.
	China	Cerámicas pintadas. Los campesinos cultivan el mijo en el valle del río Amarillo, crían gusanos de seda, rinden culto a los antepasados y realizan prácticas de predicción del futuro.
	América del Sur	Los campesinos peruanos domestican la alpaca, por su lana. Cultivo y tejido del algodón.
2000	Cáucaso	La rama índica de los indoeuropeos atraviesa la Caucasia, mientras que la iraní permanece en el norte de la zona. Cultura esteparia de Kubán-Terek.
	Europa (en general)	Se va extendiendo el uso del bronce.
	Norte de África	Aparecen en el Sahara los primeros síntomas de desecación del terreno.
	Japón	Cultura Jomon temprana.
	Creta	Espectacular progreso económico, demográfico, político, social y cultural: palacio de Knosos y Festos.
	América del Norte	Cultura Bat Bave (Oeste de los EE.UU.). Sociedad de cazadores-recolectores, que cultivan el maíz. Se calcula que el número de habitantes de toda América del Norte, en estas fechas, es de algo más de un millón de individuos.
	Península Ibérica	Cerámica levantina. Enterramientos megalíticos en Granada y Almería.
1950	Próximo Oriente	Hundimiento del Imperio de Ur (Baja Mesopotamia), debido a los ataques de los amorritas. En la franja costera del Mediterráneo, Byblos y Ras Shamra comercian con Egipto.
	Egipto	XII Dinastía. Monarcas autoritarios y poderosos. Enterramiento de los reyes en pirámides y de los súbditos en mastabas o tumbas talladas en rocas. Desarrollo artístico y cultural. Grandes obras de irrigación en el-Fayum.
1900	Próximo Oriente	Abraham emigra con los suyos de Ur a Canaán.
1830	Próximo Oriente	Creación en Mesopotamia de un Estado amorrita. Código de Hammurabí.
1800	América del Sur	Existencia en el área andina de centros ceremoniales (como Kotosh o Cerro

Fechas a.C.	Situación	Hechos históricos y culturales
		Sechín, anteriores al de Chavín de Huántar, Perú).
	Próximo Oriente	El acadio se va convirtiendo paulatinamente en la lengua diplomática internacional de su entorno y tiempo, divulgándose también su escritura. Cultura amorrita de Ebla.
1730	Egipto	Debilitamiento del poder real, con la XV Dinastía. Declive intelectual y artístico.
1700	Próximo Oriente	Jacob y los suyos parten de Palestina hacia Egipto. Babilonios y asirios compilan los textos científicos de los sumerios.
	Europa occidental	Civilizaciones ligadas al comercio del ámbar, estaño y cobre. Monumentos megalíticos: Carnac (Bretaña) y Stonehenge (Inglaterra).
1650	Egipto	Los hicsos invaden el valle del Nilo.
	Creta	Disco de Festos.
1600	China	Aparición de una forma de escritura-pintura, que contiene ya los elementos precisos para indicar su pronunciación.
1570	Egipto	XVIII Dinastía. Expulsión de los hicsos. Sometimiento de Nubia y Cush. Modernización del armamento y de las tácticas. Trabajo del vidrio.
1500	Europa del norte y central	Civilización de los «Túmulos».
	China	Escritura logográfica sobre vasos de bronce y huesos oraculares. Estatuas ceremoniales de bronce (Dinastía Shang).
	India	Invasión de los arios, que ocupan el Punjab (parte superior del valle del Indo): introducción de la religión védica, un idioma indoeuropeo y el sistema de castas.
	Siberia	Cultura de Andronovo (agricultura mixta y sedentarismo). Uso del bronce.
	Península Ibérica	Metal predominante, el bronce. La ganadería y agricultura determinan las formas de la vida económica. Cultura megalítica de Los Millares (Almería).
	Italia	Aparición de los «terramares», en el norte del país.
	Creta	Apogeo de la civilización micénica que se extiende por el Peloponeso y Gre-

Fechas a.C.	Situación	Hechos históricos y culturales
		cia central. Una erupción volcánica (cinco veces mayor que la del Krakatoa, 1883 d.C.) destruye la isla de Santorín.
	América Central	Período preclásico de la cultura maya. Construcción de plataformas y montículos.
	Afganistán	Período prehistórico tardío: descenso de la población y decadencia de las culturas rurales.
1480	Próximo Oriente	Los hurritas son derrotados en Meggido por los egipcios.
1450	Próximo Oriente	Ascenso del poderío asirio, enfrentándose con Babilonia.
1400	Egipto	XVIII Dinastía. Reinado del faraón Amenofis IV (Akhenaton), que trata de introducir el monoteísmo. Arte típico del período amárnico.
	Anatolia	Uso del hierro.
	Próximo Oriente	Alfabeto de Ugarit (escritura cuneiforme silábica), ciudad situada al norte de Byblos.
1300	Egipto	XIX Dinastía. Enfrentamientos entre hititas y egipcios, que culminan con la discutida batalla de Qadesh (1296 a.C.).
1250	Grecia	Inicio de las invasiones dorias.
1235	Próximo Oriente	Tukultininurta I vence a Babilonia, proclamándose rey de este país.
1200	Península Ibérica	Bronce final y comienzos del uso del hierro. Penetración de migraciones de procedencia indoeuropea. Primeras incursiones de griegos y fenicios.
	Próximo Oriente (zona del Egeo)	Guerra y destrucción de Troya, a manos de los reyes griegos.
	Próximo Oriente	Instalación de los filisteos en el litoral del Mediterráneo y de los arameos en Siria. Los cananeos de la costa comienzan a ser conocidos como fenicios.
	Europa oriental	Dominio de los cimerios en la etapa póntica (sur de Rusia). Conexiones con la cultura de Hallstatt (Europa central).
	Cáucaso	Los pueblos iranios inician su expansión hacia el Sur, a través de Caucasia, hacia el norte de Irán.

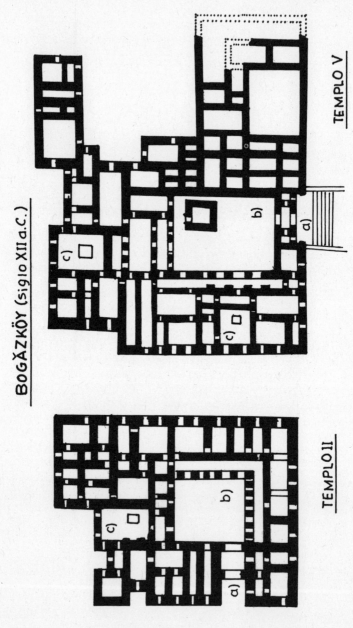

BOGÁZKÖY: Templos II y V.: a) Puerta. b) Patio. c) Cella.

II
Los Mitanni

CAPÍTULO X
EL MUNDO MITANNI

La Alta Mesopotamia, Siria y la Tierra de Canaán —zonas obligadas de paso desde Anatolia a Egipto y desde el golfo Pérsico al Mediterráneo— carecieron de vida política independiente, en el marco histórico circundante, salvo en determinados momentos. En la segunda mitad del siglo XVI a.C. se produjo en estas regiones un vacío de poder: Babilonia se había hundido, los hititas atravesaban una etapa difícil y los asirios todavía distaban de ser una gran potencia. *En semejante situación, consiguieron emerger los hurritas, que se establecieron en el país entre los milenios tercero y segundo a.C., procedentes de la meseta de Irán y de Armenia.*

Las primeras noticias sobre el pueblo mitanni aparecen a propósito de las luchas de los faraones de la XVIII Dinastía en el norte de Siria. Formaban por entonces un Estado que aspiraba a la dominación de este país, desde su emplazamiento en el gran arco del Éufrates. Los mitanni (o mitannios) constituían una mezcla de elementos indoeuropeos, superpuestos sobre las primitivas poblaciones de Armenia y Curdistán, procedentes —al parecer— de los pueblos caucásicos.

La clase dominante, integrada exclusivamente por nobles y guerreros, hablaba una lengua indoeuropea muy similar al sánscrito y el antiguo persa. Shamshiadad I de Asiria (siglo XVIII a.C.) había experimentado su fuerza y en la centuria siguiente Hammurabí había evitado, muy prudentemente, enfrentarse a ellos. Poco después de la segunda invasión de los hititas sobre Mesopotamia, tras organizar su reino y mandados por su rey Shaushatar, comenzaron a extenderse desde Siria hacia Canaán y, desde allí a las fronteras egipcias.

* * *

El Estado Mitanni estaba regido por una aristocracia feudal, que conocía el caballo y el carro de guerra. Hacia el 1500 a.C., tras la unificación de los pequeños Estados situados entre el Tigris y el Éufrates (dominando el valle del río Khabur, afluente del Éufrates), comenzó a forjarse una unidad política hurrita. Desde su capital, Washukkani (o Wassukkani), tal vez la actual Ras el-Ayn, a orillas del Khabur, se controlaban los reinos vasallos. Junto a Mitanni existía otra unidad estatal, el reino de Hurri, cuya identificación geográfica e histórica es aún incierta, aunque —muy probablemente— se hallaba situado en la región de Edesa, la Urfa de hoy, en el sudeste de Anatolia. En los textos mesopotámicos, ambas entidades se designaban con el único nombre de Hanigalbat.

En realidad, de su historia primitiva no se sabe gran cosa. Y la posterior lo es a partir de textos hititas, asirios y egipcios. Las campañas del faraón Tutmosis I pusieron a los mitanni al frente de una confederación de pueblos que trataron de oponerse a Egipto en sus disputas por Siria y Palestina.

Posteriormente combatieron contra Tutmosis III y participaron en todas las sublevaciones de los pueblos del área sometidos por Egipto, y si bien fueron vencidos por este gran conquistador en Megido (1480 a.C.), consiguieron mantener su integridad territorial. Poco después, Amenofis II les impondría la soberanía egipcia al derrotarlos en Qadesh (1445 a.C.), bajo el reinado del mencionado Shaushatar, vencedor de los asirios. Le sucedió Artama, que mantuvo relaciones con Tutmosis IV.

Finalmente, se acabó firmando una paz que duraría varios decenios. Los faraones de la XVIII Dinastía se aliaron con los reyes de Mitanni como contrapeso eficaz de la reciente pujanza hitita. Consecuentes con esta política, faraones como Tutmosis IV y Amenofis III ratificaron la alianza contrayendo matrimonio con princesas de Mitanni, y Mitanni fue la esposa del controvertido reformador religioso Amenofis IV, la famosa Nefertiti.

* * *

Tutmosis IV casó —convencido de la importancia de Mitanni— con una hija de su rey Artama, llamada Mutemuia, que recibió los honores de «esposa real» (1420 a.C.). Mientras tanto, los mitanni habían extendido sus dominios a costa de Asiria y conquistado su capital, como hemos visto en la historia de Babilonia y Asiria.

Hacia el 1400 a.C. Tusratta (o Dushratta) debía soportar el poderío egipcio, que desde hacía un siglo había establecido su protectorado sobre Siria y Palestina y se dedicaba a intrigar con los régulos vasallos del faraón. Sin embargo, tal circunstancia no le impedía mostrarse frecuentemente como un pedigüeño vulgar, como lo demuestra la correspondencia hallada en los archivos de Tell el-Amarna (o Akhetatón), la nueva capital situada a doscientos veinticuatro kilómetros al norte de Tebas —la tablilla EA 17—, en la que se dirige a Amenofis III, predecesor del herético Akhenaton. *«Mantenías con mi padre relaciones de gran amistad. Ahora, que por nuestra parte somos amigos, esta amistad es diez veces mayor que la que unía a mi padre contigo. Y yo ahora repito a mi hermano; que mi hermano se muestre diez veces más generoso conmigo que lo fue con mi padre, que mi hermano me envíe mucho oro, que me envíe oro en cantidades, que me envíe aún más oro que a mi padre»* [107]. Sin embargo, tales peticiones solían ser olímpicamente ignoradas. Y todo lo que recibe del «sarru rabu» (o «Gran Rey») mitanni de su «ahhútu» («hermano») egipcio son buenas palabras y protestas de amistad, y ante tal renuencia el soberano de Washukkani se lamenta —tablilla EA 26— amargamente diciendo: *«¿Es esto amistad?»* [108].

* * *

Hacia 1380 a.C. se había establecido un cierto equilibrio entre las potencias que dominaban el Próximo Oriente: Egipto, Mitanni, Babilonia y Hatti, cuyos soberanos se titulan «belu» (o «señor»); los demás, supeditados a ellos, sólo eran «ardu» («servidores») de uno u otro. Es un período de paz y prosperidad relativas. Las relaciones diplomáticas son correctas y se concluyen acuerdos económicos y matrimonios de Estado. Así, cuando Tusratta se dirige a Amenofis III, se denomina *«tu suegro que te ama»*, y designa al faraón como *«mi yerno que me ama y al que amo»* [109]. Este equilibrio se quebraría por las ambiciones conquistadoras de los hititas (véase capítulo correspondiente).

---

[107] *Historama* (I), 1965. Pág. 83.
[108] Joaquín M. Córdoba, 1991. Pág. 65.
[109] *Historama* (I), 1965. Págs. 83 y 84.

Efectivamente, un partido opuesto a la alianza egipcia y favorable a un entendimiento con Hattusas inició una serie de revueltas, que culminaron en guerra civil —fomentada por algunos miembros de la familia real—, circunstancia que debilitó el país e inició su decadencia. Se configuraría entonces, acaso por vez primera, el reino de Hurri. Los hititas, «pescadores en río revuelto», se aprovecharon de las circunstancias para hacerse con el control del territorio comprendido entre el Éufrates y las costas del Mediterráneo, favoreciendo la rebelión de Asiria.

Assurubalit I (1380/1341 a.C.), que había iniciado por entonces el poderío asirio, se liberaba de la tutela de Mitanni —con ayuda egipcia—, buscando la alianza con el rey de los hititas, Suppiluliuma I (1380/1346 a.C.). Por lo demás la debilidad del Imperio Egipcio, tras la crisis armánica, le impedía prestar ayuda a sus antiguos aliados.

Tusratta, vencedor de la guerra civil, consiguió superar —mal que bien— la crisis, pero a su muerte (sobre 1370 a.C.), el país cayó de nuevo en la confusión. Su hijo, Mattiwazu, se refugió en la corte de Suppiluliuma, con quien estipuló un tratado de sumisión total (1365 a.C.). Con la conquista de gran parte del Estado Mitanni por Mursil II —los asirios se anexionaron el resto—, hacia 1359, éste desaparecía de la historia, con más pena que gloria.

* * *

En nuestros días no se sabe mucho acerca de las tradiciones artísticas y religiosas de los hurritas y de los mitannios, sus señores. Estos últimos rendían culto a deidades indoeuropeas, Varuna e Indra, entre otras, y su adopción de sellos cilíndricos, del «ankh» («aliento de vida») y del disco alado solar, de fuentes nilotas, sugiere la idea de que entre esta aristocracia eran corrientes determinados conceptos religiosos ajenos a los de Canaán. En los sellos mitanni aparecen con frecuencia temas mitológicos derivados en gran parte del repertorio babilónico. No obstante, abundan las escenas rituales o simbólicas, y una especial ternura se manifiesta por el árbol sagrado y determinados animales colocados de «forma heráldica».

En algunos de éstos —con representaciones simbólicas de cabezas de buey o grifos— se advierte una cierta influencia del arte cretense, al igual que de los sellos de la Babilonia casita. Así mismo, la cerámica —con sus delicados dibujos en blanco y negro— es, por ejemplo, en Alalakh, una auténtica «cerámica pintada»: copia dibujos micénicos y ofrece la más remota evidencia de un comercio occidental con las costas de Siria.

La estatua con inscripciones del rey Idrimi, de Alalakh (siglo XV a.C.), así como algunas estatuillas de cobre y algunas representaciones sigilográficas, muestra a monarcas mitannios de mediados del segundo milenio a.C. luciendo una especie de alta «mitra» y el peculiar manto del ámbito hurrita-mitanni. Una estatua particularmente bella, procedente de Egipto, muestra a un príncipe mitanni, quizá vasallo del faraón o miembro de su corte, con la típica «corona blanca» del Alto Egipto.

La escasez de noticias reduce considerablemente las posibilidades del eficaz conocimiento de las instituciones del Estado Mitanni. Puede decirse categóricamente que estaba regido por una monarquía hereditaria de tipo feudal. Cada feudo estaba obligado a prestar al rey un conjunto de prestaciones o servicios militares y civiles (o «ilku»). La casta de los nobles guerreros y los hombres de la guardia del rey, los «maryannu» (del indoeuropeo «marya», que significa «héroe»), poseía grandes propiedades agrícolas, en las que trabajaban muchos siervos. Esta aristocracia militar, de origen indoeuropeo, dominaba sobre una población formada, esencialmente, por gentes del campo, tal como lo demuestran los contratos conservados en las tablillas de Kirkuk Iraq, que aluden a pesos, medidas y técnicas agrarias. Dichos contratos informan, además, de las relaciones jurídicas por las que se regía la sociedad hurrita, organizada conforme al modelo babilónico.

En lo relativo a las creencias religiosas, existían también elementos comunes entre los mundos hurrita y mesopotámico. Las deidades de la clase dominante coexistían con las introducidas por los pueblos vecinos. Y todas ellas estaban sometidas a las dos deidades mayores nacionales, Teshub y Hepat. El primero, el «Gran Dios», era señor de las cumbres, del rayo y de las tempestades. La segunda, la «Gran Diosa», unida a él, generaba la fertilidad para la tierra y la vida para hombres y bestias. *Esta pareja divina expresaba plenamente el sentido de las civilizaciones agrarias de Asia Menor y Mesopotamia.*

En lo que respecta a su actividad cultural, las fuentes conocidas hasta el momento y descifradas (una inscripción real, los rituales de Mari, las tablillas de Kirkuk, etcétera) no testimonian ni la existencia ni la elaboración de un pensamiento original. *En conjunto, puede considerarse que el pueblo mitannio desempeñó la función de un mero intermediario entre las culturas de Mesopotamia y de Anatolia.*

CRONOLOGÍA MITANNI

Fechas a.C.	Hechos históricos, político-económicos y culturales
1500	Creación del reino hurrita de Mitanni.
1480	Los mitannios son derrotados en la batalla de Megido (o Meggido) por Tutmosis III.
1450	El monarca mitanni Saushatar derrota a los asirios, anexionándose parte del país.
1445	Amenofis II derrota a los mitannios en Qadesh, imponiéndoles la supremacía egipcia.
1400	Escritura hurrita cuneiforme silábica.
1365	Assurubalit I, rey de Asiria, rescata a su país del sometimiento que soportaba por parte del Estado de Mitanni.
1359	Con la conquista de gran parte de Mitanni por el monarca hitita Mursil II, este Estado desaparece de la historia.

CRONOLOGÍA COMPARADA

Fechas a.C.	Situación	Hechos históricos y culturales
1500	América Central	Aparecen en Méjico las primeras manifestaciones de la civilización olmeca.
	Próximo Oriente	Escritura alfabética del Sinaí. En Mesopotamia aparecen —en una tablilla de arcilla— el que pudiera ser el plano más antiguo de una ciudad: Nippur. El reinado de Telepino cierra una etapa de desórdenes internos y reducción territorial del Imperio Hitita.
	Región del Egeo	Escritura silábica chiprominoica.
1470	Próximo Oriente	Los monarcas hititas Zudabtar y Huzziyas, tributarios de Egipto (hasta 1450).
1400	Egipto	XVIII Dinastía. Reinado de Tutmosis III. Creación del Imperio Egipcio en Asia Menor.
	Europa	Culturas regionales del bronce. Comercio mediterráneo. Sepulcros tumulares, especialmente los pertenecientes a las culturas de Wessex y Leubingen.
1354	Egipto	Tras la muerte de Amenofis IV (Akhenaton), fracasa la reforma monoteísta.
1350	Región del Egeo	Auge de la civilización micénica en la Grecia continental. Fortalecimiento del poder aqueo.
	Península Ibérica	Cerámica del bronce final: meseta Central y valle del Guadalquivir.

III
Los Arameos

CAPÍTULO XI
LOS ARAMEOS

HISTORIA

«El término "semítico" fue creado en 1871 por el filólogo alemán A. L. Schözer al aplicarlo a las lenguas denominadas en su época "orientales" por presentar una serie de características comunes, que serían acertadamente reunidas por C. Brockelmann en una célebre "Gramática" publicada a comienzos de este siglo. *En la Biblia —aunque excluidos algunos semitas* (cananeos, fenicios, amoneos)—, *sirvió también para designar a los descendientes de Sem —de ahí "semitas"—, cuyos hijos, según recoge el "Génesis" en la llamada "Tabla de las Naciones"* (Gen. cap. 10), *fueron Elam, Assur, Arfaxad, Lud, Aram y Cainan, de quienes se originarían algunos epónimos* (elamitas, asirios, arameos)» [110].

La mayor parte de los especialistas, desde H. Winckler, E. Schrader, hasta S. Moscati, convienen en aceptar un origen geográfico común para los pueblos semíticos, siendo Arabia la región natural de donde, en busca de mejores condiciones de vida, habrían partido en sucesivas oleadas hacia las áreas culturales sedentarizadas, a partir del segundo milenio a.C.

Pese a que se ignoran muchos detalles de estas migraciones y tampoco han aparecido restos arqueológicos o testimonios documentales suficientes de las mismas, lo que está fuera de dudas es el hecho de que pueblos procedentes del desierto arábigo (véase mapa de la página 22) se vieron precisados a emigrar hacia las tie-

---

[110] Federico Lara Peinado, 1985. Pág. 4.

rras del creciente Fértil, en las que siguieron practicando el nomadeo para acabar sedentarizándose paulatinamente, conservando, empero, bastantes de sus rasgos atávicos.

A principios del siglo XII a.C. se produjeron sucesos que convulsionaron todo el Próximo Oriente, no sólo invasiones, sino también años de escasez, que influyeron sensiblemente sobre el curso de la historia de la zona; entre éstos destaca la aparición de un pueblo —con personalidad propia—, el arameo, que constituyó un elemento nuevo en la escena.

No se trataba de tribus desconocidas para las poblaciones sedentarias de la llanura siria, la costa palestino-libanesa, la llanura mesopotámica o la región asiria. Los documentos asirios de finales del siglo XIV a.C. mencionaban ya a los «aramaia» (o «arameos»), dedicados, en unión de otras bandas nómadas, al pillaje en las regiones fronterizas.

Entre otros depredadores, los arameos constituían el grupo más numeroso (o al menos el más conocido). Además hicieron prevalecer su nombre y su dialecto, lo que supuso un cambio fundamental, ya que su lengua acabaría sustituyendo a la babilónica como idioma común.

* * *

Los arameos, cuya primera aparición histórica es difícil de precisar, por su carácter nómada, constituían un conjunto de tribus semíticas que, a partir de la región de Aram (amplia zona situada en la orilla occidental del Éufrates), se expandieron por Siria y Mesopotamia alcanzando también el Elam, siguiendo siempre las rutas de las migraciones de finales del siglo XII a.C.

Estas tribus se sentían atraídas por las fértiles regiones del valle, buscando medios de subsistencia. No era, por tanto, nada extraño que los burócratas reales se quejaran amargamente de sus incursiones o que los mandos del ejército asirio, ya a principios del siglo XIII a.C., los persiguieran implacablemente por los campos y las inmediaciones de algunas ciudades mesopotámicas.

A principios del siglo XI a.C. estas emigraciones de las tribus arameas hacia las zonas ricas se hicieron más frecuentes. Su fuerte crecimiento demográfico, unido a una serie de grandes hambrunas que mencionan los textos antiguos, hicieron patente la gravedad del problema arameo. Los reinos asirio y babilonio poco podían hacer para frenar su empuje.

Aunque no faltan referencias anteriores (en documentos del

faraón Amenofis III se menciona un «país de Aram»), no son mencionadas con claridad inequívoca hasta el reinado de Tiglatpileser I (1115/1077 a.C.), rey que hubo de enfrentarse con ello en veintiocho ocasiones, al menos (remitimos a la historia asirio-babilónica) a fin de evitar la invasión de su país, lo que no pudo conseguir.

> «Bajo la protección del dios Assur, mi Señor, tomé mis carros y mis soldados, y alcancé el desierto; marché contra los ahlamuarameos, enemigos del dios Assur, mi Señor. Desde el país de Skukhi hasta la ciudad de Karkemish, que está en el país de los hititas, en un día yo asolé. Los masacré, me llevé su botín, sus haberes, sus bienes sin número. El resto de las tropas que se hallaba ante las armas terribles del dios Assur, mi Señor, habían huido y habían pasado el Éufrates; tras ellas yo pasé el Éufrates sobre barcos de cuero. Seis de sus ciudades que están al pie del monte Bishri he conquistado, las he quemado mediante el fuego, las he destruido, las he aniquilado. Su botín, sus haberes y sus bienes los he conducido a mi ciudad de Assur» [111].

De estos textos se infiere la existencia de bandas incesantes de nómadas que atraviesan el Éufrates, obligando a los reyes asirios a mantenerse a la defensiva y a emprender continuas expediciones punitivas. Los depredadores arameos cortaban los caminos y caían sobre las aldeas, cuyos habitantes se daban a la fuga, saqueándolas e incendiándolas. Estos acontecimientos tuvieron lugar entre los años 1083/1082 a.C., cuando una desastrosa cosecha, para colmo de males, produjo una nueva hambruna, que afectó también a Asiria.

Los arameos consiguieron llegar ante los muros de Nínive, y Tiglatpileser I hubo de huir precipitadamente. El peligro, sin embargo, no se limitó a Asiria: prosiguió hacia el Sur, siguió los valles fluviales y llegó a Babilonia. Allí, los arameos saquearon las ciudades de Uruk, Nippur y Sippar, en donde la propia estatua del dios Samash fue destruida y su culto interrumpido durante más de un siglo. Cerca de veinte años toda la Mesopotamia estuvo sumida en el mayor caos de su larga historia.

* * *

---
[111] Ídem. *Selección de Textos*. Págs. II y III. En este y otros escritos se advierte una evidente exageración de los discutibles éxitos del monarca asirio, especialmente si se tiene en cuenta que la distancia entre los dos puntos citados es de unos quinientos kilómetros, como acertadamente indican Camino García y Joan Santacana, 1991 (2). Pág. 19.

Una vez devastados los territorios de Asiria y Babilonia, los arameos se dirigieron contra los reinos hititas de Siria, que uno tras otro fueron sucumbiendo. Tales invasiones —y sobran pruebas de ello— no fueron un mero episodio en la historia del Próximo Oriente. Por el contrario, dejaron huellas duraderas: el arameo desplazó a otras lenguas, el hebreo, entre ellas; y, lo más importante, como reacción a sus incursiones resurgió un imperio asirio belicoso, fuerte y cruel.

Finalmente, asentados en amplias zonas de Siria y de la Alta Mesopotamia, los arameos fundaron unidades geopolíticas distintas e independientes, que conocemos merced a las fuentes asirias y bíblicas, ya que estas tribus se fueron sedentarizando, llegando a depender —como veremos— de ellos en gran parte del comercio asirio, aun cuando, por la naturaleza perecedera de los soportes de su escritura, casi no se conocen los mecanismos básicos de sus transacciones.

Instalados primero en el país de los hurritas, pasaron a Siria, donde fundaron los pequeños principados a que hemos hecho mención, que a menudo rivalizaron entre sí. De todos ellos, el más importante fue Damasco, cuyos reyes se dieron el título de soberanos de Aram y favorecieron el desarrollo de los sistemas de regadío, fertilizando extraordinariamente el oasis donde se asentaba la ciudad.

En el siglo X a.C. concluyó la independencia de los Estados arameos. Gran parte de la región fue unificada por el rey hebreo David y su hijo Salomón. A raíz de la división del Estado israelita en dos reinos, y de su consiguiente debilitamiento, Damasco pudo recuperar cierta autonomía, hasta su conquista y saqueo por los asirios (732 a.C.). *Precisamente, después del fin de su independencia, y con su posterior dispersión, se manifestaría la función histórica de este pueblo.*

«Los acontecimientos históricos de los diferentes Estados arameos, como ha señalado recientemente M. Liverani, únicamente *"se conocen de manera ocasional y discontinua sobre la base de algunas inscripciones de reyes locales y de fuentes externas"*, afirma Lara Peinado [112]. Esto motivó no sólo un conocimiento incompleto de aquellas gentes —cuya historia es, en verdad, oscura donde las haya—, sino también una visión muy parcial, pues tanto el Antiguo Testamento como las inscripciones asirias no reflejaron en modo alguno la realidad de los arameos, a quienes combatieron casi siempre.»

---

[112] Federico Lara Peinado, 1985. Pág. 10.

CULTURA Y ECONOMÍA

Dada la escasez de las fuentes, se desconocen muchos datos acerca de la sociedad, instituciones, economía y usos de los arameos, por lo que —ocasionalmente— ha sido preciso recurrir a lo que se sabe del resto de las civilizaciones semitas en general.

Al igual que los hurritas (véase Mitanni), los arameos no crearon una cultura original, sino que se contentaron con asimilar elementos diversos de civilización de los pueblos limítrofes, y supieron amalgamarlos en una nueva síntesis que difundieron posteriormente por toda la cuenca del Mediterráneo oriental. Esta obra de medicación fue sumamente eficaz, *ya que se realizó a través de una vasta y flexible organización comercial,* lo que resulta evidente, sobre todo, en la amplia difusión de su lengua, que acabó imponiéndose a todos los demás idiomas semíticos.

* * *

La base social hubo de ser, con seguridad, la familia, en la que el padre ejercía la autoridad absoluta. Seguramente, al igual que los hebreos, practicaban el matrimonio endogámico. La unión de varias familias o clanes originaba la tribu, en la que todos sus miembros debían acatar las leyes de la vida comunal. Un Consejo de Ancianos poseería el control de la misma, si bien entre ellos se elegía a un jefe («nasiku»), dotado de poderes temporales y revocables.

Lógicamente, sus instituciones políticas han de ser enmarcadas dentro de los Estados territoriales consolidados, y en los cuales la comunidad de sangre o de descendencia constituía los criterios de pertenencia y legitimidad. Al parecer, la población —que era numerosa— se estructuraba en dos bloques, el minoritario o de los nobles («b'rrm») y el mayoritario o del campesinado («mshkbd») o también, el de los señores («b'lm») y el de los plebeyos («'m»). En todo caso, sobre ambas clases dominaba un jefe (reminiscencia de la etapa nómada) y sobre éste, el monarca («mlk»), dignidad que llegó a hacerse hereditaria y cuyo poder —apoyado en un fuerte y numeroso ejército— era absoluto. Los esclavos eran poco numerosos e importantes, siendo su situación similar a la de otros pueblos vecinos.

Sus leyes reconocían la propiedad tribal (pastos comunitarios), la familiar (animales, tierras o tiendas) y la privada (enseres, armas, objeto de lujo).

No se conoce apenas nada acerca de la organización civil de sus territorios, divididos en distritos, a cuyo frente se colocaba a un alto funcionario. Característica institucional, dentro de la independencia y autonomía propias de cada Estado arameo, fue la estrecha relación que éstos mantenían entre sí, bien en sus luchas contra adversarios comunes, bien en tiempos de crisis.

La economía evidenciaba claramente su pasado nómada. Criaban numerosos rebaños de ovinos, caprinos y bovinos, practicando un pastoreo seminómada, y se desplazaban utilizando caballos y, especialmente, camellos. Aquellas gentes, sedentarizadas en un proceso lento y nunca concluido, tenían en la agricultura y la ganadería de establo su mejor medio de vida, que supieron complementar hábilmente con el comercio, actividad que, pese a su importancia, no se conoce debidamente. No obstante, dada la amplia área geográfica que ocuparon y sobre la que impusieron su lengua, cabe pensar que ejercieron una intensa actividad como comerciantes o intermediarios, transportando en sus caravanas (remitimos a la historia de Asiria) gran diversidad de materias primas (estaño, cobre, bronce, hierro) y abundantes productos (tejidos, objetos manufacturados, grano, maderas).

Las fuentes asirias aluden con frecuencia a los cuantiosos tributos recibidos de éstos, por lo que cabe pensar, de ser éstas ciertas, que los arameos llegaron a poseer cuantiosas riquezas; tal como se lee en los anales del monarca asirio Adadnirari III (810/783 a.C.). «Contra Aram (Siria) yo marché. Yo sitié a Mari, rey de Aram, en Damasco, su ciudad real. El terrorífico esplendor de Assur, mi señor, le aplastó y él se puso a mis pies; llegó a ser mi vasallo. *En Damasco, su ciudad real, en su palacio yo recibí 2.300 talentos de plata, 20 talentos de oro, 3.000 talentos de cobre, 5.000 talentos de hierro, vestidos de lana coloreada y de lino, una cama de marfil, un lecho de marfil, taraceado y enjoyado,* su propiedad y sus bienes, en cantidad incontable» [113].

* * *

«El arameo es una antigua lengua semita —o más exactamente un grupo lingüístico— originada en Siria y Palestina, semejante al fenicio, al hebreo y al ugarítico y emparentada con el árabe, y que hoy todavía se sigue hablando en algunas zonas de Iraq, Irán, Turquía y Rusia» [114].

Por su evolución histórica el arameo ha sido dividido —para su mejor estudio— en «antiguo», que comprende desde sus orígenes hasta la aparición de sus primeros escritos (hacia el siglo IX a.C.); «medio», que abarca las inscripciones redactadas entre los siglos X/VIII a.C., e «imperial», que llegó hasta la era actual, época en que se dividió en dialectos y subdialectos varios.

El alfabeto arameo, derivado del fenicio y, antepasado, a su vez, del hebreo «cuadrado», contó con veintidós signos, que indicaban sólo las consonantes. Se escribía de derecha a izquierda y sus caracteres, elegantes y fáciles de trazar, en poco tiempo acabaron por desplazar a la complicada y difícil escritura cuneiforme, especialmente desde que los persas lo adoptaron como la lengua oficial del imperio.

El arameo a partir del siglo VIII a.C. comenzó a competir con el hebreo y el fenicio, acabando por suplantarlos, igualmente que el babilónico, como lengua del comercio y de la administración, en todas las regiones comprendidas entre el Mediterráneo y el Éufrates. *El arameo bíblico, el targúmico, el samaritano, el nabateo y el siríaco tienen en común su pertenencia al «grupo Nororiental».*

Se fue haciendo popular en Palestina a partir del destierro babilónico, hasta la era cristiana. Fue la lengua de Jesús. Algunos libros del Antiguo Testamento fueron escritos en ella. En el Nuevo Testamento aparecen expresiones arameas. Que el hebreo había sido prácticamente olvidado por la mayoría de los israelitas, sus clases dirigentes incluidas, puede contemplarse en diversos pasajes bíblicos, entre los que seleccionamos éste: «Eliaquín, hijo de Helcías; Sobna y Joaj dijeron al copero mayor (personaje enviado por el monarca asirio para asediar y tomar Jerusalén, quien antes

---

[113] Federico Lara Peinado, 1985. *Selección de Textos.* Pág. IV.
[114] Ídem. Pág. 20.

de iniciar el asedio trata de conseguir la rendición de la ciudad prometiendo respetar a los habitantes): *"Habla a tus siervos en arameo, que lo entendemos; no nos hables en judío delante de todo el pueblo que está en las murallas"...»* (2 Reyes, 18-26).

De sus textos religiosos y literarios sólo han perdurado algunas muestras, ya que —pese a ser abundantes— éstos se perdieron, por diferentes causas, y todo se reduce a unas cuantas inscripciones sobre aras, placas de marfil, estelas, textos funerarios, algunos palimpsestos y papiros.

* * *

Al igual que hicieron con el arte y demás manifestaciones culturales, los arameos, casi siempre ligados a los modos de vida nómadas, adoptaron, al menos en parte, las creencias religiosas de los pueblos con los que se habían relacionado, circunstancia que puede observarse en los nombres de sus divinidades. No obstante, se dispone de escasa información al respecto; las estelas y demás restos arqueológicos apenas si sirven para completar las fuentes escritas o para añadir datos sobre la especial disposición de templos y demás lugares sagrados.

De entre todos sus dioses, el más importante debió ser Hadad, el dios de la tempestad, que aportaba las lluvias fecundantes (a imagen del Teshub de las tradiciones de Mesopotamia y Anatolia). Otra deidad muy venerada fue Baal Shamayn, Señor del Cielo, cuyo culto se extendió por Fenicia hasta Cartago. Otros dioses notables, aunque secundarios, fueron El, equivalente al dios cananeo Samash, relacionado con el Sol y la justicia; Sahar, la Luna, similar al Sin de la antigua Mesopotamia. Melkart, deidad típicamente fenicia, recibió culto en Damasco, lo mismo que Alur, que lo tuvo en Hazrak.

Textos del siglo VIII a.C. mencionan también a Reshef, deidad cananea relacionada con el relámpago y Rakib-El, numen de las lluvias. También se sabe que numerosas divinidades mesopotámicas recibieron alguna forma de culto. Posteriormente, hicieron su aparición ciertos dioses locales, derivados del primitivo panteón. Así, en Hierápolis (la actual Mambidj) y en Damasco se adoraba a Hadad, al que se dio como esposa a la «Gran Diosa Madre» (que aparece en tantas religiones primitivas) Atargis, cuyo culto —al ser identificada con Venus— se difundió por todo el Imperio Romano.

«Al ser el arameo una lengua totalmente difundida por el Próximo Oriente, en tal idioma quedaron recogidas referencias de tipo religioso de gentes semitas o no, diseminadas por Mesopotamia, Arabia, Asia Menor y Egipto. De todas ellas las más importantes son las que nos informan de la religiosidad de una colonia judía establecida en Elefantina, Egipto. Los papiros y ostracas allí hallados, redactados en arameo y en una atmósfera de gran sincretismo, nos hablan del dios Yaho (en realidad Yahvé) y de la diosa Anat, aunque también se recuerda a otros dioses babilonios y semitas... Este ambiente de eclecticismo religioso también se vivió en Palmira y en Petra, en donde convivieron divinidades babilónicas, semitas y árabes» [115].

Muy relacionadas con la religión aparecen las prácticas relativas a la brujería o la magia, ya sea para preservarse del mal mediante amuletos y conjuros, bien para la práctica de la adivinación, considerada muy importante.

Acerca de sus creencias sobre la vida de ultratumba, tampoco se sabe gran cosa. Sin embargo, según se desprende de ciertas inscripciones funerarias, los arameos se preocupaban mucho por garantizar el reposo absoluto de sus muertos, por lo que fulminaban con gravísimas maldiciones a los que osaban profanar sus sepulcros. Para ellos, *morir prematuramente y ser privado de sepultura constituía una gran desgracia y era tenido como castigo de los dioses.*

Cabe suponer que, de alguna manera, creían en la vida del más allá, tal como parece inferirse de algunas estelas funerarias, en las que son representados los difuntos banqueteando, y así lo confirmarían algunos textos funerarios, como los de la tumba del rey Panammuwa I (790/770 a.C.), en donde se lee: «... *Que el alma de Panammuwa coma con Hadad y que el alma de Panammuwa beba con Hadad...*» [116].

En templos y demás lugares de oración probablemente se llevaban a cabo rituales parecidos a los mesopotámicos y fenicios, en los que —además de sacerdotes y sus auxiliares— intervenían escribas, prostitutas sagradas y esclavos consagrados al servicio de la divinidad. Luciano de Samosata (siglo I d.C.) describía algunas de las ceremonias practicadas en Hierápolis (Frigia), en honor de Hadad, su dios principal, y entre las que no faltaban sacrificios, ofrendas, consagraciones, procesiones e, incluso, fiestas licenciosas.

---
[115] Ídem. Pág. 26.
[116] Ídem. Pág. 28.

Sobre la existencia de un arte «propiamente arameo», se han pronunciado en uno u otro sentido investigadores como Garbini, Dupont-Sommer o Unger. En todo caso, los escasos restos que han llegado hasta la actualidad fueron, según los indicios, resultado de una mezcla de influencias varias (hitita, asiria y fenicia) y no fruto de una elaboración cultural propia. A todas estas consideraciones debe añadirse el hecho de que «su propia y difícil evolución cultural fue prontamente cortada por los asirios —indica Lara Peinado [117]—, impidiéndoles así crear —aunque fuese sobre la base de lo anterior— un arte típicamente arameo».

En bastantes casos la arquitectura de los arameos pretendió, que no consiguió, ser un reflejo de las grandes construcciones de los asirios. Rasgo característico de la arquitectura aramea, que técnicamente conjuntaba en un mismo edificio piedra, madera y arcilla, y que no se parecía ni a la hitita ni a la mesopotámica, lo constituyó la distribución frontal de los palacios, cuyas características básicas eran la presencia de un pórtico con una o tres columnas, un vestíbulo, en ocasiones precedido por una escalinata y la sala del trono de planta rectangular, entre otras dependencias (se trata del «hilani», expresión de origen asirio que designa a los pórticos concebidos como un palacio hitita), y que, entre los arameos, se convirtió en una estructura «autosuficiente», no integrada en otras construcciones. Entre estos «hilani» o «bet-hilani» cabe mencionar los de Zinzirli (la actual Sam'al, Turquía), que fueron destruidos en el siglo VII a.C. por el monarca asirio Asarhaddon.

Respecto a sus concepciones urbanísticas, cabe destacar la mencionada Zinzirli (en la margen derecha del Cehyan), situada en un terreno montuoso (el Tauro armenio), distribuida en dos sectores: la acrópolis, de trazado irregular, que comprendía los palacios reales y demás edificios importantes, y la ciudad baja, toda ella de planta circular, rodeada de una doble muralla de setecientos veinte metros de perímetro, con tres puertas de acceso, bien guarnecidas, y numerosos torreones defensivos. La puerta principal del recinto coincidía con la única de acceso a la ciudadela.

Guzana (cerca de Mosul, Iraq) fue importante enclave arameo, de trazado rectangular y protegido por el río Khabur y sus murallas. La acrópolis se alzaba en una colina, donde se ubicaba el palacio-templo (función que solían cumplir los citados «hilani») de Kapara, rey del País de Pale (siglo VIII a.C.).

---

[117] Ídem. Pág. 29.

Por lo que respecta a los templos, se conoce bien el de Hadad (Damasco), llamado en la Biblia Bet-Rimmon («Casa de Rimmon»). Los textos mencionan el magnífico altar que se hallaba en su interior y que cuando Acaz, rey de Judá, fue a esta ciudad a rendir homenaje al monarca asirio Tiglatpileser III (732 a.C.), lo tomó como modelo para construir otro similar en el templo de Jerusalén (2 Reyes, 16-9/13).

No menos dificultades presenta también la escultura, tal vez por la variedad de sus centros de producción y por las influencias estéticas que se aprecian en éstos. Destacan los ortostatos o losas verticales que embellecían los muros de las edificaciones más importantes (palacios y templos); son dignos de especial mención los de Karkemish, Zenzirli y Guzana. Los temas más frecuentes son criaturas aladas, animales luchando por parejas o figuras humanas (éstas en actitudes bélicas, Museo Arqueológico de Estambul), representaciones de monarcas y banquetes (museos de Staatliche y Arqueológico de Berlín) y estelas funerarias (Museo del Louvre, París), entre otras muestras.

Cabe mencionar también algunos pedestales teriomorfos (leones, toros) —las bases son de temática floral—, las esfinges y, en general, la imaginería religiosa, que desempeñan su papel de ornamentación.

La escultura exenta evidencia notorias influencias mesopotámicas, como la imagen del dios Hadad (del reinado de Panammuwa I), procedente de Zenzirli, o la del reyezuelo Tarhunza, de 3,18 m. de altura (Museo Arqueológico de Ankara), encontrada en Milid (Malatia, Turquía), y que presenta claros influjos luvitas.

Merecen citarse también las columnas-estatuas del palacio de Kapara, príncipe de Guzana, de 2,75 m. de altura, que se alzaban sobre soportes teriomorfos, una de ellas conservada en el Museo de Aleppo (Siria), con evidente aspecto estático y curiosas deformaciones anatómicas.

Fueron, además, excelentes broncistas y expertos eborarios, siempre sometidos —sin embargo— a diversas influencias externas, por lo que, ocasionalmente, puede presentar alguna dificultad el distinguir una labor aramea de una fenicia, por ejemplo.

CRONOLOGÍA ARAMEA

Fechas a.C.	Hechos históricos, político-económicos y culturales
1400	En documentos asirios se hacen alusiones a los «aramaia», dedicados, junto con otras bandas nómadas, al pillaje en las regiones fronterizas.
1200	Los arameos se instalan en Siria, mientras que los filisteos lo hacen en el litoral de Palestina.
1115	El rey asirio Tiglatpileser I se enfrenta repetidas veces a las bandas arameas, sin obtener resultados positivos, viéndose precisado (1077) a huir a Nínive.
1050	Los arameos y otros pueblos semitas incursionan y saquean Asiria.
1000	Fin de la independencia de los Estados arameos.
732	Damasco, principado arameo, que había conservado cierta autonomía, es conquistado y saqueado por los asirios.

CRONOLOGÍA COMPARADA

Fechas a.C.	Situación	Hechos históricos y culturales
1400	Egipto	XVIII Dinastía. Reinado de Amenophis IV (Akhenatón), que inicia una reforma religiosa de matiz monoteísta.
1365	Próximo Oriente	Assurubalit I de Asiria rescata a su país del sometimiento que soportaba por parte del reino de Mittani.
1300	Península Ibérica	Cerámica de la etapa final del bronce; meseta Central y valle del Guadalquivir.
1230	Región del Egeo	Destrucción de la ciudad de Troya.
1130	Próximo Oriente	Reinado de Nabucodonosor I, en Babilonia, que vence a los elamitas y ataca a los asirios.
1100	Europa Central	Expansión desde el Danubio Medio de los ritos crematorios y nuevos objetos de bronce. Cultura de los «Campos de Urnas Funerarias».
1000	Próximo Oriente	Reinado de David, segundo monarca israelí, que establece su capital en Jerusalén.
970	Próximo Oriente	Reinado de Salomón. Se inician las obras del templo de Jerusalén.
800	Península Ibérica	Notable actividad fenicia en el Sur. Centros comerciales de Malaka y Abdera.
776	Grecia	Instituciones de los Juegos Olímpicos, en los que pueden participar todas las ciudades, incluso las rivales.

Fechas a.C.	Situación	Hechos históricos y culturales
753	*Italia*	Fundación de Roma por Rómulo y Remo. Se inicia la etapa monárquica.
	Sur de Rusia	Los escitas ocupan la estepa póntica y atraviesan el Cáucaso, empujando a los cimerios hacia Armenia.
750	*Egipto*	XXV Dinastía. Faraones etíopes. El culto a Amón se impone en Napata y Tebas. Los monarcas promueven estudios históricos para conocer el pasado del país. Acentuado neorrealismo en la escultura.

IV
Los Filisteos

CAPÍTULO XII

LOS FILISTEOS

Hacia el 1200 a.C. se produjo una gran invasión de los pueblos que, provenientes del mar, penetraron en los países, estrechamente relacionados entre sí, de Siria, Canaán, Chipre y Egipto. De todo esto sobran pruebas arqueológicas y documentales; no obstante, no resulta fácil determinar los efectos de tal irrupción.

Es curioso que entre los nombres de los diferentes grupos étnicos que se integraban en la denominación general de «Pueblos del Mar», mencionados en los textos egipcios, algunos parecen tener relación con las lenguas de ciertos pueblos que hacia el primer milenio a.C. aparecen en las tierras del Mediterráneo occidental. Tales son los «shrdu», de elevada estatura, barbados, con cascos provistos de cuernos —según los describieron los egipcios—, tal vez relacionados con los posteriores «sardos»; los «tshkr», con los que se han relacionado los «sículos» de Sicilia, y los «trshw», de gorros apretados, tal vez antepasados de los «etruscos» de Italia, llamados por los griegos «turshenoi».

Los filisteos eran una fracción de estos «Pueblos del Mar» (responsables del hundimiento del Imperio Hitita y de la destrucción de la Troya homérica), y los únicos que se establecieron permanentemente en Palestina, con la excepción de una pequeña colonia de «tshkr», al sur de la actual Haifa. Ocuparon la franja litoral entre la península del Carmelo y Gaza (véase mapa). La Biblia los llama «pălištĭ» y los supone procedentes, que no originarios, de Kaftor (o Creta) —Amós, 9-7.

Se discute todavía el lugar primitivo de su origen, siendo numerosos los indicios que señalan como el más probable la Iliria, donde algunos estudiosos sitúan la cuna de la cultura europea de Halstatt (de hecho fueron los filisteos quienes introdujeron el hierro en Palestina, reservándose el monopolio del mismo).

La teoría de la procedencia egea de los filisteos se halla sustentada ampliamente por la arqueología. Su cerámica, hallada en muchos lugares de Palestina, forma un grande y homogéneo grupo derivado de la micénica tardía. Su equivalente, no hallado en Creta, se ha encontrado hasta la fecha solamente en Sindara (Chipre), lugar próximo a Ekomi, donde el paso de los filisteos aparece ilustrado por grafitos y sellos. La costumbre filistea de sepultar a sus muertos en sarcófagos de cerámica debió desarrollarse, tal vez, durante su breve permanencia en Egipto.

* * *

La Filistea (del hebreo «Pělešet», dando a la «P» una lectura como de «Ph» o «F») se extendía unos cien kilómetros sobre la costa mediterránea, desde el sur de Gaza hasta Haifa, penetrando en el interior, unos sesenta kilómetros por el Sur y alrededor de cuarenta por el Norte. Estaba dividida en cinco distritos, gobernados por «serenos» (o «tiranos»), que aparecen en los testimonios documentales como los reyezuelos de las correspondientes capitales: Gaza, Ascalón, Azoto, Accarón y Gath.

Mientras que en las inscripciones y documentos egipcios se les denomina, en tiempos de Ramsés III, «pulasati» o «purasanti», en los textos cuneiformes, bajo Adadnirari III, aparece la denominación de «palastu». Hacia el 734 a.C. se habla de una campaña de Tiglatpileser III en «Pilista». Ya durante el Imperio Persa, tal nombre pasó a designar toda la Palestina. Tras la conquista de Alejandro Magno, la Filistea se helenizó rápidamente, siendo disputada por Lágidas y Seléucidas (generales de Alejandro) y prestando apoyo a los sirios contra los hebreos en las luchas de los macabeos, como veremos al hacer historia del pueblo hebreo.

Los filisteos invadieron Canaán y Egipto, atacando las costas desde sus naves de alta proa y desembarcando a sus mujeres y niños en carretones, tirados por bueyes, pues tenían intenciones de establecerse permanentemente en las tierras conquistadas; los guerreros aparecen tocados con yelmos encrestados con «hojas» y no con «plumas» o «crines», detalle característico de la cultura ilírica. Por lo demás, la armadura del gigante Goliat (I Samuel, 17) es muy parecida a la de los héroes homéricos (Diómedes mata a

Pandaro valiéndose de una flecha, que le hiere mortalmente en la cabeza, tal vez por la imposibilidad de atravesar con ella su armadura); así aparecen representados en los relieves del templo de Medinet Habu (hacia 1175 a.C.), construido por Ramsés III para celebrar su victoria sobre ellos en el delta del Nilo.

En la época de su hegemonía (1150/1050 a.C.) los filisteos dominaban todos los valles que conducían hacia el interior de Canaán. Lograron consolidar su posición en la zona de Gaza, pero su expansión por el Negev fue cortada por los israelitas, a medida que iban posesionándose de las tierras del sur de Palestina mediante su lenta infiltración, que culminaría en un enfrentamiento directo con los filisteos: «Sucedió por entonces que los filisteos se reunieron para hacer la guerra a Israel. Israel salió al encuentro de los filisteos para combatir. Acamparon cerca de Eben-Ezer, y los filisteos estaban acampados en Afec. Habiendo presentado batalla los filisteos contra Israel, se empezó el combate, e Israel fue derrotado por los filisteos, que mataron en el combate, en el campo, unos cuatro mil hombres...» (I Samuel, 4-1/2).

Desde su enclave de la luego llamada Pentápolis, los filisteos llegaron a representar para Israel una amenaza que llegó, incluso, a comprometer su independencia, en la época de los Jueces, siendo —tal como se menciona en los libros históricos de la Biblia— su presión la causa determinante de la implantación de la monarquía en Israel.

Su poderío culminó con la victoria de Gelboé sobre Saúl (I Samuel, 31-1/13). David, que había sido por algún tiempo su vasallo y aliado, por estar indispuesto con Saúl, pudo establecerse, gracias a ellos, en el trono de Judá y extender su influencia hasta el Éufrates; acabó de forma definitiva con la expansión de este pueblo guerrero. Los filisteos fueron sojuzgados posteriormente por asirios, babilonios, persas y macedonios, pero, aun así, siempre se mantuvieron hostiles a Israel. Por su parte, los textos sagrados hebreos no escatimaron las expresiones despectivas hacia los aborrecidos filisteos. «*Dos pueblos me son odiosos y un tercero que ni siquiera es pueblo: los que moran en la montaña de Seir y los filisteos...*» (Eclesiástico, 50-27/28).

* * *

En los relatos bíblicos, los filisteos —como hemos indicado— parecen haber tenido el monopolio de introducir y trabajar el hierro en Canaán, y sus anchos escudos redondos y sus espadas cortas y anchas debieron —sin duda— impresionar a los que realizaron los relieves de Medinet Habu. El hierro no se generalizó como metal de uso cotidiano hasta la aparición de los filisteos en Palestina. Bien es verdad que los hititas lo habían usado ya en las costas del mar Negro antes del 1300 a.C., pero su utilización en la etapa amárnica era aún nueva, y unos anillos de hierro recubiertos de oro batido, enviados por el rey mittanio Tusratta al faraón Amenofis III, fueron considerados como una preciosa curiosidad. No puede, pues, abrigarse la menor duda acerca de la tradición bíblica según la cual los israelitas habrían aprendido de ello el uso del hierro. *Las palabras hebreas para designar el «casco» o un «cuchillo» derivaban de una fuente filistea o de otra egea.*

Adoptaron los dioses de los territorios ocupados, entre los que más frecuentemente se menciona a Dagón, que al menos tenía dos santuarios, uno en Azoto y otro en Gaza. Otra deidad importante, de origen asirio, era Astarté, considerada como diosa de la guerra. En Accarón se rendía culto a Baal-Zebub, «Señor de la Tierra» (2 Reyes, 1). *Los filisteos dieron su nombre a la «Tierra de Israel», llamada hasta el día de hoy Palestina,* aunque quizá sería más justo llamarla Filistina.

La arqueología ha revelado la existencia en estas tierras de abundantes muestras de la cultura filistea, especialmente cerámica. Se trata de vasijas, cuyas decoraciones recuerdan producciones del Egeo. No obstante, se adaptaron bien a los modos de vida de las viejas poblaciones cananeas: levantaron o reconstruyeron sus ciudades y las fortificaron bien; en la actualidad se conserva casi intacta la fortaleza de Ascalón.

Un eslabón importante entre el griego arcaico y la literatura bíblica lo constituyó, tal vez, la literatura de los filisteos, completamente desaparecida. De cualquier forma, está fuera de dudas la influencia que los filisteos ejercieron, al menos materialmente, sobre el mundo israelita. Con su ayuda, el rey David pudo establecerse en el trono de Judá (tal como hemos visto y veremos en la historia del pueblo judío). Pertenecía este personaje a una tradición que tenía en alta estima la música y la poesía, y no es muy aventurado suponer que los cuentos populares de los filisteos, cuya migración de Egipto suministró un cierto paralelismo con la de Israel, inspirase su música.

CRONOLOGÍA FILISTEA

Fechas a.C.	Hechos históricos, político-económicos y culturales
1200	Los llamados «Pueblos del Mar» invaden Anatolia, destruyen Hattusa y acaban con el Imperio Hitita. Penetran en Siria, Canaán (destruyen la ciudad fenicia de Sidón, en 1209), Chipre y Egipto, donde reina la XIX Dinastía.
1190	El faraón Ramsés III rechaza a los «Pueblos del Mar».
1150	Hegemonía de los filisteos sobre los Estados vecinos, hasta 1050.
1025	Luchas entre filisteos y hebreos, durante el reinado de Saúl.
734	El monarca asirio Tiglatpileser III emprende una campaña contra los filisteos (denominados «palastu» en textos de la época).
323	Pérdida total de la independencia del pueblo filisteo bajo el gobierno de los lágidas greco-egipcios, desapareciendo como tal de la historia.

CRONOLOGÍA COMPARADA

Fechas a.C.	Situación	Hechos históricos y culturales
1200	Egipto	XIX Dinastía. Bajo el reinado de Meneptah, el poder militar comienza a decaer, coincidiendo con las primeras incursiones de los conocidos como «Pueblos del Mar». Aparecen textos funerarios de significado mágico sobre papiro, el llamado «Libro de los Muertos».
	Península Ibérica	Penetración de migraciones indoeuropeas. Primeras incursiones de fenicios y griegos. Etapa del bronce final y principios del uso del hierro.
1190	Egipto	Ramsés III (XIX Dinastía) consigue rechazar a los libios y a los «pueblos del Mar». Construcción del templo de Medinet Habú.
1025	Próximo Oriente	Reinado de Saúl, primer rey de Israel.
1000	Próximo Oriente	Los arios, procedentes del Cáucaso, fundan los reinos rivales de medos y persas.
950	Egipto	XXII/XXIII Dinastías. Faraones de origen libio (bubástidas). Trabajos notables en bronce y cerámica.
814	Norte de África	Fundación de la ciudad de Cartago por los fenicios.

Fechas a.C.	Situación	Hechos históricos y culturales
721	*Próximo Oriente*	Fin del reino de Israel, conquistado por los asirios. Las tribus que lo componen desaparecen. Por algún tiempo, y con grandes dificultades, subsistirá el de Judá.
525	*Egipto*	Los persas conquistan el país, gobernándolo con el nombre de Aqueménidas. Darío I ordena la codificación del derecho local.
404	*Grecia*	Terminan las Guerras del Peloponeso, con la rendición (en condiciones humillantes) de Atenas ante Esparta.
390	*Roma*	Los galos descienden del Norte y saquean la ciudad, que ha de liberarse mediante el pago de cuantioso rescate.
332	*Egipto*	Alejandro Magno funda en el delta la ciudad de Alejandría.
322	*India*	Sube al trono Chadragupta Maurya, fundador del Imperio Maurya. Desde su pequeño reino, situado en la parte central del Ganges, este rey y su hijo conquistarían los demás Estados del Norte y centro de la India.

V
Los Ugareos

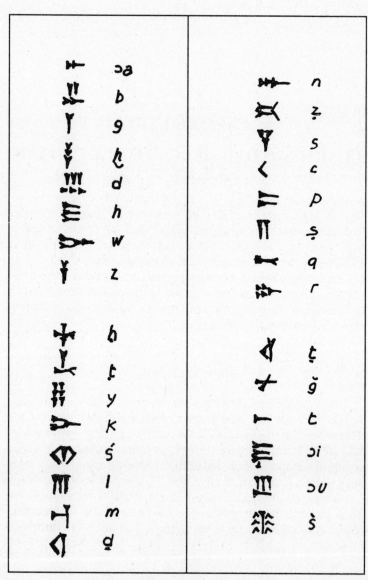

Alfabeto ugarítico.

CAPÍTULO XIII

UGARIT: CIUDAD MERCANTIL DE CANAÁN

«Gran parte del acervo cultural mesopotámico llegó a los pueblos del Egeo a través de los comerciantes y los navegantes de las ciudades costeras del Mediterráneo oriental. Una de estas metrópolis fue la antigua Ugarit, situada bajo un montículo artificial en Ras Shamra, a diez kilómetros del puerto sirio de Latakia» [118].

Con razón, y así lo iremos comprobando, puede afirmarse que «*Ugarit fue probablemente el primer gran puerto internacional de la historia. Su población cosmopolita, su diplomacia, buenos modales y adaptabilidad anticipan el carácter de la vida moderna del Levante*» [119].

* * *

Las excavaciones para el estudio de esta ciudad fueron iniciadas en 1929 por una misión arqueológica francesa, dirigida por Claude Schaeffer. Tal como suele ocurrir con otras varias ciudades del Próximo Oriente, los arqueólogos encontraron varios niveles de ocupación; la ciudad fue ocupada y abandonada repetidas veces a lo largo de su historia.

Aunque el nivel más antiguo de ocupación se remonta al neolítico precerámico, la época que nos interesa es, lógicamente, mucho más reciente: entre los siglos XVI al XIII a.C., aproximadamente.

---

[118] María Camino García y Joan Santacana, 1991 (1). Pág. 83.
[119] *El despertar de la civilización*, 1963. Pág. 153.

El nivel inferior del montículo o «colina de los Hinojos», que es, precisamente, lo que Ras Shamra significa, evidenciaba signos de ocupación antiquísimos (cerámica de Ur'Ubaid, Mesopotamia), ya mencionados, y entre los años 3000 a 2000 a.C. señales de un cambio étnico demostraban la llegada de los cananeos, que posteriormente establecieron estrechos lazos con Egipto, interrumpidos al hacerse los hicsos con el poder (aproximadamente entre 1750 y 1500 a.C.) y fundar su propia Dinastía, aunque más tarde prosiguieron ininterrumpidamente hasta el período amárnico.

Como resultado de las invasiones hititas los reyes de Ugarit hubieron de reconocer, para evitar males peores, la soberanía de Subiliuluma [120], según demuestran las copias de la correspondencia con tan poderoso conquistador. Nuevamente la ciudad volvió a estar bajo control egipcio hasta su invasión por los aqueos, que procedían de Micenas.

A principios del siglo XII a.C., los príncipes ugaríticos enviaron misivas al faraón que no parecían reflejar ninguna especial inquietud, aun cuando no faltaban motivos para tenerla. Sin embargo, los arqueólogos encontraron en el horno del palacio real algunas tablillas puestas a cocer, en las que desesperadamente se pedía a éste ayuda, ya que la ciudad estaba siendo atacada. En efecto, Ugarit cayó y estas cartas no fueron enviadas. La destrucción fue tan completa que ya no pudo volver a levantarse de sus cenizas.

Ahora bien, Ugarit contaba con un pequeño, pero aguerrido, ejército, cuya principal arma eran los carros de combate. Podían poner en pie de guerra unos dos mil caballos, lo que no era poco para aquella ciudad. Además, contaban con una flota de ciento cincuenta naves, utilizando con toda probabilidad algún abrigo costero próximo, por lo que puede decirse que desde el punto de vista defensivo no eran débiles.

¿Qué ocurrió entonces?... Sencillamente, «las refinadas monarquías de finales de la Edad del Bronce (hacia el 1200 a.C.), con sus joyas, sus marfiles, sus comodidades..., *cayeron postradas ante las afiladas hojas de las espadas de hierro, que iniciaron un nuevo capítulo en la historia del mundo*» [121].

* * *

---

[120] Véase la *Historia hitita*, capítulo VIII de la II Parte de esta obra.
[121] María Camino García y Joan Santacana, 1991 (1). Pág. 89.

Esta floreciente ciudad mediterránea era, en realidad, resultado de una mezcla de corrientes comerciales y culturales, cuyo testimonio se hace patente en la diversidad de escrituras que debieron utilizar los escribas ugaríticos; usaron la escritura jeroglífica nilótica, acerca de la cual abundan las referencias en la documentación arqueológica que ha llegado a nuestros días; aún era más frecuente el acádico, escrito en caracteres cuneiformes y utilizado en la mayor parte de Mesopotamia; numerosos fueron los escritos en lengua hitita; finalmente, se hablaba también el cananeo, un dialecto semita. Otras lenguas menos utilizadas fueron el aqueo micénico y el hurrita.

El alfabeto de Ugarit es el más antiguo, hasta el momento, del cual se conocen todos los signos y del que disponemos de abundancia de textos para verificar su lectura.

El descubrimiento de las ruinas de la ciudad se produjo, de manera accidental, en 1929 en las inmediaciones de la citada colina, formada por escombros (situada al norte de Latakia). En diferentes lugares fueron halladas bibliotecas y archivos que contenían varios miles de tablillas, con toda clase de textos (sobre los que nos extenderemos brevemente): mitos, leyendas, correspondencia oficial y particular, contratos, etcétera.

La escritura cuneiforme hallada en estas tablillas tenía características propias. Se trataba de un elenco de treinta signos, que puede ser considerado precursor del actualmente utilizado en el mundo oriental. *El lenguaje ugarítico era un dialecto semítico, con influencias hititas, sumerias, egipcias y acadias.*

El principal interés de tales tablillas reside en la evolución de la propia escritura. El ugarítico, utilizando caracteres cuneiformes, fue desarrollando los signos silábicos hasta lograr la representación de consonantes y vocales; así, obtuvieron treinta consonantes y tres vocales, que constituyeron un verdadero alfabeto (esta zona fue, como sabemos, crisol de lenguas y culturas de las que surgieron diferentes alfabetos).

Su desciframiento fue rapidísimo, llevado a cabo por H. Bauer, E. Dhorme y Ch. Virrolleaud, que supusieron acertadamente que, si la lengua era afín al fenicio, las inscripciones sobre instrumentos de uso cotidiano tendrían idéntico significado.

Los documentos pueden datarse con absoluta certeza entre los siglos XIV y XIII a.C., lo que hace preciso retrasar la invención del mencionado alfabeto, hacia el siglo XV a.C. al menos, ya que incluso las más antiguas inscripciones lo representan ya totalmente desarrollado. Este sistema se utilizó no sólo para textos en idioma ugarítico, sino también para otros en acadio y hurrita, demostrando así su validez y eficacia, hasta el extremo de acabar simplificándose en otro más breve de veintidós signos tan sólo. Tal simplificación en la escritura supuso otra —anterior y similar— en la fonética. *Su difusión geográfica no se limitó solamente al pequeño reino de Ugarit, ya que han sido halladas inscripciones en diversos lugares;* por ejemplo, en Palestina.

Escritura Ugarítica.

MLK (Rey)   B'L (Baal).

«En el estado actual de nuestros conocimientos, el alfabeto ugarítico —afirma Molinero— es anterior en más de doscientos años a la inscripción fenicia más antigua» [122], aunque no faltan —remitimos a las historias de Fenicia e Israel— autores que, esgrimiendo determinados argumentos, que unos consideran válidos y otros no, mantienen lo contrario.

«Sonidos del silencio»: Así se titula el disco en el que acaba de ser grabada una canción de hace tres mil cuatrocientos años [123].
«Durante quince años la investigadora norteamericana Anne Kilmer, especialista en asiriología, trabajó en la transcripción del "Himno del culto hurrita de la antigua Ugarit", considerado como la canción más antigua del mundo. Se trata de un canto religioso creado hace tres mil cuatrocientos años en honor de la diosa Nikkai, venerada en la antigua ciudad de Ugarit, que estaba situada en el actual territorio de Siria, sobre la costa del Mediterráneo. La canción fue grabada por un grupo de musicólogos de la Universidad de California. Éstos realizaron un disco estéreo titulado "Sonidos del silencio", que contiene la versión vocal e instrumental de la canción. Fue utilizada una réplica de la lira que se empleó cuando se compuso el canto unos mil cuatrocientos años a.C. (Universidad de California, Estados Unidos).»

El contenido de la mayor parte de las tablillas era de carácter mitológico y religioso, de las que constituye ejemplo característi-

---

[122] Miguel Ángel Molinero, 1985. Pág. 28.
[123] *Enciclopedia Alfatemática. Noticiario del Progreso,* 1977. Pág. LXVII.

co «La leyenda de Keret» (que ha llegado hasta nosotros, lamentablemente, incompleta). Abunda, como hemos indicado, el género epistolar, del que transcribimos parte de una carta familiar, seleccionada por Miguel Ángel Molinero [124]:

> «A mi madre, nuestra señora, dile:
> Mensaje de Talmiyanu y de Ashatmilki tus servidores. A los pies de nuestra señora nos postramos a distancia.
> Que los dioses te protejan y te den la salud.
> Aquí, entre nosotros, todo va mejor y yo ya estoy tranquilo.
> Que desde allí, (tú), nuestra señora, en lo que (concierne a tu salud), nos hagas llegar una respuesta a (nosotros), tus servidores...»

Han sido exhumadas pizarras escolares, lo que hace pensar en la existencia de una escuela para escribas en las cercanías del templo de Baal. Gracias a estos hallazgos, se conoce el nombre de un sacerdote, Rabana, que había compilado un pequeño diccionario destinado a sus alumnos. También existen pruebas de que en estas escuelas y en los colegios teológicos se impartían clases de lenguas extranjeras, algo indispensable en aquella sociedad, entre las que se incluía el sumerio (para usos eruditos y religiosos) y el acadio.

«Entre los documentos hallados, los de carácter legal estaban representados por un decreto ordenando el arresto de ciertos bribones contumaces y por el testamento de un digno ciudadano que dejaba todas sus posesiones terrenas —nos cuenta Cleator [125]—, incluyendo sus servidores de ambos sexos, a su esposa Bidawa y requería a sus dos hijos Jaatlinu y Jaanhama que la obedecieran siempre, bajo la amenaza de ser arrojados del seno del hogar familiar y al pago de una multa de quinientas monedas de plata al rey.»

Otros datos ilustrativos acerca de la vida cotidiana en Ugarit los proporcionó el contenido de un manual de equitación (remitimos a la historia hitita), en el que se hace mención de los animales que presentan tendencia a relinchar o a morder, o unas listas, relativas a los precios de los mercados locales, desde el más alto al más bajo, encabezados por la palabra «ganba» (o «precio»).

«La comparación entre la lengua de Ugarit y las sagradas escrituras de los hebreos revela extraordinarias, y tal vez de otro

---

[124] Miguel Ángel Molinero, 1985. *Selección de Textos.* Pág. VI.
[125] P. E. Cleator, 1986. Pág. 172.

modo inexplicables, semejanzas en la lengua, el estilo y el contenido ideológico» [126], por lo que parece posible pensar que parte de la literatura cananea, que se considera perdida, haya sido realmente preservada en la bíblica, aunque no deja de ser cierto que es sumamente difícil precisar la extensión e importancia de estos préstamos.

* * *

La mitología y las creencias religiosas de Ugarit eran muy diferentes de las de Summer; posiblemente, de origen fenicio. Su panteón (que constaba de numerosos dioses) estaba presidido por Él, «dios creador de la naturaleza», y por la diosa Ashara, su esposa, que tenía atributos parecidos a la babilónica Isthar. Esta pareja tenía dos hijos, Hadad o Baal («el Señor»), dios del Sol y de la tempestad, cuyo culto estaba muy extendido, y Anath, su hermana, diosa de la guerra. Yam era el dios del mar. Entre Baal y Mooty (o Mot), dios de la muerte, «señor del verano cálido», existía una incesante pugna, de la cual dependían la lluvia y otros fenómenos meteorológicos. «Se trataba de una versión diferente de los mitos mesopotámicos referentes a la lucha entre el bien y el mal, entre la esterilidad y la fertilidad. Sólo si Baal vencía, llegarían las lluvias torrenciales y la vegetación así se renovaría» [127].

* * *

Esta ciudad, gracias a su posición estratégica, controlaba rutas vitales, sirviendo de puente entre el Mediterráneo y el Oriente Próximo, y entre Anatolia y Egipto, por lo que esta riqueza comercial, junto a sus propios productos, se convirtió en codiciada pieza para sus rapaces vecinos. Sin embargo, las rivalidades entre éstos le permitieron conservar una cierta independencia política. Los reyes de Ugarit se las componían para mantener sus hábiles relaciones diplomáticas con todos ellos. Sus cartas, escritas sobre tablillas de barro, están plagadas de fórmulas de cortesía, que han llegado a la posteridad. Todas ellas contenían la misma fórmula de despedida: «que los dioses te protejan y te bendigan».

Acerca de las clases sociales, puede aplicarse lo escrito sobre el pueblo fenicio. Otro tanto podríamos decir de la situación de

---

[126] Ídem. Pág. 175.
[127] María Camino García y Joan Santacana, 1991. Pág. 86.

los esclavos. Poseemos, no obstante, documentos que nos indican cómo Ugarit mantenía relaciones con los Estados vecinos en relación con los esclavos. Se tienen, además, algunos textos de emancipación de éstos, algunas veces acompañada del matrimonio. Al parecer, la manumisión comportaba unos determinados requisitos, entre ellos el de verter aceite sobre la cabeza del liberto, seguramente con la intención de purificarle de la mancha de su anterior situación.

* * *

Alrededor del siglo XV a.C. Ugarit era la sede de un diminuto pero activo reino, que vivía una fase de gran prosperidad, una especie de «edad de oro». Las sucesivas excavaciones, especialmente las de 1975/1976 y las de 1979/1981, pusieron al descubierto sus barrios residenciales, sus templos, sus acrópolis y sus principales mansiones, y permitieron conocer que en este lugar se comerciaba con objetos procedentes de la Baja Mesopotamia; se hallaron también infinidad de géneros egipcios y envases cerámicos que evidencian estrechísima relación con el ámbito egeo-micénico. En la ciudad, además, se producían ungüentos y productos cosméticos; se trabajaba la madera, había una floreciente industria textil y manufacturera basada en el cobre procedente de Chipre.

Toda la ciudad era un hervidero de mercaderes, artesanos, armadores, marinos y burócratas. Su estructura era bastante similar a las ya descritas ciudades mesopotámicas: las casas estaban construidas con piedra, barro y madera, y organizadas en torno a los patios; en las plantas bajas se desarrollaban la mayor parte de las actividades artesanales y mercantiles, mientras que en los pisos altos se hallaban las habitaciones. Debajo de las casas, en una especie de cuevas, era costumbre tener la capilla funeraria del clan familiar, al igual que en Summer, de tal modo que la ciudad estaba llena de sepulcros subterráneos.

En su etapa de auge, Ugarit era una ciudad relativamente amplia, con dos grandes avenidas bien trazadas a las que asomaban las casas de los más ricos, generalmente de una sola planta. Las edificaciones de su última fase estaban construidas con elementos heredados de la tradición sumeria, pero con patios centrales envigados y abundancia de madera, lo que es un rasgo mediterráneo. En el conjunto urbano destacan los templos de Dagón y Baal. La fortaleza y el palacio ocupaban la parte más alta del mismo.

Tal como hemos visto, muchos de los edificios y objetos concuerdan sensiblemente con el estado cultural de otras ciudades del norte de Siria. *Pero su importancia en la historia de las civilizaciones del Oriente Próximo estriba en que las influencias occidentales no tienen paralelo en ninguna otra estación arqueológica.* En ningún lugar como en Ugarit establecieron los minoicos una colonia mercantil con barrios separados en el puerto y en la judería. Siguiendo las normas locales, debajo de sus casas enterraban a sus muertos en sepulturas cuidadosamente construidas. Nada de particular tiene, por tanto, que al cabo del tiempo tales cámaras estuvieran llenas de huesos y de vasijas.

Después de que se interrumpieran por algún tiempo las relaciones entre Ugarit y Creta, los micénicos formaron a su vez una importante colonia, que debió de constituir un considerable elemento en la población local (entre 1500/1200 a.C.). Todavía se usaban las tumbas del área del puerto (Minet el-Beida), en las que aparecieron muchas vasijas micénicas. Gran parte de la más ordinaria cerámica parece proceder de Rodas, aunque no falten algunas de innegable origen chipriota micénico. *Sin embargo, la mayor parte del comercio debió estar en manos ugaríticas.*

CRONOLOGÍA UGARÍTICA

Fechas a.C.	Hechos históricos, político-económicos y culturales
4000	Cerámica de Ur'Ubaid (Mesopotamia), perteneciente al Calcolítico tardío. Indicios de ocupación de Ras Shamra.
3000	Llegada a la costa mediterránea de elementos semitas, denominados también cananeos, procedentes de Mesopotamia y del norte de Siria.
2000	Ugarit se convierte en importante centro comercial.
1750	Se interrumpen las relaciones con Egipto, hasta el 1500 a.C.
1500	Florecimiento de la ciudad de Ugarit y gran auge comercial, hasta su caída tres siglos después.
1400	Los comerciantes ugaríticos utilizan un alfabeto cuneiforme consonántico semítico. Estrechos contactos con Chipre. Notables manifestaciones literarias.
1350	Correspondencia de los reyes de Ugarit con los faraones (período de el-Amarna).
1200	Invasión de los llamados «Pueblos del Mar», que destruyen la ciudad.
1100	El monarca asirio Tiglatpileser acaba con lo poco que dejaron los invasores.

CRONOLOGÍA COMPARADA

Fechas a.C.	Situación	Hechos históricos y culturales
4000	Mediterráneo oriental	Martilleo y moldeado del cobre.
	Península Ibérica	Grupo levantino de cerámica. Primeros trabajos de cerámica. Formas humanas similares a las actuales (Período Neolítico).
3500	América del Sur	Cultivo de la patata.
	Egipto	Época predinástica. Desarrollo de la agricultura y ganadería. Aprovechamiento de las crecidas del Nilo y de la fertilidad de su lino. Telas de lino y embarcaciones de remos. Cerámica, cuchillos de sílex y paletas para cosméticos.
	Próximo Oriente	Llegada a la Baja Mesopotamia de los sumerios, procedentes del Asia central.
3300	Próximo Oriente	Invención de la escritura pictográfica sumeria en la ciudad de Uruk.
3000	Zona del Egeo	Primer asentamiento de la ciudad de Troya.
	Egipto	Durante la I Dinastía se efectúan expediciones al Sudán, se comercia con Oriente y aparece la escritura jeroglífica grabada en monumentos.
2700	Próximo Oriente	Supuesta fecha de la fundación de la ciudad fenicia de Tiro.
2200	Egipto	VI Dinastía. Relaciones comerciales con Biblos. Aumentan las luchas internas durante el reinado de Pepi II. Los nomarcas se hacen levantar monumentos funerarios en sus dominios.
	Zona del Egeo	Floreciente civilización cretense: uso del bronce, hermosas joyas y grandes vasijas de piedra.
	América del Sur	Se inicia el cultivo de la calabaza y la habichuela en el actual territorio peruano.
1900	Próximo Oriente	Abraham y los suyos se trasladan de Ur (Baja Mesopotamia) a Canaán.
	Península Ibérica	Uso del cobre (Período Eneolítico). Cultura megalítica. Organización habitual en poblados.
1800	Próximo Oriente	El acadio se va convirtiendo en lengua diplomática internacional, y con él su escritura. Los amorreos fundan en Babilonia una dinastía, cuyo poder se extenderá a toda Mesopotamia con Hammurabí.

Fechas a.C.	Situación	Hechos históricos y culturales
	Europa Central	Civilización de Unétice: armas, joyas y carros de ruedas.
	Anatolia	Anitta, rey de la ciudad-Estado de Kussara, emplea ya carros de guerra para la conquista de Hattussas y de otras ciudades rivales. Feudalismo; monarquía electiva.
1786	Egipto	XIII Dinastía. Comercio con Asia Menor y el Egeo, a través de Fenicia. Se advierten síntomas de debilidad. Primacía del culto a Amón.
1650	Egipto	Los hicsos, pueblo nómada asiático, toman el poder y constituyen su propia dinastía. Los invasores introducen nuevas armas y técnicas. Se generaliza el uso del bronce.
1500	China	Dinastía Shang. Difusión de estatuas ceremoniales de bronce.
	Próximo Oriente	Biblos y otras ciudades cananeas —Ugarit entre ellas— mantienen contactos comerciales con Egipto, Creta, Chipre y Micenas.
1400	Próximo Oriente	Escritura cuneiforme hurrita.
	Península Ibérica	Cerámica del bronce final: meseta central y valle del Guadalquivir.
1300	Egipto	XIX Dinastía. Traslado de la capitalidad de Tebas a Pi-Ramsés. Gran actividad constructora; las tumbas, empero, pierden parte de su opulencia. Enterramientos individuales en sarcófagos hechos, por razones económicas, con maderas locales, muy decorados.
1275	Anatolia	Tras la batalla de Qadesh, los hititas reciben de Ramsés II una buena parte de Siria.
1200	Zona del Egeo	Una coalición de monarcas micénicos acaba con la civilización cretense.
	Península Ibérica	Penetración de migraciones indoeuropeas. Primeras incursiones de fenicios y griegos. Final del bronce y uso del hierro.
	Egipto	Decadencia del poder militar (XIX Dinastía). Los hebreos, dirigidos por Moisés, salen del país.
	Próximo Oriente	Irrupción de los «Pueblos del Mar».
1100	Próximo Oriente	Reinado de Tiglatpileser I de Asiria, que lleva al imperio a una notable fase de predominio, hasta su muerte.

TERCERA PARTE

Nuevos grandes pueblos

LOS NUEVOS GRANDES PUEBLOS

Paradójicamente ambos *Grandes Pueblos* fueron pequeños en amplitud geográfica, pero los calificamos de grandes por los resultados históricos de su desarrollo y de su influencia en el curso de los siglos posteriores. Los fenicios amplían las dimensiones de la talasocracia creto-micénica e irrumpen en el Mediterráneo lejano, fundando Cartago en el norte de África y colonias en las Baleares, en la costa atlántica de Andalucía y —posiblemente, en busca del estaño— llegaron a las islas gallegas y más lejos, quizá a las actuales Canarias. Herederos de saberes y adelantos, los difundieron hasta el *Far-West* mediterráneo, especialmente el uso reducido de signos para la escritura.

Los hebreos, una anécdota más de pueblos modestos, que luego se hacen fuertes, y a la postre desaparecen, resultan ser una de las culturas y pensamiento que más importancia han tenido en el mundo, no sólo por el cristianismo, allí nacido, sino por la misma *diáspora* (o dispersión), que garantizó durante siglos la presencia de las minorías judías en todas las naciones e imperios posteriores, hasta el presente. La escritura semítica, nacida sin duda de la fenicia, se divide en las dos formas de vigencia actual: la propiamente hebrea y la del llamado árabe literal.

* * *

Todo este mundo de las antiguas civilizaciones situadas al sur de los altos montes iraníes y al norte de Suez, se unificará «a fortiori» por la presencia de los madai y los parsua —que hoy llamamos persas—, concluyendo así nuestro relato de las viejas culturas del Oriente Próximo.

Los Fenicios y sus vecinos.

I
Los Fenicios

CAPÍTULO XIV
BREVE HISTORIA DEL PUEBLO FENICIO

«Exiguos en número como los hebreos —como veremos—, pero también como éstos importantes en razón inversa a su densidad demográfica, fueron los fenicios los creadores de un tipo humano de los más originales —afirman Ballesteros y Alborg [128]—; no ciertamente por los productos de su cultura, *que no se distingue ni por su arte, ni por sus instituciones, ni por sus ideas políticas, morales o sociales, sino por su género de vida y ocupación.*»

En la antigüedad los semitas eran tan sólo un conjunto de tribus con diversos nombres, procedentes del desierto de Arabia. Hacia el tercer milenio a.C. muchas de éstas se habían desplazado hacia el Norte por las fértiles tierras de Mesopotamia y el este de Siria. Los semitas típicos eran tribus de cabello moreno y tez olivácea. Gobernados por jefes o príncipes, que hacían al mismo tiempo de jueces. Al igual que en otras sociedades antiguas, fueron originariamente polígamos, y las más ricas familias poseían esclavos, motivo por el cual abundaron las guerras tribales, promovidas por la necesidad de incrementar el número de esclavos: mujeres para el harén (o la procreación) y hombres para trabajar los campos.

* * *

Grupos de estos antiguos semitas, de los que descienden los fenicios, llegaron sobre el 3000 a.C. a las costas orientales del

---
[128] Manuel Ballesteros y Juan Luis Alborg, 1973 (I). Pág. 89.

Mediterráneo, apremiados por una demografía creciente o huyendo de las guerras, y allí se establecieron, en un territorio que se extendía unos ochocientos kilómetros a lo largo de la costa, desde el golfo de Iskanderún (sur de Turquía) hasta la frontera egipcia de entonces. Estas tierras no eran fértiles en toda su extensión, aunque sí bastante más ricas entonces que en la actualidad, en que algunas comarcas han quedado desertizadas.

Aquellas tierras costeras aparecen en los textos bíblicos con el nombre de Canaán, y buena parte del Antiguo Testamento habla de las luchas entre los primitivos cananeos y los ulteriores inmigrantes, en lucha por la posesión de las mejores tierras. Finalmente, los cananeos —empujados por los recién llegados— se refugiaron en una estrecha franja costera (el territorio del actual Líbano), donde con el paso del tiempo fueron conocidos con el nombre de fenicios. Inicialmente, al igual que el resto de los colonizadores semitas, fueron pastores y agricultores, aunque no tardaron en sedentarizarse y, sin mucho tardar, acabaron tornándose también artesanos, mercaderes y comerciantes, sobre todo por mar.

Consagrados al comercio, aun cuando no fueron ellos sus inventores, hicieron del tráfico su especialidad, y en sus naves o en sus caravanas llevaron junto con sus mercancías una serie de fermentos culturales (a los que nos referiremos) que divulgaron incesantemente. Fueron también los arriesgados promotores de la navegación a lejanas tierras, aunque constituyese, lógica consecuencia de sus actividades, su otro gran dominio. Todos los conquistadores de turno entre los pueblos del Próximo Oriente contaron con sus naves para sus empresas, ya que supieron, mientras les fue posible, moverse en la esfera de la influencia de Egipto o de los imperios mesopotámicos y nunca manifestaron aspiraciones de predominio sobre los países circundantes. Esto *«habla no sólo de la importancia de sus flotas, sino también de cómo sirvieron a cada nuevo señor sin importarles quién fuese, atentos exclusivamente a sus ganancias y a defender su imperio comercial. En pocas ocasiones, y eso fue el fin precisamente de su preponderancia, olvidaron las normas pacíficas para empuñar las armas. Si alguna vez las tomaron, era para defenderse, pero jamás para el ataque»* [129].

Sus ciudades, entre las que destacan Arad, Trípoli, Jbail (o Biblos), Sidón, Berito (o Beirut), Tiro, Tolemaida, Ugarit (que hemos estudiado aparte), etcétera, emplazadas casi como islas

---

[129] Ídem. Pág. 89.

—escasamente comunicadas con el interior—, constituyeron desde su fundación entidades autónomas, sin más vínculo entre ellas que el de sus comunes actividades y el de su sello inconfundible. Y, así aisladas, mantuvieron durante siglos el milagro político de preservarse independientes al borde de potentes y agresivos imperios. *En la historia del pueblo fenicio se destacan sucesivamente varias de sus ciudades, que sin tener dominio sobre las otras adquieren rasgos hegemónicos.*

* * *

En el transcurso del tercer milenio a.C., y en buena parte del siguiente, Biblos y, posteriormente, Tiro y Sidón, las ciudades más importantes, mantuvieron intensas relaciones con Egipto, llegando, incluso, a sufrir su preponderancia política. Cuando desaparecieron las grandes potencias antagónicas, las ciudades-Estado fenicias se vieron libres de «protectores», aunque encerradas en sí mismas, con la excepción de Tiro, que hacia el siglo X a.C. sostuvo fructíferos contactos con los hebreos. Su monarca más importante, Ahiram (o Hirám I), fue amigo de David y Salomón, al que suministró (véase la historia del pueblo judío) materiales y personal para ayudarle a construir el templo de Jerusalén. Una flota fenicia tuvo como base la costa hebrea, donde se encuentra hoy el puerto de Eilat.

Sin embargo, este período de independencia no duró mucho, y las ciudades-Estado fenicias tuvieron que soportar nuevas y más pesadas dominaciones: primero por parte de los asirios y posteriormente de los babilonios. «La habilidad y prudencia de los reyes fenicios, que al comienzo reconocieron la soberanía de los conquistadores —comenta Adel Ismail [130]—, no pudieron salvarles del despotismo de Assurnasipal (885/859 a.C.) y de su sucesor Salmanasar III (859/824 a.C.), vencedor en Qarqar (norte de Hama) en el 854 a.C.

A mediados del siglo VIII a.C. la dominación asiria llegó a hacerse intolerable, hasta el extremo de que Tiro, Biblos y Arad se sublevaron, pero Tiglatpileser III (745/727 a.C.) los sometió por la fuerza de las armas, y las ciudades que se habían alzado fueron obligadas al pago de onerosos tributos.»

Aun así, Tiro resistió durante cinco años el asedio de Salmanasar IV, y Sidón promovió una coalición contra los asirios, que

---
[130] Ismail Adel, 1972. Pág. 27.

finalmente fue vencida por Senaquerib (705/681 a.C.) en el 701 a.C. Esta vez, la represión fue especialmente brutal: deportaciones, saqueos y destrucciones. Algunos años después Assarhaddón hubo de enfrentarse con una nueva rebelión de Sidón y de su rey Abdmilkut (678 a.C.). Esta vez la ciudad fue arrasada y sus habitantes reducidos al estado servil, y sobre las ruinas se alzó una nueva urbe repoblada con caldeos y elamitas (remitimos a la historia de Asiria y Babilonia). Bajo el dominio babilónico, las revueltas fueron bastante frecuentes, siendo la más importante la de Tiro, que opuso a Nabucodonosor II una heroica resistencia que se prolongó durante trece años (587/574 a.C.), sucumbiendo sólo por falta de recursos. Su rey Ithobaal fue destronado y la población esclavizada.

* * *

Desposeídos ya de su antigua preeminencia, las ciudades fenicias prosiguieron su andadura por la historia. Su habilidad naval y sus escuadras las hicieron, en el 539 a.C., bajo el reinado de Ciro II «el Grande», parte importante del Imperio Persa. Bajo la hegemonía de Sidón, junto con Siria y Chipre, Fenicia formó parte de una satrapía, hasta su conquista por Alejandro Magno.

El dominio persa, durante mucho tiempo, se mostró flexible y tolerante, respetando usos y costumbres, religión y autoridades locales, dejando a los fenicios comerciar libremente, valiéndose de sus puertos habituales.

La enemistad entre persas y griegos favoreció a los fenicios —sus más serios competidores— que pusieron a disposición del imperio su flota, como se verá más adelante al tratar de las Guerras Médicas. Pese a tan buenas disposiciones, en la etapa final del mismo, cambió esta política de condescendencia por parte de los sucesores de Darío I (521/485 a.C.). Aprovechando que los persas estaban ocupados en reprimir las revueltas de Siria y, en especial, de Egipto (hacia el 380 a.C.) bajo el liderazgo de Tennes, rey de Sidón, los fenicios trataron de recobrar su independencia —egipcios y griegos prometieron ayudarles, cosa que no llegaron a cumplir—, sublevándose. Artajerjes III (464/424 a.C.) sitió, al frente de trescientos mil hombres, Sidón, apoderándose de la ciudad, entregándola al fuego y vendiendo a los supervivientes como esclavos.

En el año 332 a.C. aparece frente a Fenicia Alejandro Magno, tras el fin del Imperio Persa. Sidón capitula ante el macedonio; no así Tiro —ciudad clave en su avance hacia el interior— que resiste siete meses. «Con la presencia de Alejandro Magno un nuevo ingrediente, motor universal de la cultura, entra en el crisol del reinado de los cedros —comenta Romano Marún [131]—. La cosmovisión helénica empieza a introducirse en la estructura fenicia...». Los intelectos fenicios se acoplan al pensamiento griego, dejando obras literarias de proyección universal. *La penetración helénica es tan fuerte que dioses y lugares cambian de nombre, y en Sidón se establece una escuela donde se imparten lecciones de filosofía estoica.*

Al descomponerse el imperio de Alejandro, Fenicia pasó a formar parte del reino seléucida y tras su caída, en el 64 a.C., Pompeyo agrupó el primitivo solar fenicio en la provincia romana de Siria. Convertidos en importantes centros de la cultura grecorromana, Biblos, Sidón y Tiro (Beirut se reconstruye bajo el nombre latino de Julia Augusta Félix) mantienen el prestigio de grandes centros intelectuales hasta las postrimerías de la Edad Antigua.

---

[131] Héctor Romano Marún, 1985. Pág. 32.

Costa de Levante: *Fenicia y sus ciudades más importantes.*

CAPÍTULO XV
CULTURA Y ARTE FENICIOS

Hasta el primer tercio del siglo XX no se conocía gran cosa acerca del idioma y la escritura de los cananeos —antecesores de los fenicios—, tal vez por falta de materiales y por datos erróneos, procedentes de la Biblia, de autores clásicos o de la documentación de otros Estados del Próximo Oriente.

Los llamados «Seudojeroglíficos de Biblos», descubiertos entre 1929/1933 por Dunand en esta ciudad, son los más claramente silábicos con sus ochenta signos. La lengua es un dialecto semítico occidental, más próximo al futuro hebreo que el fenicio, y sobre su antigüedad se han planteado diversas opiniones: para unos datarían del siglo XVIII a.C. y para otros serían anteriores. Sea como fuere, para no extendernos, lo cierto es que en el siglo XV a.C. los cananeos estuvieron muy atareados experimentando diferentes sistemas de escritura, entre los que figuraba el cuneiforme, lo que sugería una clara influencia de los caracteres acadios (además, ambas escrituras progresaban de izquierda a derecha). Cabe pensar, por el corto número de sus signos, que tal escritura debía de ser ya alfabética o, en todo caso, fonética, según opinión de Cleator [132].

El alfabeto lineal aparece en torno al siglo XII a.C., un par de siglos después que el ugarítico, el más antiguo cuyos signos nos son totalmente conocidos (véase la *Historia de Ugarit*). Su carácter lineal debió ser impuesto, con toda seguridad, por su soporte —posiblemente papiro o piel—, tal vez por su situación geográfi-

---

[132] P. E. Cleator, 1986. Pág. 169.

ca. En la actualidad, desaparecidos aquellos soportes, si existieron, sólo subsisten los textos sobre materiales nobles que resisten mejor el paso del tiempo, como piedra y bronce.

El testimonio más antiguo conservado en la inscripción —derecha a izquierda— que aparece en la tapa del sarcófago del rey Hiram I de Biblos (contemporáneo de David y Salomón), actualmente en el Museo de Beirut, y cuyos signos perfectamente lineales testimonian a favor de la escritura sobre papiro.

> «Sarcófago que ha hecho Ittobaal, hijo de Ahiram, rey de Byblos, a Ahiram, su padre, como residencia para la eternidad.
> Y si un rey de entre los reyes o un gobernador de entre los gobernadores o un jefe del ejército sube contra Byblos y abre este sarcófago, que el cetro de su dominación sean sus restos mortales (?), que el trono de su realeza sea volteado y que la paz huya de Byblos, y para él, que su inscripción (funeraria) sea borrada por el filo de...» [133].

* * *

Debido a la estructura económica de los fenicios, *su breve alfabeto se convirtió en indispensable instrumento de trabajo en su actividad comercial,* por su facilidad de aprendizaje y utilización, puesto que cualquier escritura medianamente complicada, que requiriese más tiempo del preciso para su dominio, constituía la antítesis del espíritu fenicio... Además, un alfabeto, fácil de ser comprendido, les permitía, incluso, hacer publicidad en las muestras con que obsequiaban a sus posibles clientes. En un diminuto vaso de cristal, sin adornos, procedente de Sidón, aparecía la siguiente consigna publicitaria: ΜΝhCΟh ΟΑΓΟΡΑCΑC («Fabricado por Jasón; su comprador acuérdese de él»).

Cabe suponer que, en algunos países donde los fenicios establecieron sus factorías, se vieron precisados a emplear determinados elementos locales, como agentes o burócratas, tras iniciarles en la lectura, la escritura y el cálculo, lo que propició que los griegos, especialmente, recibiesen y adoptasen esta escritura.

El abecedario fenicio tenía veintidós signos consonánticos que, en términos generales, se correspondían con las veintidós primeras letras del alfabeto griego. Se ignora, sin embargo, en qué centro fenicio aprendieron los griegos este alfabeto. «La falta de consis-

---

[133] Miguel Ángel Molinero, 1985. *Selección de Textos.* Pág. VI (traducción de J. Starcky).

tencia en la dirección en que los griegos escribían confiere a la escritura griega primitiva una gran variedad de formas, pero unas inscripciones arcaicas de Tera y Rodas, por ejemplo, poseen formas bastante parecidas a las del sarcófago de Ahiram (o Hiram). La época en que los griegos empezaron a escribir alfabéticamente fue tal vez a principios del siglo XIII a.C. Hacia fines de este siglo, algunos vasos griegos con inscripciones y con adornos geométricos transmitieron a Italia formas alfabéticas» [134].

Lo principal de la invención de aquel alfabeto —por encima de cualquier otro sistema empleado hasta entonces— era la facilidad de ser aprendido, como hemos indicado, por lo que ya no era patrimonio de determinadas clases sociales minoritarias, los escribas o el clero, por ejemplo, pudiendo estar al alcance de cualquiera. La gran cantidad de grafitos que aparecen en los cacharros de la cerámica fenicia permite creer que una gran parte de la población —como ocurría entre judíos y arameos— sabía leer y escribir, aunque no lo hicieran correctamente.

«El alfabeto y el comercio dieron al Mediterráneo del primer milenio su primera unidad cultural —afirma Blanco Freijeiro [135]—. *No borraron con ello, ni atenuaron siquiera, las diferencias y peculiaridades de sus pueblos; pero contribuyeron, sí, y muy poderosamente, a relacionarlos entre sí y a incorporarlos al mundo civilizado.*»

* * *

Por todos los lugares que recorrieron, los fenicios conservaron su lengua y su escritura, si bien con el paso del tiempo surgieron las lógicas diferencias dialécticas en los distintos países en que se establecieron, por influencias de los naturales, tal vez. También se aprecian algunas diferencias en las letras, aunque leves, por estar éstas normalizadas.

Resulta, por lo demás, bastante curiosa la circunstancia de que, si bien el idioma fenicio desapareció en su país de origen, en beneficio del arameo y del griego, en sus antiguas colonias occidentales persistió de alguna manera. Todavía en el Bajo Imperio quedaban algunos indicios del mismo en el norte de África. En Cerdeña la lengua perduró mucho tiempo y —como señala

---

[134] *El despertar de la civilización*, 1963. Pág. 160.
[135] Antonio Blanco Freijeiro, Carlos González Wagner y Hermanfrid Schubart, 1985. Pág. 14.

Donald Harden [136]— algunos creen reconocer ciertos elementos fenicios en el maltés actual, que posee una base árabe muy fuerte.

La literatura fenicia, propiamente dicha —que la hubo—, no ha llegado hasta nosotros; tal vez, algunos restos subsistan en otras, como la bíblica. Habría que valerse de los textos ugaríticos y púnicos (por cierto, bastante escasos) de que hoy por hoy se dispone. A este respecto, escribe Harden: «Esta falta de literatura fenicia hace que los fenicios se presenten a nuestros ojos bajo una luz menos favorable de lo que podía haber sido» [137].

Del prestigio de Biblos en el campo cultural dieron buena cuenta los griegos al denominar «biblios» o «biblión» a los libros y «bibliotecas» a las colecciones y depósitos de libros.

En las ciencias, sin embargo, y al igual que ocurrió con otros pueblos del Próximo Oriente, no destacaron por su originalidad; aun así fueron excelentes ingenieros, arquitectos, constructores de buques, metalúrgicos y artesanos en general.

Durante la Segunda Guerra Médica, los persas se valieron de la destreza de los fenicios para que les ayudasen a abrir un canal en el istmo del monte Athos (véase la historia de la civilización persa), con la finalidad de resguardar su flota de la furia del mar.

Otro ejemplo de su talento lo constituyeron las obras de abastecimiento de agua a algunas de sus ciudades insulares. En Arad (o Arvad) aprovecharon la circunstancia de que entre su isla y la tierra firme había un manantial de agua dulce en el fondo del mar. Cubrieron éste con una cúpula de plomo para aislarle de las aguas del mar, y mediante una tubería de piel curtida recogían el agua en buques cisterna, dado que ascendía por su propia fuerza, llevándola desde allí a la ciudad. En Tiro abrieron un pozo en la costa y, mediante una cañería submarina, confeccionada con piezas de cerámica, hacían llegar el agua a los depósitos de la ciudad. Sin embargo, tan eficaces sistemas servían de muy poco en caso de guerra y asedio.

Poseían, además, excelentes conocimientos de astronomía, adquiridos, sin duda, de los babilonios, y se valían de las estrellas —especialmente de la Polar— para la navegación nocturna. Pese a su antigua rivalidad, los propios griegos reconocían que los fenicios eran los mejores marinos de su tiempo. Así lo afirmó el geógrafo e historiador Estrabón (63 a.C./20 d.C.): «Los hombres de Sidón siguen el rumbo más directo.»

---
[136] Donald Harden, 1985. Pág. 103.
[137] Ídem. Pág. 108.

Bajo el dominio romano, la filosofía estoica se estudia con profundo interés y en Tiro aparecen grandes figuras como Máximo, que fuera preceptor de Marco Aurelio; el geógrafo Marino de Tiro y los juristas Papiniano y Ulpiano. Además, en el año 222, el emperador Alejandro Severo funda en Julia Augusta Félix una famosa Escuela de Derecho, llamada «Legum Nutrix», que sería uno de los tres grandes fanales de la jurisprudencia romana.

* * *

«Jamás son los fenicios más evasivos que en su arte —afirma Harden [138]—. Es innegable que existieron y florecieron artistas fenicios por nacimiento y por cultura, *pero cuando intentamos distinguir sus creaciones artísticas y, más aún, definir las características del arte fenicio, chocamos con muchas dificultades.*» Esto se debe a que, como aventureros del mar y comerciantes que eran, mantuvieron contactos con todas las civilizaciones del Mediterráneo. Coexisten, pues, en su arte fórmulas y temas tomados de Egipto, unas veces, y de Mesopotamia y de Micenas, las otras. Por lo que su importancia en este ámbito se reduce fundamentalmente a su papel de agentes de enlace del mundo antiguo.

Carecieron de un tipo arquitectónico original y su imaginación plástica fue harto precaria. Entre sus escasas muestras conservadas puede citarse la torre funeraria de Amrit, de forma cilíndrica, con un primer cuerpo defendido por cuatro leones de frente; otros dos rematados por una fila de almenas escalonadas en relieve y coronándole con media naranja.

Notable importancia revisten los capiteles, que serían precedentes de los del estilo jónico clásico. El capitel chipriota es digno de mención por las influencias fenicias que acusa.

Poco queda de las ciudades fenicias; en ocasiones, sólo sus cimientos; aun así ha sido posible hacerse idea de su aspecto y métodos de construcción empleados. Tales ciudades, tanto de la metrópoli como de las colonias, salvo determinadas diferencias motivadas por su emplazamiento, por influencia de los pueblos vecinos o necesidades comerciales o defensivas, tenían mucho en común. Se encontraban fortificadas por doble línea de murallas, reforzadas a intervalos por torreones; la primera englobaba todo el perímetro urbano, y la segunda defendía la acrópolis o ciudadela, que constituía un reducto final en caso de asedio. Situadas

---

[138] Ídem. Pág. 157.

en promontorios costeros o en islotes próximos a las costas (caso de Cádiz, España, o de Motya, Sicilia), podían tener uno o más puertos para tener siempre sus naves resguardadas de los vientos. Solían contar, además, con un «cothon» o pequeño puerto artificial que se comunicaba, por medio de un canal, con el mar. La mayor parte de los edificios no se construían mediante plan alguno y el trazado de las calles era anárquico. Las casas podían tener una o varias plantas, y se disponían en torno a pequeñas plazuelas rectangulares, estando sus habitaciones organizadas en torno a un patio interior. Las viviendas de la gente acomodada gozaban de ciertas comodidades, disponiendo de un ingenioso sistema de conducción de aguas por medio de tuberías de barro empotradas en los muros.

Donde mayormente se pone de manifiesto el aspecto de las grandes construcciones fenicias es en la construcción del templo de Jerusalén. «Mal podría Salomón encontrar entre las gentes de su pueblo —simples beduinos hasta el día de ayer, como el que dice— artesanos y artistas capaces de levantar en honor a Jehová —en palabras de Blanco Freijeiro [139]— un templo digno del Dios de Israel y una ornamentación acorde con el mismo» (véase la historia del pueblo judío); por tal motivo, ni siquiera se molestó en intentarlo, recurriendo a su amigo el rey Hiram de Tiro, quien —como narra la Biblia— acudió diligente a su llamada.

Los templos fenicios, denominados «lugares altos» en el Antiguo Testamento, eran construcciones sencillas y consistían, básicamente, en un recinto abierto al aire libre con un altar destinado a la divinidad en su centro. En las colonias aparece otro modelo, de planta tripartita con sucesión de cámaras. Además, no faltaban en las ciudades pequeñas capillas y oratorios rectangulares, con una cámara interna, en la que se accede por una escalinata al altar de los sacrificios.

Se suponía que el dios al cual estaba consagrado el templo residía en aquel altar. Tácito cuenta que cuando Vespasiano fue a consultar al oráculo en el monte Carmelo, en Canaán, encontró que el sagrado recinto no contenía ninguna estatua, tan sólo un altar de piedra.

Junto a los templos y santuarios tradicionales, aparecen en las colonias, sobre todo, los «tofets», recintos cerrados en los que eran depositadas las ofrendas a los dioses, sacrificios de niños

---

[139] Antonio Blanco Freijeiro, Carlos González Wagner y Hermanfrid Schubart, 1985. Pág. 13.

—en línea con la antiquísima tradición cananea—, y que paulatinamente se fueron sustituyendo éstas por oblaciones rituales de pequeños animales: por ejemplo, corderos. Las cenizas de las víctimas se depositaban en urnas de barro en estos recintos, y sobre ellas se alzaban los altares de la consagración y las estelas.

* * *

«Se ha reprochado a los fenicios —y no sin fundamento— la falta de originalidad en su repertorio —así lo afirma Blanco Freijeiro [140]—. Parece, en efecto, evidente que nunca se preocuparon de crear e innovar en el campo del arte. *Esto se pone de manifiesto en el hecho de que nunca hayan tenido una escultura monumental digna de tal nombre.*»

Cuando quisieron disponer de piezas de calidad, como los sarcófagos antropoides (o sidonios), de los que Cádiz posee dos ejemplares —uno masculino, hallado en Punta de Vaca, en 1887, y otro femenino, exhumado en la calle Ruiz de Alda, en 1980—, se vieron precisados a recurrir a los escultores griegos establecidos en Fenicia. Por lo general, representan la cabeza del difunto (en ejemplares de los siglos V y IV a.C. se observan algunos detalles más), dejando el resto del cuerpo cubierto como una momia egipcia y terminado con un reborde aplanado que representa los pies.

Su forma nos sugiere que se trata de una imitación del arte funerario egipcio. En ellos se observa un claro estilo oriental, pero con una imprecisa huella helénica.

Y todo esto no aplicable solamente a las figuras humanas, con sus vestidos y tocados, sino también a las representaciones animales (caballos, leones, cabras o bueyes), de monstruos (esfinges o grifos).

Deidades y símbolos divinos aparecen moldeados según modelos extranjeros, ya sea de estilo egiptizante: el disco solar alado, el peinado de la diosa Hathor, los tocados y pelucas egipcios (como el pendiente de oro con el busto de la diosa Isis, procedente de Tharros, Cerdeña, y fechado entre los siglos VI y V a.C., por ejemplo), la actitud e indumentaria de los dioses asirios (estela de caliza, que representa al dios Baal sobre un león, de 1,70 m. de altura, procedente de Amrit, y datada hacia el siglo IX a.C.), y que constituyen los patrones determinantes de la iconografía fenicia, de la que abundan toda clase de obras.

---

[140] Ídem. Pág. 14.

Como escribe Antonio Blanco: «Ni siquiera en el campo de los amuletos se inventaron nada: el halcón de Horus, la vaca de Hathor, la leona de Sokhit, el cordero de Knouphis, la gata de Bastis, la serpiente naja, mantienen inmutable su fidelidad a Egipto» [141]. Sin embargo, es preciso advertir que tal fidelidad *obedece sólo a criterios utilitarios más a que servidumbre artística*. Y lo prueba el hecho de que cuando se incrementa su interés, más bien que su admiración, por el arte griego, los fenicios empiezan a imitarle (el Melkarte de las monedas gaditanas, por poner un ejemplo conocido, es prácticamente un Hércules griego) y acaban olvidándose de Egipto y Mesopotamia.

Fueron grandes maestros en el arte de la eboraria (trabajo del marfil), del que nos han llegado abundantes muestras, conservadas en diversos museos, especialmente en el British Museum, de Londres. Hubo una época en la que estos trabajos estuvieron en todo su apogeo y tenían cumplida representación en los palacios de los monarcas más poderosos del Próximo Oriente (remitimos a las descripciones de la ciudad de Samaria, en la historia del pueblo judío).

Relacionados con las piezas de marfil, pero pintados y no tallados, son los vasos decorados y los discos hechos de huevo de avestruz. Estas piezas, que, al parecer, no se hallan en Oriente, lo que no significa que no las hubiera, son muy abundantes, por el contrario, en las colonias del Mediterráneo occidental. En conjunto, sin embargo, si se tienen en cuenta las posibilidades que proporciona la hermosa y lisa superficie de estos huevos, cabría esperar de este arte un bastante mejor resultado artístico.

* * *

Fuero hábiles fundidores de bronce, tal como lo demuestran los hallazgos y los testimonios bíblicos relativos a las dos grandes columnas (Jakin y Boaz) del templo de Salomón, al gran depósito de agua preciso para las necesidades del templo, llamado «el Mar de Bronce», que con tanta precisión describe la Biblia, entre otras maravillas, incluyendo pequeños, pero hermosos, objetos decorativos o utilitarios, desde figurillas de dioses a navajas de afeitar, que frecuentemente eran también de cobre, decoradas con motivos egipcios y griegos, entre otros.

Al hablar de la joyería fenicia, hay que separarla de la bisute-

---

[141] Ídem. Pág. 14.

ría, cuyas piezas fabricadas en la propia Fenicia, y posteriormente en Egipto y Chipre, presentaban gran semejanza entre sí y eran llevadas en grandes cantidades por los comerciantes por la buena acogida que solían tener entre la clientela que no podía acceder a la joyería propiamente dicha, y que era la más numerosa.

La mayor parte de las joyas que han llegado hasta nosotros son de oro, ya que este metal resiste mejor el medio salino que ha ido, con el tiempo, recubriendo los yacimientos costeros. No obstante, por sí sola la orfebrería ha proporcionado abundancia de piezas, muchas de ellas de gran calidad artística y técnica, repartidas por diferentes museos.

Al igual que los marfiles, los cuencos de plata pura o dorada se encuentran en diversos lugares, como Chipre, Grecia o Italia, y no aparecen en Fenicia. Son cronológicamente algo más recientes que aquéllos, y podrían fecharse entre los siglos VIII y VII a.C. En tales cuencos puede apreciarse una mezcla de estilos, especialmente egipcio, asirio y algunos elementos griegos y fenicios (entre todos ellos cabe destacar el hallado en Amathus, Chipre, del siglo VII a.C., y actualmente en el British Museum). La calidad del mismo y la de otros ejemplares, como los de Praeneste (Italia), justifica plenamente la fama que ya en la época de Homero (siglo IX a.C.) tenían los artífices fenicios.

Entre las joyas de origen fenicio más famosas cabe mencionar el famoso «Tesoro de la Aliseda» (Cáceres), aun cuando todavía sea discutible si la totalidad de sus piezas —actualmente en el Museo Arqueológico de Madrid— son o no de origen fenicio, y que se datan entre los siglo VII al VI a.C.

En esta actividad no se conformaron los fenicios con repujar y grabar los metales preciosos, sino que aprendieron de los egipcios las técnicas del granulado y de la filigrana, perfeccionándolas hasta el extremo de que, tras aprenderlas de ellos, griegos y etruscos lograron alcanzar extraordinaria perfección. Idea de su habilidad como orfebres la proporciona el hecho de que hasta fechas muy recientes no se conocía del todo el secreto de la fabricación de aquellas esferillas, cuyo diámetro podía alcanzar la décima de milímetro, y cómo eran firmemente soldadas a la placa a la que estaban destinadas. «Este granulado —señala Blanco Freijeiro [142]— forma unas veces sartas que realzan motivos repujados; otras veces cubre motivos enteros o los dibuja él mismo como una mancha de polen (lo que los italianos llaman "granulazione a pul-

---

[142] Ídem. Págs. 13 y 14.

viscolo"). Tanto en un caso como en otro las joyas resultantes —broches, pendientes, brazaletes, medallones, collares, diademas— alcanzan una finura exquisita.»

* * *

Destacaron por sus labores en vidrio, al principio moldeado y desde la etapa helenística soplado; también confeccionaron amuletos y adornos de pasta vítrea. Al respecto comenta Pablo Virgili: «Parece ser que en determinadas épocas, en vez de la cristalería egipcia legítima o de la genuina cerámica griega, los fenicios ofrecían imitaciones fabricadas por ellos mismos, y a veces llegaban a mezclarlas con los productos verdaderos para engañar mejor a los compradores. *Hoy, incluso con los elementos de juicio de que disponemos, nos resulta a veces difícil de identificar si se trata de artesanía fenicia o bien de los productos legítimos que trataban de imitar*» [143]. Cabe mencionar la colección de vidrios fenicios conservada en el Museo Nacional de Beirut.

Aun cuando, por el momento, no ha sido hallada ninguna muestra que pueda atribuirse categóricamente a los fenicios de tejidos, sabemos que éstos eran de notable calidad y muy estimados. Para ello utilizaban lanas, bien de su propia cabaña, bien de Mesopotamia, y lino egipcio. No obstante, lo que más fama les dio en este ámbito fueron los teñidos con el jugo del «murex», en colores que iban del rosa al morado, siendo el más estimado el rojo, a los que los antiguos concedieron gran valor y denominaban «púrpura».

Fueron también excelentes ceramistas, aunque escasamente originales, tanto en los trabajos funcionales como en los adornos, como pueden ser vasos de varios brazos, estatuillas de dioses, pequeños recipientes y copas, máscaras, figurillas funerarias, cálices, incensarios, exvotos, etcétera, repartidos en diversos museos, entre ellos el Museo Nacional de Beirut.

---

[143] Pablo Virgili, 1956. Págs. 61 y 62.

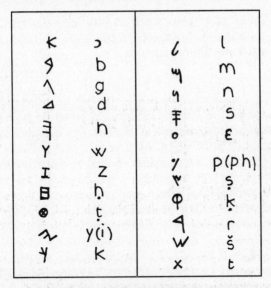

Alfabeto Fenicio.

COMERCIO FENICIO: *Príncipales puertos y colonias:* 1. Gades. 2. Carteia. 3. Malaka. 4. Sexi. 5. Abdera. 6. Ebusus. 7. Massilia. 8. Tharros. 9. Sulci. 10. Crotona. 11. Messana. 12. Panormos. 13. Motya. 14. Siracusa. 15. Gaulos. 16. Melita. 17. Bizancio. 18. Calcia. 19. Lesbos. 20. Focea. 21. Corinto. 22. Atenas. 23. Mileto. 24. Paros. 25. Rodas. 26. Pafos. 27. Arad. 28. Beirut. 29. Tiro. 30. Alejandría. 31. Leptis. 32. Tapsos. 33. Neápolis. 34. Cartago. 35. Utica. 36. Hippo Regius. 37. Igilgis. 38. Tingis. 39. Lixos.

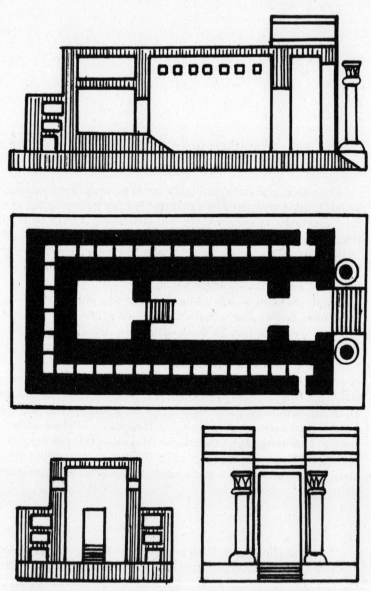

Templo de Salomón (Jesuralén), construido por arquitectos y artesanos fenicios.

LA ACTIVIDAD ECONÓMICA FENICIA

Aunque escasamente favorecida por la naturaleza del suelo, la actividad agrícola y ganadera era notable e inicialmente, mal que bien, aseguraba la alimentación y el suministro de lana. Con el paso del tiempo, sin embargo, surgieron dificultades para seguir manteniendo a una población en constante crecimiento, y se vieron precisados a importar cereales y ganado, que pagaban con sus productos industriales y artesanos.

«Aquí (en Fenicia) hay multitud de encinas, pinos, cipreses y, sobre todo, cedros. Ese soberbio árbol —en palabras de Romano Marún [144]—, de la familia de las coníferas, de grueso y notable tronco y ramas horizontales que, buscando el cielo, a veces alcanza alturas de hasta cuarenta metros...

... Con él construyeron sus primeras viviendas; con él decoraron sus palacios. Su preciosa madera, inalterable al contacto con la sal marina, despertó su ingenio. De su tejido vegetal salió la materia prima para esas naves que, cruzando de Oriente a Occidente el Mediterráneo y perdiéndose en el insondable misterio del océano Atlántico, *llevaron con sus mercaderías y sus negocios la civilización y la cultura al mundo antiguo, en su mayor parte bárbaro.*»

* * *

«El nacimiento de la Fenicia clásica se produce a partir del siglo XII a.C., tras el arrasamiento de Grecia y de la franja costera de Asia por obra de bárbaros y de los "Pueblos del Mar", y de la

---

[144] Héctor Romano Marún, 1985. Págs. 24 y 25.

desmembración del imperio y del Estado hitita a manos de los mismos o de otros agentes» [145].

En esta época se produce una auténtica revolución en la forma y modo de propulsión de las embarcaciones, y si bien resulta difícil saber cuántas innovaciones se deben a estos insignes navegantes, sí es posible afirmar que una buena parte de las mismas les pueden ser atribuidas con toda justicia, y sobre ellas nos extenderemos en el correspondiente capítulo.

Inicialmente, no había grandes diferencias entre las naves mercantes y de guerra; de hecho, casi eran la misma cosa. Posteriormente, las necesidades bélicas, por una parte, y las comerciales, por otra, produjeron diferentes tipos de embarcaciones, en las que se utilizaban de forma indistinta la vela y el remo; pero en un mar como el Mediterráneo, cuyos vientos no son muy fiables, la primera acabó perdiendo importancia, en beneficio del segundo. En general, los cargueros, aunque se parecían a las naves de guerra, carecían de armamento y su manga era algo mayor de lo normal, lo que permitía un aumento de espacio y de capacidad de carga. Por su forma más redondeada que la de sus propios mercantes, los griegos los apodaban «gaulós» (o «bañera»). En sus proas solían colocar, unas veces, mascarones en forma de cabeza de caballo, y otras, efigies de dioses, con fines propiciatorios, a los que Herodoto llamaba «pataikoí».

Hasta la hegemonía de Tiro la expansión fenicia no había ido más allá del Mediterráneo oriental: Egipto, Chipre, Asia Menor y las costas del Egeo. Bajo Tiro, sin embargo, los barcos fenicios llegaron a todo el Mediterráneo occidental y atravesando las Columnas de Hércules remontaron las costas europeas del Atlántico, hasta puntos difíciles de precisar, pero que bien pudieron llegar hasta las costas inglesas y el mar Báltico.

También en las costas africanas, más allá de Gibraltar, establecieron colonias. En Chipre disponían de factorías en Kitión, Idalión y Pafos, entre otras; también comerciaron con Cilicia, Rodas y Creta. En Egipto, sin duda por la antigüedad e importancia de sus relaciones, llegaron a disponer de instalaciones y muelles en sus principales puertos y barrios comerciales enteros en algunas ciudades; igualmente se extendieron a Sicilia (Palermo), Malta y Pantelaria, y en la costa norteafricana establecieron colonias en las Sirtes (Leptis), en Túnez: Hadrumentum, Utica (la más

---

[145] Antonio Blanco Freijeiro, Carlos González Wagner y Hermanfrid Schubart, 1985, Pág. 6.

antigua de la zona), Hippo (Bizerta). Además, mantuvieron relaciones comerciales con los etruscos y con Cerdeña, y también con Ebussus (Ibiza), con Tingis (Tánger) y Lixos, en las costas africanas del Atlántico (véase mapa).

«Con todo —añaden Ballesteros y Alborg [146]—, *sus más importantes colonias del Mediterráneo occidental estuvieron en España, que recibió de los fenicios, a través de sus amplias transacciones, importantes influencias culturales.*» En pos de los metales de la Península Ibérica, fundaron colonias en Tarsis, región de Andalucía, donde abundaba el cobre. Su principal y más antigua colonia fue Gadir (Cádiz), que no tardó en adquirir una importancia extraordinaria de gran ciudad (véase plano). Fundaron, además, entre otras, Malaca (Málaga), Abdera (Adra) y Sexi (Almuñécar).

En su búsqueda del estaño, llegaron hasta las islas Casitérides, que diversos autores sitúan en Galicia, la Bretaña francesa o el sur de Inglaterra. Alcanzaron también el golfo de Guinea. A lo largo del mar Rojo comerciaron con Saba (sur de Arabia) y Ofir (probablemente en la costa de Etiopía). Y si no directamente, sí mediante caravanas procedentes de Oriente, trajeron al Mediterráneo diversos productos y animales de la India.

«Su función era la de proveer servicios y bienes a sus poderosos vecinos y, dado su carácter marino y su idónea situación estratégica, pudieron actuar como intermediarios y organizar sistemas de intercambio regionales de los que supieron obtener ventajas considerables —afirma Gómez Espelosín [147]—. *La creciente demanda de sus poderosos clientes les forzó a buscar nuevas fuentes de aprovisionamiento en materias primas, con el ensanchamiento consiguiente de horizontes que ello supuso para el mundo de entonces, al integrar aquellos lejanos y desconocidos territorios, al menos sus zonas costeras, al orbe conocido.*»

Hazaña marinera sobresaliente fue la primera circunnavegación de la costa africana de que se tiene noticia, llevada a cabo por navegantes fenicios, contratados por el faraón Nekao II (XXVI Dinastía, siglo VI a.C.). Fue un largo periplo, que duró tres años: las naves partieron de un puerto del mar Rojo, bordearon la costa y regresaron, con el anuncio de que el mar bañaba todo el perímetro africano, salvo la franja de tierra que unía el continente negro con Asia, por el estrecho de Gibraltar. Tal proeza no sería

---

[146] Manuel Ballesteros y Juan Luis Alborg, 1973 (I). Pág. 91.
[147] Francisco Javier Gómez Espelosín, 1985. Pág. 10.

imitada por los europeos hasta fines del siglo XV, cuando los portugueses consiguieron, no sin dificultades, doblar el cabo de Buena Esperanza.

Antes que los griegos, los fenicios fueron —sin duda— los primeros traficantes bien organizados, que fueron tejiendo toda una red de factorías comerciales y colonias a lo largo de la cuenca mediterránea y se adentraron, más allá de sus límites, en las temidas aguas del Atlántico. En su búsqueda de recursos y materias primas —para desorientar a la competencia— se vieron precisados a guardar absoluto secreto respecto a sus rutas marítimas, propalando rumores tan espeluznantes como injustificados, unas veces, y recurriendo a la violencia, las otras, *especialmente a partir del siglo VIII a.C., en que su preponderancia fue desafiada por los griegos, sus más peligrosos rivales en el Mediterráneo.*

En el 814 a.C. fundaron en el norte de África la ciudad de Cartago, origen de un dilatado imperio colonial en el Mediterráneo central y occidental, cuyos intereses acabarían chocando con los de Roma y provocarían tres confrontaciones, las «Guerras Púnicas» (o Fenicias) (264/146 a.C.).

* * *

Al hablar del arte fenicio, nos hemos referido también, al menos parcialmente, a su producción industrial (término que debe ser aceptado con las debidas reservas) y artesanal, habida cuenta de que obedecían a la razón de que, *«aunque los fenicios tuviesen alguna inclinación artística, estaban más interesados en el precio que podían obtener de sus obras que en el arte por el arte»* [148].

Los textos más antiguos y los testimonios arqueológicos se combinan para mostrarnos que, al igual que todos los demás semitas, los cananeos fueron agricultores y ganaderos, visión que confirman los textos ugaríticos, y cuando se establecieron junto al mar, se dedicaron, por añadidura, a la pesca. Lo angosto de la franja de tierra cultivable hizo preciso complementar los recursos nacionales con importaciones de alimentos y ganado. Las prácticas agrícolas en aquellas tierras no experimentaron grandes cambios durante siglos, hasta fechas relativamente recientes. Sin perjuicio de procurarse provisiones y dedicarse al cultivo de frutos y

---

[148] Donald Harden, 1985. Pág. 191.

mieses, plantaban lino para los tejidos en la medida que su exiguo territorio lo permitía [149].

Precisamente fueron los fenicios los que llevaron a Occidente las posibilidades de fabricación del «garon» (griego) o «garum» (latín), o proceso de salazón del pescado, muy apreciado incluso ya en época romana, y que llegó a constituir una notable fuente de riqueza en el sur de la Península Ibérica.

En el capítulo de la ganadería destacaban el asno, para carga y tracción, el vacuno para carne y leche, así como las cabras y las ovejas. En cuanto al caballo, sólo era empleado para la caza o para la guerra, y nunca como animal de tiro. Se criaba también volatería, y la apicultura, como la única fuente de edulcorantes que era y por la cera, mereció especialísima atención.

* * *

La circunstancia de tener a su alcance los bosques hizo de los fenicios gentes expertas no sólo en construcciones navales, sino en toda clase de trabajos de carpintería y ebanistería, y los que vivían en las colonias occidentales hicieron otro tanto, siempre que tuvieron la madera a su alcance.

La madera fue muy usada en la arquitectura, aunque los fenicios no acostumbraban a construir sus edificios, grandes o pequeños, con ella. En lo que, sin duda, debía emplearse profusamente era en la viguería, en la decoración interior (remitimos al templo de Salomón) y en el mobiliario. Lamentablemente, se conservan muy escasas muestras de tales trabajos (sarcófagos, cofres, algunos muebles y muestras de escultura), que, junto con algunos modelos de caliza, procedentes de tumbas, pueden proporcionar una idea de su aspecto.

Fueron hábiles constructores, como hemos ido viendo, y cuando se instalaban en alguna parte buscaban la proximidad de buenos afloramientos rocosos donde abrir canteras. Las diferentes clases de piedra servían para construir murallas, edificios diversos, tumbas, sarcófagos y estatuas en general.

* * *

No es posible precisar gran cosa sobre la industria textil de los fenicios, aunque por las diferentes representaciones, tanto egip-

---

[149] En la economía agrícola fenicia, en segundo término —después de los cereales— aparecían la vid, el olivo, la higuera y la palma datilera.

cias como mesopotámicas, es posible hacerse una idea de cómo vestían, tanto más cuanto que éstas coincidían, en lo fundamental, con la propia iconografía fenicia.

Ocasionalmente, se encuentran en los sepulcros instrumentos para hilar y tejer, aparte de referencias a la actividad textil en los autores clásicos. Los indicios apuntan, empero, a que se trataba de una industria doméstica, nada o escasamente comercializada, aunque muy ocasionalmente fuera empleada mano de obra esclava en la misma.

Por el contrario, la industria del tinte estaba plenamente difundida en el mundo fenicio. Las ciudades de Tiro y Sidón fueron centros notables y, según parece, tal actividad era monopolio fenicio. La sustancia usada se extraía del «múrice», un molusco gasterópodo marino, univalvo, de branquias pectiniformes, que segrega un licor indispensable en esta industria, y actualmente casi extinguido por el exceso de explotación. En muchos lugares de Occidente se encuentran montones de tales conchas, lo que evidencia la existencia de esta industria desde muy antiguo. En las inmediaciones de Tiro y Sidón hay también restos de tintas y montones de conchas. Normalmente, se prefería establecer las factorías a sotavento de las poblaciones, por los malos olores que despedían.

* * *

El uso habitual del hierro se inició en Levante hacia el siglo XII a.C., en el momento en que los fenicios desarrollaban su independencia, y aunque sobran motivos para pensar que en el siglo X a.C. disponían ya del hierro, a través de los filisteos (véase el correspondiente capítulo), su fama de excelentes metalúrgicos se cimentó en sus labores con cobre, bronce y metales preciosos, ya mencionadas. Importaban los metales desde sus yacimientos, sin importarles ni la distancia ni las dificultades y, aunque no han llegado hasta la actualidad indicios de su tratamiento y explotación en parte alguna, se tiene bastante idea de las técnicas y materiales empleados, ya sea por los restos encontrados, por representaciones funerarias o por los antiguos textos, los bíblicos incluidos.

Las mismas consideraciones acerca de la alfarería, el vidrio, los esmaltes y el trabajo de marfil que hacíamos en el anterior capítulo son válidas en éste. La eboraria se complementó con el trabajo del hueso, material que, si no presentaba tan buen acabado, ni era tan estimado, resultaba —por ser más común y también más económico— apropiado para su empleo con fines decorativos y utilitarios, hasta el extremo de que, en ocasiones, no resultaba fácil distinguir a simple vista el hueso del marfil.

* * *

«Aunque el uso de la moneda comenzó en Grecia durante el siglo VII a.C., y era ya normal a principios del VI, los fenicios, a pesar de su olfato para el comercio, no la adoptaron tan pronto. *La antigüedad de sus tradiciones comerciales y sus frecuentes contactos con pueblos bárbaros, más primitivos, les hizo preferir el empleo del trueque»* [150].

Inicialmente sometidos al Imperio Persa, con sus «dáricos» y «siclos» acuñados especialmente para usarlos en sus dominios griegos del Asia Menor, y no deseando desarrollar ningún sistema monetario, principalmente por sus escasos contactos con el mundo griego, se mantuvieron sin innovación alguna hasta el siglo V a.C., en que aparecen las más antiguas monedas fenicias orientales, acuñadas por Tiro y, ya a principios de la centuria siguiente, por Sidón, Arad (o Arvad) y Biblos, coincidiendo con la creciente debilidad persa.

Aunque nada sabemos de la organización de las cecas fenicias, cabe pensar que su sistema debía ser similar al de las griegas y que tuvieron empleados a trabajadores griegos, de la misma manera que los diseños de sus monedas se parecen a las griegas de la época.

---
[150] Donald Harden, 1985. Pág. 145.

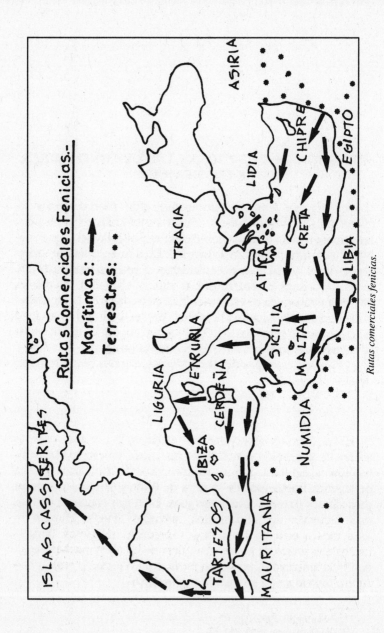

Rutas comerciales fenicias.

RELIGIÓN, INSTITUCIONES, USOS Y COSTUMBRES DE LOS FENICIOS

«La isla de Chipre ha sido un magnífico filón de restos arqueológicos correspondientes a diversos períodos de la historia. La colonia fenicia fundada por los comerciantes fenicios en Pafos erigió un templo dedicado a Astarté... Esculturas, quizá de sacerdotes, quizá de mercaderes acaudalados, son los más bellos de todos los objetos encontrados. Las narices alargadas, los rostros de barba puntiaguda de estas esculturas, nos dicen de la sagacidad e inteligencia de aquellos hombres. En sus ojos hay una cierta lujuria oriental; pero sus estrechos y apretados labios nos dicen de su temperamento mercantil que les hizo famosos...» [151].

¿Cómo era esta sociedad de marinos y mercaderes? ¿Bajo qué normas se regía...?

* * *

Hasta tiempos relativamente recientes, las únicas noticias acerca de la religión fenicia y de sus cultos procedían de textos babilonios, egipcios, griegos y, especialmente, bíblicos, así como de algunos fragmentos de la obra de Filón y Biblos, al parecer procedentes de autores más antiguos. Pero aun contando con los más recientes descubrimientos, advierte Donald Harden [152], «sabemos acerca de los cultos y prácticas religiosas fenicias menos que acerca de las de cualquiera de las otras muchas naciones de la antigüedad, *en buena parte debido a que la propia literatura fenicia no ha llegado hasta nosotros*».

---
[151] Pablo Virgili, 1956. Pág. 63.
[152] Donald Harden, 1985. Pág. 76.

Amén de esta consideración, al tratar de estudiar las creencias religiosas de los fenicios, al menos en Oriente, no siempre resulta fácil separar los elementos auténticamente fenicios de los procedentes de otras religiones. Las ciudades costeras permanecieron mucho tiempo bajo la influencia de Egipto, por lo que muchas figurillas culturales aparecen con ropajes y atributos inequívocamente nilóticos, y las deidades fenicias se equiparan en el sentir popular con sus semejantes egipcias. La propia arquitectura religiosa fenicia tomó mucho de Egipto, como puede apreciarse claramente en los motivos arquitectónicos que aparecen en estelas y altares fenicios, tanto en Oriente como en Occidente.

De modo similar, teniendo en cuenta los orígenes semíticos de babilonios y cananeos, hay influencias mesopotámicas, más en las prácticas del culto —como podemos ver en las escenas religiosas de los rollos de piedra— que en la arquitectura. Tampoco debieron faltar elementos egeos, procedentes de la época micénica, aunque no fue sino mucho después cuando empezaron a predominar los influjos griegos, tal como podemos apreciar no sólo en su arquitectura, sino en la estatuaria, objetos del culto y en los sarcófagos.

Llevaron sus creencias religiosas consigo a través del mar, y así, en Motya, en Cartago o en Gades se rendía culto a las mismas divinidades —aunque no siempre bajo idéntico nombre— y se llevaban a cabo iguales prácticas rituales que en su país de origen.

Mezcla de cultos racionales, orientales y egipcios, principalmente, la religión de los fenicios se distinguía por una serie de ritos sangrientos de misterioso significado y los sacrificios cruentos de seres humanos y animales. *Pueblo de marinos, mantuvieron, sin embargo, una religión especialmente vinculada a la vida agreste* (ningún dios propiamente marino aparece en el panteón fenicio). Como politeístas que eran, rendían culto a diversos dioses, aunque aquí —por razones de brevedad y espacio— nos ocuparemos solamente de los principales: Hadad (también llamado Baal, o sea «señor»), dios de la lluvia y del rayo, protector de la ciudad de Sidón; Alyan —para algunos su hijo—, que regulaba las aguas de los manantiales subterráneos; Melkart, protector de Tiro. Otras deidades eran: Isthar o Astarté, diosa del amor, de la fecundidad, de los astros y de la navegación; Mot, protector de la siega, y Adonis, deidad campesina que simbolizaba el ciclo de la vegetación, con la muerte y el renacimiento, cuyo culto llegó a alcanzar singularísima importancia, y en su honor se celebraron fiestas anuales, que concluían con exaltadas orgías.

Todos los días se ofrecían sacrificios a los ídolos (representados por estatuas, árboles o piedras sagradas). Los más sanguinarios exigían les fueran sacrificados los primogénitos (Levítico, 18-21; 1 Reyes, 11-5, ó 2 Paralipómenos, 28-3, donde se menciona este cruel rito, entre otros textos bíblicos) para ser arrojados al fuego. Del nombre de este sacrificio humano —el «molok»— los hebreos tomaron el del dios salvaje Moloch (o Molok).

A partir del dominio helénico, Melkart se convertirá en Hércules y Astarté en Afrodita, mientas que Baal adquirirá el nombre y la dimensión griega en Zeus. El fértil valle de Bakaá terminará cambiando sus antiquísimos ritos por el perfume de las vestales y los misteriosos mensajes de los oráculos, y Baalbek, antiquísimo centro del culto a Baal, pasará a llamarse Heliópolis y posteriormente Colonia Julia Augusta, donde se adoraba a Júpiter, Venus y Mercurio.

* * *

«Los escasos restos que nos quedan de los templos fenicios no son muy ilustradores (véase el capítulo correspondiente al arte). Podemos obtener una pequeña ayuda en su interpretación por medio de los modelos de capillas y de los altares de caliza basta empleados en los santuarios fenicios. También podemos hacernos una idea del aspecto de las fachadas y de los planos, siquiera sea en sus últimas manifestaciones, por los reversos de algunas monedas de época romana» [153].

Como ya hemos indicado, los fenicios no tuvieron grandes templos, sino que adoraban a sus deidades en los denominados «lugares altos», en capillas u oratorios, y en los «tofet» o lugares destinados al sacrificio de niños o pequeños animales, como sustitutos suyos. Todos estos lugares de culto precisaban no sólo de sacerdotes (también hubo sacerdotisas), sino de abundante personal auxiliar y burocrático. Los sacerdotes no sólo eran «ministros religiosos», sino que —por razón de su cargo— podían desempeñar funciones de magistrados. En ocasiones, la dignidad sacerdotal se transmitía de generación en generación, tal como se desprende de algunas inscripciones funerarias.

Por testimonios algo tardíos sabemos que solían oficiar (templo de Melkart, en Gades) vistiendo una sencilla túnica ajustada sin ceñir y cubiertos con un gorro. En otras representaciones (ya

---

[153] Ídem. Pág. 82.

de la etapa cartaginesa) aparecen con ropajes y tocados bastante más complicados, con evidencias de influencias egipcias, unas veces, y griegas, las más.

Aparte del personal auxiliar y administrativo, ya aludido, los templos dedicados a la diosa Astarté disponían de mujeres y muchachos destinados a la práctica de la «prostitución sagrada», especialmente en Oriente, aunque entre los púnicos existan algunas representaciones de estos «muchachos del templo».

No se conocen bien sus ideas acerca de la vida de ultratumba. La inhumación fue de uso fundamental en los sepelios fenicios, aunque —ocasionalmente— haya también indicios de incineración en las tumbas corrientes, costumbre que les llegó a través de las invasiones bárbaras del siglo XII a.C. y que se fue extendiendo por toda la cuenca mediterránea, hasta Cartago, donde se practicó hasta su definitiva caída, en el 146 a.C.

De todas formas, cualquiera que fuera el uso empleado, los fenicios gustaban de una buena sepultura, o al menos de un sarcófago, urna o cesta, siendo, por tanto, poco frecuentes los enterramientos en simples hoyos. Los sepulcros fenicios estaban bastante influidos por los modelos egipcios, incluso durante el dominio persa, en que se simplificaron. Se accedía a ellos por un pasillo en pendiente que enlazaba con un pozo vertical (véase plano), que daba a la cámara del sarcófago y el lugar destinado a las ofrendas, donde se guardaban algunos objetos utilitarios o artísticos (o, en su defecto, reproducciones de los mismos), que han permitido a los arqueólogos hacerse una idea del aspecto de éstos, en general.

Aunque preferían las tumbas excavadas en la roca, se conformaban con sencillas sepulturas en tierra, cuando aquélla no era fácilmente asequible, haciéndolo entonces en fosas poco profundas con sarcófagos normalmente monolíticos. En ocasiones, por temor a robos y profanaciones, no solían marcar los sepulcros, y la aparición de lápidas tumbales —por influencia de las costumbres griegas— no se produce hasta fechas bastante recientes.

* * *

Fenicia nunca llegó a constituir un Estado unificado, sino un conglomerado de ciudades y pueblos costeros, independientes entre sí y asentados bien en islas (como Tiro o Arad), bien en penínsulas (como Biblos, Sidón, Beirut o Cádiz). La prosperidad y el prestigio de estas ciudades-Estado se debió a la astucia y al tacto de sus gobernantes, cuyo cometido principal era la defensa de sus intereses, e incluso la supervivencia de su respectiva ciudad, frente a Estados de análogo poder o ante las grandes potencias.

«La estructura política fenicia es conocida sólo parcialmente, dada la escasez de documentos. Cada una de las ciudades tenía una organización monárquica, y en ocasiones la autoridad real era absoluta, pero lo más frecuente es que estuviera sujeta al control de otras fuerzas locales, como el sacerdote del dios patrono o como el consejo de ancianos o los magistrados representantes del derecho» [154]. *La jefatura del Estado,* por tanto, *la ostenta el rey en cualquier circunstancia, incluso en las de sumisión y vasallaje,* como acontece tras la incorporación de Fenicia a Asiria, Babilonia o Persia.

Estos monarcas tienen a gala el pertenecer a disnastías, levantan templos en honor de los dioses y, en su calidad de sacerdotes, desempeñan los actos rituales que les corresponden, y que venían ejerciendo sus antepasados. Así lo afirman inscripciones como ésta: *«Tabnit, sacerdote de Astarté, rey de los sidonios, hijo de Eshmunazar, sacerdote de Astarté, rey de los sidonios»* [155].

Desde la carta de el-Amarna (siglo XIV a.C.) tenemos frecuentes referencias a los reyes de las ciudades costeras fenicias. Tales monarquías, en principio, eran hereditarias, aunque ello no siempre fue así, ya se debiera a revoluciones internas o revueltas contra las diferentes dominaciones. *En un momento dado,* no obstante, *esta monarquía hereditaria cedió su puesto a un régimen oligárquico, cuando ya no cumplía sus fines.*

Al lado del rey aparece, con frecuencia, un personaje civil con el título de «gobernador de la ciudad», aunque, a veces, podía pertenecer al estamento militar.

Como ya hemos indicado, un consejo de ancianos, miembros de las más distinguidas familias de mercaderes, asesoraba al rey en sus deliberaciones y resoluciones, especialmente en las más delicadas; a partir del dominio persa llegaron a obtener un poder total. Seguramente en este grupo, que Diodoro de Sicilia estimaba compuesto por un centenar de consejeros, se encontraba la base del poder, conferido ocasionalmente a dos de sus miembros, dos magistrados anualmente elegidos, que recibían el nombre de «sufetes» (véase la historia de Israel).

---

[154] *Historia Universal Ilustrada,* 1974 (1). Pág. 71.
[155] Antonio Blanco Freijeiro, Carlos González Wagner y Hermanfrid Schubart, 1985. Pág. 6.

«Por todo esto —escribe Harden [156]—, podría parecer que entre los fenicios, en general, la clase mercantil adinerada manejó normalmente el poder del Estado, *pero ni en el Este ni en el Oeste tenemos noticias de inquietudes internas ni de rivalidades entre los ciudadanos de las diferentes clases sociales...*». A este respecto, añade Antonio Blanco: «El régimen, por tanto, parece un compromiso bien logrado entre una monarquía, como la de todos los pueblos del Asia Menor, y una oligarquía de probada solvencia económica» [157].

Esta poderosa clase social tendría recursos y organización suficientes para construir y mantener sus flotas, financiar las expediciones y establecer sociedades aseguradoras que cubriesen los muchos riesgos a que éstas quedaban expuestas en aquellas largas y peligrosas travesías, aun cuando se limitasen al verano la época de las más azarosas.

* * *

Las condiciones geográficas e históricas hicieron de los fenicios más marinos que soldados. Fenicia, sin embargo, se hallaba en el camino entre Egipto y las mejores tierras del Próximo Oriente, por donde circularon en una u otra dirección diversos conquistadores, a los que, no pudiendo resistir, hubieron de acatar y someterse, aunque, ocasionalmente, no abrieron las puertas de sus ciudades sin resistencias, a menudo heroicas, o llegaron a alzarse contra las dominaciones cuando éstas se hacían insoportables.

Como ya hemos señalado, sus ciudades estaban bien fortificadas y preparadas para resistir largos asedios. Pero según se fueron perfeccionando las tácticas poliorcéticas y el armamento, especialmente el arrojadizo, las defensas hubieron de reforzarse con doble o triple muralla, casamatas, fosos y empalizadas, a fin de disminuir los efectos de éstas.

Se poseen escasísimas noticias de sus actividades guerreras terrestres, y menos aún de su organización militar, aunque se sabe mucho más sobre sus flotas. No debe olvidarse que todas las potencias importantes con las que tuvieron relación fueron básicamente terrestres, y cuando éstas precisaban organizar una escuadra, requerían a los fenicios para que aportasen embarcacio-

---

[156] Donald Harden, 1985. Pág. 73.
[157] Antonio Blanco Freijeiro, Carlos González Wagner y Hermanfrid Schubart, 1985. Pág. 6.

nes y hombres. Así, cuando Sargón II atacó Chipre, los solicitó, y también lo hicieron los persas. Darío los empleó en su guerra contra los jonios, y en la batalla de Salamina (Segunda Guerra Médica), en la flota de Jerjes había gran número de trirremes fenicios, cuyas tripulaciones llevaban armamento ligero. Herodoto menciona el curioso detalle de que en el contingente fenicio hubiera tres jefes: Tetrasmnesto de Sidón, Mattan de Tiro y Marbal de Arad, en lugar de un único almirante. Los fenicios lucharon, frente a los atenienses, en el ala izquierda y, como en ellos era habitual, se las arreglaron para salir bien librados aun dentro de la derrota.

Durante siglos los buques de guerra eran simples transportes de gentes armadas (guerreros y marineros) que combatían con idénticas armas y tácticas que en las batallas campales y, como hemos dicho, no se diferenciaban gran cosa de los mercantes. Las circunstancias fueron propiciando una serie de innovaciones, siendo, sin duda, la más importante el viento del espolón (parte saliente y reforzada que sobresalía de la proa), sobre el siglo VIII a.C. «Se ha dicho que ésta es una invención fenicia —aclara Harden [158]—, pero se ha visto algo muy semejante en los barcos representados en una hoja de puñal de bronce antiguo de Dorak, en Frigia, y esto confirma la visión más reciente de que se trata de una invención egea tomada por los fenicios o los micénicos.»

Al hacerse preciso aumentar el número de remeros para conseguir mayor velocidad y, por tanto, mejores resultados al embestir al adversario, y descartada la solución de alargar las naves, se optó por superponer los bancos de remos, intercalando uno entre cada dos de los ya existentes, quedando, pues, algo más alto que aquéllos.

Éste fue el origen del birreme. Los remeros del orden superior apoyaban sus largos remos en la regala (tablón que forma el borde de las embarcaciones), mientras que los otros, algo más cortos, se accionaban a través de unas portas abiertas a lo largo del tablón. Hacia el siglo VI a.C., con la invención de la postiza (obra muerta para poner los remos) se llegó a la añadidura de un tercer orden de remeros y a la creación del trirreme. A su vez, y para protegerse de ataques piráticos, los cargueros fueron adoptando idéntico sistema de propulsión.

* * *

---

[158] Donald Harden, 1985. Pág. 112.

De costumbres muy afables, los mercaderes fenicios no dudaban en instalarse en los países vecinos, aprendiendo su lengua y tratando de adaptarse, en lo posible, a sus costumbres; así establecían relevos seguros y fructíferos para sus compatriotas y se aseguraban el recibimiento favorable en las escalas. Sus establecimientos, a medida que van prosperando, participan en el desarrollo económico de estos países, llegando a ser indispensables intermediarios. *Cada ciudad* —como hemos tenido ocasión de ver— *se erigía en reino libre para comerciar según sus conveniencias.*

Como veíamos en el capítulo anterior, al hablar de la actividad económica, la agricultura y la ganadería, pese a que el suelo no estaba muy favorecido por la naturaleza ni por su extensión, revistieron bastante importancia, aunque no bastaron para alimentar y vestir a la población. En las ciudades-Estado funcionaban activamente los astilleros y los talleres artesanales: tejedores y teñidores de púrpura (baste decir que un gramo de esta materia llegó a equivaler a diez de oro [159], según Romano Marún), ceramistas, orfebres y perfumistas, junto con pequeños comerciantes y pescadores.

Aunque se posee muy poca información, se sabe que entre las clases altas y bajas debía existir un considerable abismo social y económico en lo que a vivienda y nivel de vida se refiere. «No sabemos —indica Harden [160]— si este abismo persistió en las épocas más recientes a que nos referimos ahora, mas si fue así debió referirse más a las diferencias entre los ciudadanos propiamente dichos y los súbditos o, más aún, los esclavos.»

La esclavitud, a la que se accedía por compra, cautividad, nacimiento o rapto («Odisea», XV, 414/453), pese a la escasez de datos no debía diferir gran cosa de lo que hemos venido diciendo sobre el área sirio-palestina y debía ser relativamente tolerable, especialmente en los períodos de mayor auge económico.

---

[159] Héctor Romano Marún, 1985. Pág. 28.
[160] Donald Harden, 1985. Págs. 73 y 74.

CRONOLOGÍA FENICIA

Fechas a.C.	Hechos históricos, político-económicos y culturales
3000	El Levante mediterráneo está poblado por semitas, que, procedentes de Arabia, han llegado —desde Mesopotamia y Siria— allí. En la Biblia se les llama cananeos, pero sus descendientes, siglos más tarde, serán llamados fenicios por los griegos.
2700	Fecha probable de la fundación de la ciudad-Estado de Tiro, en la costa mediterránea.
2200	Fecha aceptada de la fundación de Berito (actual Beirut).
1700	Textos protocananeos de la antigua Palestina, tal vez alfabéticos. Probable fecha de los denominados «Pseudojeroglíficos de Biblos».
1680	Los hicsos —pueblo nómada— en su avance hacia Egipto imponen su supremacía en Siria y Fenicia.
1480	La XVIII Dinastía egipcia (reinado de Tutmosis III) extiende su dominio sobre las ciudades-Estado fenicias.
1209	La ciudad de Sidón es invadida y destruida por los filisteos (que forman parte de los «Pueblos del Mar»).
1150	Al decaer el poder egipcio, los fenicios acceden a la independencia, hasta el año 857 a.C.
1100	Hegemonía comercial fenicia en el Mediterráneo: exportación de cobre, maderas, vino, aceite de oliva, tejidos y la famosa púrpura. Primeras inscripciones conocidas en el alfabeto lineal consonántico.
1000	Fructíferas relaciones entre el monarca Hiram I de Tito con los reyes David y Salomón, de Israel.
900	Los fenicios extienden por el Mediterráneo su alfabeto, precursor del actual.
814	Fundación de Cartago (norte de África) por exiliados fenicios a los que la dominación asiria resulta insoportable.
800	Notable actividad fenicia en el sur de la Península Ibérica. Centros comerciales de Malaka y Abdera.
678	La ciudad-Estado de Sidón se alza contra los asirios. Cruel represión.
608	Fenicia bajo el dominio babilónico.
539	Dominio persa con relativa autonomía, hasta el 380 a.C., en el que la ciudad de Sidón trató de recuperar vanamente su independencia.
359	Artajerjes III pone sitio a la ciudad-Estado de Sidón, que resiste hasta el 338 a.C.
332	Fin del Imperio Persa: Fenicia bajo el dominio de Alejandro Magno.
64	Cneo Pompeyo, llamado «El Magno», incorpora Fenicia a la provincia romana de Siria.

CRONOLOGÍA COMPARADA

Fechas a.C.	Situación	Hechos históricos y culturales
3000	Zona del Egeo	La civilización cretense comienza a utilizar los metales, mientras que en la Grecia continental todavía se mantienen las formas neolíticas.
	Caucasia	Agricultura mixta con trashumancia, al norte del Cáucaso.
	Egipto	I Dinastía. Comercio con Oriente. Expediciones al Sudán. Escritura jeroglífica, grabada en monumentos.
	Grecia	Cultura de Dímini (Tesalia).
	Próximo Oriente	Surgen en Mesopotamia las primeras monarquías, que acabarán siendo hereditarias. Se inician las rivalidades entre las ciudades-Estado.
2852	China	Fecha en la que suele iniciarse la historia de este país, con la mención de unos legendarios gobernantes.
2800	Próximo Oriente	Primeros documentos escritos en Sumeria por el sistema cuneiforme.
2700	Península Ibérica	Cultura de Los Millares (Almería).
	América del Norte	Objetos de cobre, procedentes de las tierras que rodean el lago Superior (Canadá-EE.UU.), lo que no significa que los nativos conocieran la metalurgia.
2664	Egipto	III Dinastía. Se establece la capital en Menfis. Relaciones con la ciudad fenicia Biblos. Imhotep construye la «pirámide escalonada» de Saqqara, para el rey Djeser. Edificación de mastabas para los súbditos cerca de las tumbas reales. Esculturas de piedra.
	Próximo Oriente	Auge de las formas de vida urbana en Mesopotamia.
2500	India	Florecimiento en el valle del Indo de una notable civilización, similar a la de Egipto y Mesopotamia: agricultura, ganadería, ciudades, comercio y escritura.
	Próximo Oriente	Los asirios —probablemente procedentes del Cáucaso— empiezan a establecerse a orillas del Tigris.
2200	Egipto	VI Dinastía. Relaciones comerciales con Biblos. Aumenta la anarquía interna, debido a las actividades de la nobleza, especialmente durante el reinado de

Fechas a.C.	Situación	Hechos históricos y culturales
		Pepi II. Los nomarcas (gobernadores provinciales) se hacen construir monumentos funerarios en sus dominios.
	Próximo Oriente	Destrucción del Imperio Acadio. Gudea, príncipe de la ciudad sumeria de Lagash, protector de las artes.
	Zona del Egeo	Floreciente civilización cretense: uso del bronce, hermosas joyas y vasijas de piedra.
	América del Sur	En el actual territorio del Perú se inicia el cultivo de la habichuela y de la calabaza.
2100	Europa	Aparición de los primeros vehículos de ruedas y arados elementales. Grandes sepulcros megalíticos.
2000	América del Norte	Primeras notas de la Cultura Bat Cave (oeste de los EE.UU.). Recolectores-cazadores. Cultivo del maíz.
	Europa	Se generaliza el uso del bronce.
	Anatolia	Procedentes del sudoeste de Europa, los hititas se establecen en esta región y fundan sus primeras ciudades-Estado, entre ellas Hattusas.
	Península Ibérica	Cerámica levantina. Enterramientos megalíticos en Granada y Almería.
1990	Egipto	Monarcas autoritarios y poderosos de la XII Dinastía. Capital en Ity-Taui. Grandes obras de irrigación en El Fayum. Esplendor cultural. Período clásico de la literatura. Templos y estatuas de proporciones colosales. Desarrollo del arte del retrato.
1800	Próximo Oriente	Los amorreos (pueblo semita nómada) fundan en Babilonia una dinastía cuyo poder se extendería por toda Mesopotamia, bajo Hammurabí.
	China	Cultura de «Yang-Shao» y de «Lung Shao», a lo largo del curso superior e inferior del Hoang-Ho.
	Europa oriental	La rama índica de los indoeuropeos atraviesa el Cáucaso, mientras que la irania pertenece al norte del mismo.
1766	Siberia occidental	Cultura de Andronovo en la estepa: agricultura mixta, más sedentarizada.
1700	Próximo Oriente	Babilonios y asirios compilan los escritos científicos de los sumerios. Jacob

Fechas a.C.	Situación	Hechos históricos y culturales
		y los suyos parten de Canaán hacia Egipto.
1600	China	Aparece una forma de escritura-pintura, que ya contiene los elementos precisos para indicar su pronunciamiento.
1500	Egipto	Reinado de la faraona Hatshepsut (XVIII Dinastía). Lujosas tumbas en el valle de los Reyes. Los templos funerarios se construyen separados del edificio central.
	Península Ibérica	La ganadería y la agricultura determinan las formas de vida económicas.
	India	Invasión de los arios, que ocupan el Punjab (parte superior del valle del Indo) e introducen la religión védica, un idioma indoeuropeo y el sistema de castas.
1480	Egipto	XVIII Dinastía. Reinado de Tutmosis III. Relaciones diplomáticas y comerciales con Chipre, zona del Egeo, Anatolia —los reyes hititas Zudabtas y Huzziyas, tributarios del faraón— y Babilonia. Fase de máxima gloria del Imperio Nuevo. Los hurritas son vencidos en Meggido. Los súbditos se entierran en sepulcros excavados en la roca en Tebas y otros lugares.
1400	Próximo Oriente	Los comerciantes de Ugarit —ciudad situada al norte de Biblos— utilizan un alfabeto cuneiforme consonántico semítico. Escritura hurrita cuneiforme silábica.
	Italia	Civilización de los «Terramares», al norte del país.
1300	Península Ibérica	Cerámica de la etapa final del bronce: meseta Central y valle del Guadalquivir.
1200	Próximo Oriente	Asiria rechaza los repetidos ataques lanzados por los hititas. Los filisteos se instalan en el litoral de Palestina, y los arameos en Siria.
	Península Ibérica	Penetración de migraciones indoeuropeas. Primeras incursiones de fenicios y griegos. Final del bronce y comienzos del uso del hierro.
1100	Próximo Oriente	Nuevo período de decadencia babilónica. Tiglatpileser I lleva a Asiria a una

Fechas a.C.	Situación	Hechos históricos y culturales
		notable etapa de hegemonía hasta su muerte.
	Península Ibérica	Asentamientos fenicios en Cádiz.
1000	*América Central*	Florece en el golfo de Méjico la civilización Olmeca. Construcción del centro religioso de La Venta.
	América del Sur	Primeras manifestaciones en los actuales territorios de Perú y Bolivia de la cultura Chavín (nombre de un pueblo agricultor que rendía culto a una deidad felina).
	India	Los arios comienzan a extenderse por la llanura del Ganges. Aparece el brahmanismo estricto: predominio de la casta sacerdotal.
970	*Próximo Oriente*	Salomón, rey de Israel. Se inician las obras del templo de Jerusalén.
900	*Europa*	Difusión del uso del hierro. Las necesidades bélicas obligan a la construcción de fortificaciones.
	Próximo Oriente	Inicio de la fase de mayor esplendor del Imperio Asirio, que durará cerca de tres siglos. Progresivamente, toda Mesopotamia, Siria, Palestina, Fenicia y Egipto caen en su poder.
800	*Grecia*	Desarrollo del alfabeto moderno con vocales.
753	*Italia*	Fecha de la legendaria fundación de Roma por Rómulo y Remo. Inicios del período monárquico.
664	*Egipto*	XXVI Dinastía. Se logra la independencia respecto a los asirios. Eclipse del culto a Amón. Comercio con Fenicia y Grecia, merced a una gran flota. Se emprende la reconstrucción de Tebas y de otros lugares. Se promueve el estudio del pasado. Renacimiento de las artes y oficios.
650	*Italia*	Expansión etrusca.
612	*Próximo Oriente*	Medos y babilonios arrasan Nínive. Final del Imperio Asirio.
610	*Grecia*	Se difunde el uso de la moneda metálica, acuñada en la Grecia continental.
600	*Península Ibérica*	Sarcófagos antropoides de Cádiz.
539	*Próximo Oriente*	Ciro II, tras apoderarse de Babilonia, permite a los judíos el regreso a su patria, que pasa a formar parte del Imperio Persa.

Fechas a.C.	Situación	Hechos históricos y culturales
479	China	Fallece el pensador y político Confucio.
449	Roma	Promulgación de las «Doce Tablas» que codifican el derecho consuetudinario.
400	Sur de Rusia	Relaciones comerciales entre los escitas y las ciudades griegas; contactos con celtas y tracios.
340	Egipto	XXX Dinastía. El soberano persa Artajerjes III derrota a Nectabeno II, el último faraón nativo, y el país es ocupado de nuevo por los persas, hasta el año 332, en que es liberado por Alejandro Magno.
	Noroeste de Europa	Piteas, griego de Marsella, explora los mares del noroeste de Europa, llegando hasta Escandinavia.
300	América Central	Las tribus zapotecas crean una civilización en el lugar denominado monte Albán (valle de Oaxaca, Méjico).
197	Egipto	Se graba la famosa «Piedra de Rosetta» (XXXI Dinastía).
	Grecia	Los romanos derrotan a Filipo V de Macedonia, imponiendo su dominación en todo el país.
44	Roma	Asesinato de Julio César.
24	Roma.	Octavio se convierte en emperador, asumiendo el título de Augusto. Fin de la República y comienzo del Imperio.

Fechas d.C.	Situación	Hechos históricos y culturales
70	Próximo Oriente	Tito, hijo del emperador Vespasiano, destruye la ciudad de Jerusalén.
161	Roma	El filósofo Marco Aurelio llega a emperador.
200	India	Desintegración progresiva del país, que se divide en numerosos reinos.
	China	El confucianismo se convierte en la religión oficial, por lo que algunos emperadores perseguirán al budismo.
212	Roma	Caracalla concede la ciudadanía romana a todos los hombres libres del imperio.
222	Roma	El emperador Alejandro Severo funda en Julia Augusta Félix (Beirut) una famosa Escuela de Derecho.

II
El pueblo hebreo

CAPÍTULO XVI

EL PUEBLO HEBREO: DE LOS ORÍGENES HASTA LA MONARQUÍA

Pertenecen los hebreos al gran tronco semita y, como todos sus hermanos de raza, tuvieron su más que probable origen en los desiertos de Arabia. Durante el Paleolítico, estas tierras fueron lugares de abundantes lluvias y vegetación feraz; pero al producirse, al principios del Neolítico, los grandes cambios climáticos —a los que hemos aludido— y sobrevenir la paulatina desecación de estos territorios sus habitantes emigraron en sucesivas oleadas hacia el Norte, ya fuera en dirección a Mesopotamia (acadios) o hacia Siria (amorritas).

La partida de las tribus hebreas no puede precisarse cronológicamente, pero cabe situarla poco después de las emigraciones de acadios y sumerios. Probablemente marcharon unidos a los arameos y llegaron hasta el norte de Siria, alcanzando la región de Harrán. Desde allí descendieron hasta Summer y se establecieron en tierras de Ur, ya muy semitizadas. Tuvo lugar este último acontecimiento a finales del tercer milenio a.C. *Vivían hasta entonces los hebreos como nómadas y pastores, organizados en régimen patriarcal, mandados por jefes a la vez religiosos y guerreros.*

* * *

«La Biblia, única fuente de que disponemos sobre los comienzos del pueblo de Israel, no señala las causas políticas y económicas que impulsaron a Abraham a abandonar la ciudad de Ur, pero otras fuentes accesorias nos permiten suponer que Mesopotamia sufrió el impacto de incursiones enemigas que arrasaron todo a su paso, obligando a varias tribus semitas a desplazarse hacia el Norte» [161]. La larga permanencia de este patriarca en las regiones de Ur y de Harrán hizo que su hijo Isaac tomara por esposa a Rebeca, hija de Betuel, «arameo de Paddam Aram» —en los tiempos en que se producía el tránsito de la vida nómada a la sedentaria, que extraía su sustento del trabajo de la tierra—, afianzándose todavía más el parentesco del pueblo hebreo con los arameos, mediante las nupcias de Jacob con Lía, Raquel y las esclavas de éstas, Zilpá y Bilhá. La mezcla de sangre aumentó con el matrimonio de Judá con una cananea y con su adulterio con Tamar, que lo era también. Por otra parte, la descendencia de José, Manasés y Efraim, procedía de Asenat, hija de un sacerdote egipcio. *Era, por tanto, Israel, desde sus orígenes, un pueblo mestizo, tal como lo proclama Ezequiel:* «... y di: Esto dice el Señor, Yavé, a Jerusalén: Eres por tu tierra y por tu origen cananea, tu padre es un amorreo, tu madre una hetea...» (16-3).

Según el Antiguo Testamento, un buen día Abraham (coetáneo de Hammurabí, siglo XIX a.C.) oyó la voz del Ser Supremo, que le ordenaba abandonar la ciudad de Ur. Salió, pues, el patriarca de Mesopotamia con todos los suyos y recorriendo los oasis del desierto sirio penetró (véase mapa) en la región de Canaán, donde los hebreos se relacionaron con los pueblos allí establecidos, como los amonitas, los moabitas, los edomitas y sobre todo con los cananeos, que fueron posiblemente los más antiguos habitantes semitas de estas regiones, hacia las cuales se habían encaminado desde Arabia al tiempo de la partida de los hebreos. En una etapa de escasez marchó Abraham a Egipto (durante la XII Dinastía, reinado de Senusret I), donde residió algún tiempo y, cuando las cosechas mejoraron, regresó después (Génesis, 13-3). Algunos de sus sucesores —todavía en una fase de transición— trashumaron nuevamente hacia Harrán temporalmente, lo que evidencia que éstos siguieron practicando una vida de peregrinación y vagabundaje.

Jacob, nieto de Abraham, adoptó el sobrenombre de Israel, «el que ha combatido con Dios», y desde entonces los miembros de su tribu fueron conocidos como «hijos de Israel» o «israelitas». Las circunstancias forzaron a Jacob a abandonar Palestina, ya que, como dice el Antiguo Testamento, «el hambre apretaba de recio en el país», marchando a Egipto con los suyos.

---

[161] Max Wurmbrandt y Cecil Roth. 1987. Pág. 5.

Entre las Dinastías XIII y XIV, el Imperio Egipcio sucumbiría no sólo por sus vicios seculares, sino por una serie de grandes acontecimientos, consecuencia de las migraciones indoeuropeas, caracterizadas por la invasión del Irán, por bandas arias, y de Babilonia, por las cassitas. Como una reacción en cadena, las tribus nómadas fueron desplazándose hacia el Sur, huyendo de las devastaciones. Grupos semitas se instalaron en el límite oriental del delta, donde los faraones toleraban la presencia de colonos de las regiones semidesérticas. Al principio se fueron infiltrando pacíficamente y luego, cuando advirtieron la debilidad del Estado egipcio, mediante la conquista militar, llegaron a hacerse con el poder. Es probable que en esos sucesos se vieran implicados los descendientes de Abraham.

Cuando los hicsos penetraron en Egipto, los hebreos debieron hacerlo también, tal como se vislumbra de ciertas evidencias arqueológicas y de antiguos textos, hacia el siglo XVII a.C., mezclándose con otros pueblos, instalándose en las ricas tierras de trigo de la región de Goshem, en la parte oriental del delta, y adoptando las costumbres sedentarias de los egipcios, donde permanecieron alrededor de seis siglos.

* * *

Cuando los hicsos fueron expulsados por la XVIII Dinastía, fundadora del Imperio Nuevo, los hebreos continuaron allí, pero fueron tratados con desprecio, por sus concomitancias con los aborrecidos invasores, y, dado que habitaban una zona fronteriza, se les consideró peligrosos para la seguridad del país. A fin de vigilarlos mejor y evitar cualquier posibilidad de colaboración entre ellos y los enemigos del exterior, se les redujo al estado servil y se adoptaron severas medidas para prevenir su multiplicación. Se les encomendaron los más duros trabajos, entre los que destacan las grandes construcciones de la época de Ramsés II. La Biblia narra extensamente los sufrimientos padecidos entre los egipcios. Con el tiempo se produjo entre ellos un movimiento de retorno a Canaán, especialmente a partir del Tratado de Qadesh (véase la historia de Asiria en este libro). Si existió una relación de causa efecto [162], es difícil determinarlo.

Finalmente, su dirigente, Moisés —hijo de Amram, de la tribu de Leví—, consiguió, superando grandes dificultades, que el faraón Baenré Meneptah (hacia 1225/1215 a.C.) los dejase marchar.

---

[162] *Historama*, 1965 (I). Pág. 94.

Bajo la dirección de Moisés y agrupados en torno a él, atravesaron el mar de los Cañaverales, al sur del actual canal de Suez, y alcanzaron la península del Sinaí, logrando burlar la persecución del faraón, enojado por la perdida de tan abundante mano de obra barata. Si se concede crédito a los textos bíblicos, en aquellos casi seis siglos, el reducido grupo de unas cuantas docenas de personas que habían acompañado a Jacob, se había acrecentado hasta formar un ejército de más de seiscientos mil hombres (útiles para la guerra), sin contar con mujeres, niños, ancianos e impedidos, ni la totalidad de la tribu de Leví (Números 1-46/49), al iniciarse el Éxodo.

Moisés supo dotar a los suyos de una sabia organización política y religiosa. La aceptación del monoteísmo y de reglas de vida muy severas no se hizo sin fricciones, al preferir determinados elementos rendir culto a dioses extraños (como el Becerro de Oro, de origen egipcio, Éxodo, 32). Pero la vida en común, durante cuarenta años, en el inhóspito desierto de Neguev acabó por cimentar el pueblo judío (véase mapa) y su número fue creciendo, hasta el punto de hacerse preciso encontrar un país más adecuado para alimentarlos a todos, por lo que se dirigieron hacia el norte de Canaán, tras haber vagado por el desierto y superando constantemente toda clase de adversidades.

Cuando Moisés murió, tras poder contemplar la Tierra Prometida desde la cumbre del monte Nebo, los israelitas acampaban en las llanuras de Moab, frente a la ciudad de Jericó (hacia el 1200 a.C.), estableciéndose sus doce tribus en la región conocida como Palestina. Con el paso de los siglos, las distinciones entre las diversas tribus semitas fueron desapareciendo merced al intercambio comercial y a los matrimonios mixtos. Tan sólo los hebreos, debido a su particular religión, se mantuvieron separados de sus vecinos.

* * *

Las primera noticias escritas acerca de los hebreos (fuera de las bíblicas) provienen de los archivos de el-Amarna, durante el reinado de Amenofis IV (principios del siglo XIV a.C.). Se trata de unas trescientas cartas, escritas por régulos vasallos del faraón sobre tablillas de arcilla en caracteres cuneiformes, cuyos redactores habitaban en Palestina. En éstas se describía el estado del país, sus dificultades y sus guerras, con el fin de solicitar ayuda. En algunas se alude a nómadas belicosos que con bastante frecuencia hostigaban las ciudades del país: los «appiru». «... el jefe de los appiru se ha levantado en armas contra las tierras que mi señor el faraón me concedió... Yo y Abbu Eba luchamos contra los appiru... que me han robado. Ruego a mi señor, el faraón, me envíe ayuda y guerrearé contra ellos a fin de recuperar las tierras que me entregó» [163].

No faltan autores que consideran que los citados appiru son ya los hebreos. Si esta afirmación fuera cierta, como parece, en estos tiempos los hebreos, o parte de ellos, serían en estas fechas tribus seminómadas, dedicadas a la depredación de las poblaciones sedentarias de la zona sirio-palestina. Como clásicos nómadas del desierto nada tiene, por tanto, de particular que en épocas de escasez buscaran acomodo en las fértiles llanuras del valle del Jordán. *«Ahora bien, aunque su presencia en esta área queda recogida en la documentación de la cancillería egipcia del siglo XIV a.C., seguramente no se establecieron en los valles de Palestina* —opinan Camino y Santacana [164]— *hasta el siglo siguiente.»*

La ocupación de Palestina por estos appiru o hebreos no fue, en modo alguno, resultado de una única invasión. Debió efectuarse, sin duda, en varias etapas, aprovechando la debilidad militar del poder egipcio, especialmente en los años que van del paso de la Dinastía XVIII a la XIX. «De una u otra forma, no obstante, lo que sí parece probable es que en el siglo XIII a.C. ya estuvieran definitivamente establecidos: el faraón Merneptah (o Meneptah) cita al "pueblo de Israel" como a uno de los vencidos en su breve campaña de Palestina del año 1230 a.C.» [165].

* * *

Hacia la segunda mitad del siglo XIII a.C. se consiguió, probablemente, la penetración en la Tierra de Canaán, habitada por pueblos semitas organizados en pequeñas ciudades-Estado. Si bien consiguieron someter con relativa facilidad a los habitantes de los campos, los hebreos se hallaron frente a la resistencia de las ciudades fortificadas, que, aun rodeadas por el pueblo de Israel, subsistieron durante algún tiempo.

Esta invasión habría que inscribirla, por tanto, en el conjunto de las eternas luchas entre los nómadas de las montañas y, en

---

[163] María Camino García y Joan Santacana, 1991 (2). Pág. 23.
[164] Ídem. Pág. 24.
[165] Ídem. Pág. 25.

especial, de los desiertos, contra los habitantes de las ciudades, campesinos y comerciantes, de hábitos y cultura sedentarios. *Precisamente, en la época en que estos hechos se desarrollaron abundaron esta clase de turbulencias en las que se reproducían los mismos mecanismos de invasión y saqueo.*

Los incidentes de la conquista y ocupación, a falta de mejores textos y fehacientes pruebas arqueológicas, están relatados en los Libros de Josué (el sucesor de Moisés) y de los Jueces, que cubren el período comprendido entre la conquista de Jericó (segunda mitad del siglo XII a.C.) y el final de la judicatura de Helí, hasta los inicios del período monárquico (hacia el 1050 a.C.).

Combinando los datos de estas fuentes, se deduce que la ocupación de la Palestina cisjordánica por los israelitas se llevó a cabo, en primer término, por una acción conjunta de todas las tribus bajo el mando de Josué y, en una segunda fase, por el esfuerzo de cada tribu para someter los enclaves cananeos, situados en su respectivo territorio, y que resistieron durante algún tiempo, por lo que el país fue conquistado paulatinamente y a lo largo de varias generaciones. Debe tenerse en cuenta, así mismo, la circunstancia de que algunos grupos hebreos —tal vez tribus del Norte— que permanecieron en Palestina, al emigrar Jacob a Egipto, y que podían ser los citados appiru, se incorporaron de buen grado, en el momento de la conquista, al pueblo de Israel.

En contacto con los cananeos, los recién llegados transformaron rápidamente sus hábitos de pastores nómadas en agricultores sedentarios. No obstante, sobrevivió el sistema tribal característico de su antigua organización: estas tribus —en número de doce, según los textos bíblicos— constituyeron la base de la estructura de los territorios ocupados. «Antes de morir, Josué distribuyó el país entre las doce tribus; nueve tribus y media tribu de Manasés se radicaron —escriben Wurmbrandt y Roth [166]— en Canaán occidental, y dos tribus y la otra mitad de Manasés retornaron a Transjordania y se radicaron allí, según un acuerdo con Moisés.»

En el reparto del país conquistado correspondió a las tribus de Judá y Simeón el territorio sur de Jerusalén, del que podía considerarse como capital la ciudad de Hebrón, adjudicada a Caleb; a la casa de José —Efraim y Manasés—, la región montuosa central, en derredor de los santuarios de Siquén y Siló; a la tribu de Benjamín tocó una zona situada entre los territorios de los hijos

---

[166] Max Wurmbrandt y Cecil Roth. 1987. Pág. 20.

de Judá y los de José; a la tribu de Dan se atribuyó un distrito comprendido entre las de Judá, Benjamín y Efraim, del que hubo de emigrar posteriormente para establecerse en el Norte, junto a las fuentes del Jordán, en las faldas del monte Hermon; correspondió a la tribu de Aser una franja del litoral mediterráneo, entre el monte Carmelo y la frontera de Tiro; a las de Zabulón e Isacar, gran parte de la llanura de Esdrelón, entre el monte Tabor, los montes de Gelboé y el Jordán; a la de Neftalí, el territorio comprendido entre el atribuido a Aser, el lago de Genesareth y el límite del de Zabulón; finalmente, a la de Rubén, el territorio situado al este del mar Muerto, al norte de Moab (véase mapa). En este reparto, la tribu de Leví nada recibió, ya que fue dedicada al sacerdocio.

El dominio de Palestina por los israelitas, tras la muerte de Josué y durante el período de los Jueces, se vio con frecuencia amenazado no sólo por la persistencia de los enclaves cananeos, ya aludidos, que tras las murallas de sus ciudades se mantenían independientes, llegando a derrotar a los hebreos, como lo hiciera Jabín, rey de Jasor (Jueces, 4), sino por las incursiones de los pueblos limítrofes, especialmente los filisteos, que, como puede verse en el capítulo correspondiente, destacaron por su agresividad. *Fue esta feroz lucha el factor que hizo madurar la unidad nacional de Israel.*

***

Por los textos bíblicos sabemos que entre los siglos XII y XI a.C. los hebreos formaban una especie de alianza o confederación de las doce tribus, basada en vínculos religiosos, de carácter muy inestable, por tanto. En realidad se trataba de tribus de pastores nómadas, que no podían constituir un verdadero Estado, ya que carecían de gobierno central, de capital y del más incipiente aparato administrativo, y en donde cada tribu gozaba de una gran independencia. La autoridad estaba en manos del Consejo de Ancianos, presididos por el sumo sacerdote, y en caso de guerra eran convocados todos los hombres capaces de esgrimir las armas.

Cuando surgía alguna grave emergencia, era preciso recurrir a determinadas personas dotadas de un ascendiente especial, denominadas «sophet» (o «jueces»), cuya autoridad solía cesar al conjurarse la amenaza, de la misma forma que las uniones provisionales acababan por disolverse. Según el Antiguo Testamento, el número de estos Jueces fue de quince, entre los que merecen citarse Josué, Gedeón, Jefté, Sansón, la poetisa Débora y Samuel, figura de gran envergadura, una de las cumbres de la historia de Israel. Durante estos años, las tribus aún no eran claramente monoteístas, tal vez influenciadas por las creencias de los países vecinos.

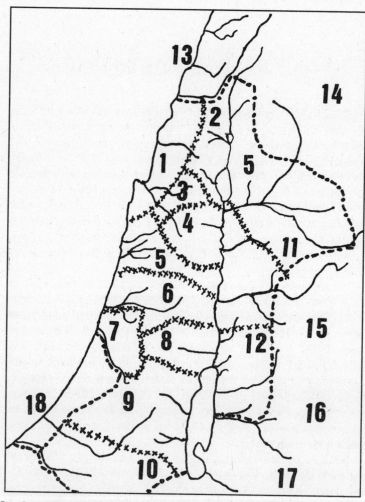

Las doce tribus de ISRAEL: 1. Asser. 2. Neftalí. 3. Zabalón. 4. Isacar. 5. Manasés. 6. Efraim. 7. Dan. 8. Benjamín. 9. Judá. 10. Simeón. 11. Gad. 12. Rubén. 13. Fenicios. 14. Sirios. 15. Amonitas. 16. Moabitas. 17. Nabateos. 18. Filisteos.

DE LA MONARQUÍA A LOS ROMANOS

«La amarga experiencia había enseñado a las tribus hebreas que sólo la unificación del pueblo bajo un mando fuerte era capaz de asegurar la existencia e independencia del pueblo. Samuel, fiel al ideal teocrático —afirman Wurmbrandt y Roth [167]—, veía en esa exigencia una traición al Dios de Israel y un reto a su gobierno supremo sobre el pueblo. Temía también que Israel se alejara de su forma peculiar de vida y se asimilara. *De ahí que en un comienzo se negara a responder al deseo del pueblo, pero presionado por las circunstancias, cada vez más críticas, retiró su oposición y ungió a Saúl, hijo de Kish, de la tribu de Benjamín, como primer rey de Israel.*»

Nació, pues, la monarquía (1050/587 a.C.) de la necesidad de hacer frente a la presión de los diferentes enemigos, especialmente los filisteos, combinándose en su institución por Samuel, el último de los Jueces, la iniciativa del pueblo y la de Yavé (I Samuel, 8/10). El carácter carismático de tal elección no excluía la infidelidad del monarca a los principios de la ley mosaica, lo que motivaría numerosas y frecuentes intervenciones de los profetas para reprocharles sus desviaciones del camino recto en los campos religioso, moral y político. La historia de esta etapa figura en los libros de Samuel, *Reyes* y *Crónicas*, perteneciendo a la misma muchos de estos profetas.

Saúl, su primer soberano, se enfrentó a enormes resistencias por parte de la facción todavía fiel al antiguo sistema de las tribus independientes. Sus sucesores, David y Salomón, lograron consolidar una efímera monarquía al derrotar a los filisteos y

---

[167] Max Wurmbrandt y Cecil Roth. 1987. Pág. 23.

someter a todos los pueblos que habitaban en aquella zona. En realidad, el establecimiento de un Estado hebreo relativamente grande —llegaba hasta Damasco— fue posible merced al vacío de poder creado por las convulsiones de tiempos pasados. Cuando éstas cesaron, la independencia del pequeño reino se vio amenazada seriamente, hasta su posterior conquista. *Por ello, el esplendor del Estado judío sólo pudo darse cuando Egipto se hallaba debilitado y Asiria aún no había alcanzado su enorme poderío militar.*

El Estado judío, unificado bajo Saúl y la dinastía de David, tuvo una vida muy corta. Con Salomón (971/931 a.C.) esta monarquía, ya asentada en Jerusalén, alcanzaría su máximo apogeo, ampliándose la ciudad con numerosos edificios, entre ellos los palacios reales y, sobre todo, con la construcción del célebre Templo, su más grandiosa obra arquitectónica, cuya fama perduraría a través de las generaciones, testimonio del poder del Estado y del rey.

En los últimos años del reinado de Salomón, cuyas obras públicas y lo fastuoso de su corte requerían la aplicación de elevadísimos impuestos, que abrumaban al pueblo, se produjo un serio malestar general, a duras penas contenido, hasta el punto de iniciarse una rebelión a cuya cabeza se puso Jeroboam (uno de sus hombres de confianza), instigado por el profeta Ajías de Silo (I Reyes, 11).

* * *

A la muerte de Salomón, resurgieron las antiguas tensiones entre las tribus del Norte y del Sur, especialmente cuando Roboam, el nuevo rey, se negó a aliviar la severidad de la política de impuestos y de trabajos forzados aplicada por Salomón, y el país se dividió en dos reinos: el de Israel, que tuvo por capital a Samaria y que comprendía diez tribus del Norte, y el de Judá (con las de Judá y Benjamín), centrado en torno a Jerusalén y su Templo. El primero no tardó en caer en la idolatría, mientras que el segundo, aunque con ciertos intervalos idolátricos, permaneció fiel al monoteísmo, lo que agravó las diferencias entre ambos.

El reino de Israel «era no sólo el más grande de los dos, sino que era económicamente más próspero y políticamente más importante; pero sufría, no obstante, de una desventaja fundamental. *Ninguna de las casas reales que asumieron el poder pudo lograr el prestigio místico de la Casa de David. De ahí que no gozara de estabilidad interna y el poder pasara de mano con frecuencia»* [168].

Por estas y otras circunstancias, el reino del Norte hubo de apoyarse constantemente en Egipto y Fenicia, con cuyo auxilio consiguieron los israelitas cierta preponderancia, que nunca llegó a ser plenamente eficaz por las sangrientas luchas de sucesión (hubo nueve dinastías, algunas de las cuales tuvieron brevísima existencia) y las querellas religiosas, que se prolongaron durante casi los dos siglos de existencia del reino. «Sin embargo —indican Ballesteros y Alborg—, tuvo lugar entonces el florecimiento de los profetas, que en su afán de fijar y concretar los dogmas contra la idolatría producen una literatura sin igual, de enorme trascendencia para la historia del mundo» [169].

Menos rico e importante, el pequeño reino de Judá, aunque nunca estuvo libre de sobresaltos, tuvo una existencia bastante más apacible que la de Israel. Además, gozaba de una notable estabilidad interna, ya que desde sus orígenes hasta el final el trono estuvo siempre ocupado por miembros de la misma dinastía, y «tan fuerte era el sentimiento del pueblo por ella, *que, aun después de la caída del reino, la esperanza de restauración nacional se centró siempre en torno a la figura del Mesías* (el rey ungido) *de la Casa de David»* [170].

Judá, a fin de contrarrestar el poder de Israel, mantuvo alianzas con los arameos de Damasco, aunque vivió prácticamente supeditado al dominio de Israel —lo que no le proporcionó más que desventajas— hasta su destrucción por los asirios.

De esta suerte, el pueblo hebreo quedaba atrapado entre los dos grandes bloques de poder, Asiria y Babilonia. Salmanasar III (858/824 a.C.) derrotó a una coalición de pequeños Estados costeros, entre los que se hallaba Israel, que, pese a su gran esfuerzo militar, fue vencido. Su nieto, Adadnirari III, lanzó de nuevo su poderío contra estos pequeños Estados e impuso fuertes tributos a los israelitas. Tiglatpileser III sometió a Israel y Judá, pero Israel no tardó en sublevarse, provocando (véase la historia de Asiria) las campañas de Sargón II, quien deportó a Nínive a muchos de ellos, conocidos desde entonces como «las diez tribus perdidas de Israel».

En una losa situada en la entrada del palacio real de Dur-

---

[168] Ídem. Pág. 30.
[169] Manuel Ballesteros y Juan Luis Alborg. 1987 (I). Pág. 98.
[170] Max Wurmbrandt y Cecil Roth. 1987. Pág. 35.

Sarrukin puede leerse: *«Sargón, vencedor de Samaria y de todo Israel»*. Y en otro texto se añade esta descripción de los hechos: *«Asedié y conquisté Samaria. Me llevé al cautiverio veintisiete mil doscientas noventa personas que en ésta habitaban y me apoderé de cincuenta carros de guerra que tenían. Al resto de los habitantes les dejé recuperar sus pertenencias. Establecí mi gobierno sobre ellos y les impuse el mismo tributo que el rey anterior»* [171]. Los cautivos fueron reemplazados por colonos babilonios y medos, que se mezclaron con la población local, y sus descendientes fueron los «samaritanos» que mencionan los textos bíblicos.

Veinte años después, los asirios fijaron su atención en Judá; sin embargo, aunque consiguieron tomar y saquear varias ciudades, no consiguieron apoderarse de Jerusalén, que cayó el 27/28 de julio del 586 a.C., tras largo asedio, en manos de Nabucodonosor, rey de Babilonia. Resultaron arrasados la ciudad y el Templo, y muchos de sus habitantes fueron deportados a Babilonia, donde permanecieron en cautividad. Trató, sin resultados, de organizar a la población que permaneció en Judea, lo que no consiguió por la acción de los elementos más extremistas.

* * *

«Nabucodonosor llevó a Babilonia todos los utensilios de la Casa de Dios, grandes y pequeños; los tesoros de la Casa de Yavé y los del palacio del rey y los de sus jefes. Quemaron la Casa de Dios, demolieron las murallas de Jerusalén, dieron al fuego todos sus palacios y destruyeron todos los objetos preciosos. A los que habían escapado a la espada llevólos Nabucodonosor cautivos a Babilonia, y allí le estuvieron sujetos a él y a sus hijos hasta la dominación del reino de Persia, para que se cumpliese la palabra de Yavé pronunciada por boca de Jeremías, hasta que la tierra hubo reposado sus sábados, descansando todo el tiempo que estuvo devastada hasta que se cumplieron los setenta años» (II Paralipómenos, 36-18/21).

No se sabe con exactitud el número de judíos deportados, aunque —en su mayor parte— debían ser miembros de las clases dirigentes, pese a conocer los nombres y profesiones de algunos de éstos. Sabemos, por ejemplo, que los herreros —a causa de su habilidad para fabricar armas— fueron muy solicitados. En las

---

[171] María Camino García y Joan Santacana. 1991 (2). Pág. 58.

tablillas babilónicas se citan judíos procedentes de las ciudades fenicias y filisteas, junto con algunos elementos egipcios, medos, persas, lidios y griegos.

Durante estos setenta años, una parte del pueblo judío vivió en tierras de Babilonia, muy diferentes a las de su país natal, y aunque muchos acabaron acomodándose satisfactoriamente en estas tierras fértiles, organizándose en comunidades e, incluso, enriqueciéndose, la mayoría no pudieron olvidar jamás su patria, si bien tampoco tuvieron ocasión para olvidarla, ya que una sucesión de profetas (Amós, Elías, Isaías y Jeremías, entre otros) no dejaron jamás de reprocharles la tendencia al conformismo y a dejarse llevar por los refinados modos de vida de sus vecinos paganos... «Los últimos profetas, Ezequiel, Daniel y Zacarías, no son ya, como sus predecesores, vehementes y amenazadores que intervienen en los asuntos políticos. Éstos meditan, estudian en un ambiente cosmopolita, textos sagrados de otros pueblos, e introducen en el judaísmo gran número de novedades» [172].

La destrucción del Imperio Caldeo por Ciro «El Grande» (539 a.C.) supuso la liberación del pueblo judío y permitió su regreso a Jerusalén, la reconstrucción de la ciudad y del Templo y el que pudieran reorganizar su labor bajo el mandato de la culta, tolerante y resplandeciente civilización persa.

Consecuente con esta política de conciliación y pacificación, en contraste con las de asirios y babilonios, Ciro publicó un decreto en favor de los exiliados judíos, lo que provocó un gran entusiasmo entre los cautivos, pero el número de repatriados no debió exceder de los cincuenta mil, ya que muchos prefirieron quedarse en su nuevo país, donde estaban firmemente arraigados. La empresa fue llevada a cabo por Sheshbassar, y poco después por Zorobabel, miembros ambos de la Casa Real de Judá, a los que encomendó la restauración de su pueblo y el restablecimiento de las instituciones del pasado. Estos judíos, incorporados a una satrapía persa, gozaban de amplia autonomía social y religiosa con la única obligación de pagar unos impuestos.

Merecen citarse las actuaciones de Nehemías —personaje judío que llegó a desempeñar la satrapía en tiempos de Artajerjes I— y las del sumo sacerdote Esdras, autor de una profunda reforma religiosa. Gracias a los esfuerzos de ambos, y a las generosas contribuciones de la comunidad de Babilonia, se concluyeron las obras de restauración del Templo y de las murallas de

---

[172] *Historama*, 1965 (I). Pág. 152.

Jerusalén, aunque jamás volvió a tener el esplendor del primitivo, ya que se habían demorado —por las intrigas de los samaritanos— algunos años (hacia el 515 a.C., durante el reinado de Darío I).

* * *

La aparición de Alejandro Magno y el fin del Imperio Persa cambiaron por completo el aspecto del Próximo Oriente. En su marcha hacia Egipto, el macedonio ocupó Palestina y, aunque no es probable que visitara Jerusalén, como relata Flavio Josefo, tampoco puede negarse. Permitió a los judíos la práctica de su religión y regirse por sus leyes ancestrales y les eximió del pago de impuestos cada séptimo año, por tratarse del «año sabático» en el cual no puede cultivarse la tierra.

«Las condiciones en que los judíos vivirían más adelante eran completamente distintas a las que existían hasta ese momento. Palestina se convirtió en un objeto para la penetración de la cultura griega, que imprimió un fuerte sello en las costumbres judías» [173].

Por espacio de más de un siglo Palestina estuvo sometida a los Ptolomeos de Egipto, que fueron en general muy tolerantes, incluso protegieron a sus súbditos judíos, por cuya cultura llegaron a interesarse, como lo demuestra la famosa traducción griega de los textos bíblicos, conocida como la «Versión de los Setenta» (auspiciada por Ptolomeo II Filadelfo).

Desde sus comienzos la dinastía seléucida de Siria puso en duda el derecho de los Ptolomeos sobre Palestina, lo que originó su guerra entre descendientes de los generales de Alejandro (218/198 a.C.), que concluyó con la derrota de los egipcios. Y aunque, al principio, los nuevos dominadores siguieron la política tolerante de los antecesores, estimularon el proceso de helenización más activamente que aquéllos, con el consiguiente malestar de los más conservadores; pronto cambió la situación tras la muerte de Antíoco III «el Grande». Su sucesor, Seleuco IV (187/175 a.C.), trató —sin conseguirlo— de apoderarse de los tesoros del Templo de Jerusalén, y bajo el reinado de su hermano Antíoco IV Epifanes (175/164 a.C.) la situación llegó a su punto crítico, al tratar de helenizar por todas las formas posibles a la población, sin reparar en medios.

Valiéndose de los colaboracionistas, pretendió, primero, adap-

---

[173] Max Wurmbrandt y Cecil Roth. 1987. Pág. 53.

tar la religión judía a sus deseos y, al no conseguirlo, levantó en el 168 a.C. un altar a Zeus en el Templo de Jerusalén y prohibió —tras profanarlo y saquearlo— el culto judío. Estos lamentables hechos dieron lugar a una rebelión popular, dirigida por Matatías «el Hasmoneo», un anciano sacerdote, que con sus hijos Judas, Jonatás y Simón, llamados «Macabeos», se enfrentaron a fuerzas que les superaban mucho en número y armamento, llegando a derrotarlas, mientras concertaban alianzas con Roma, hasta que fueron muertos, bien en combate, bien mediante la traición. Juan Hircano (135/104 a.C.), hijo de Simón, fue el primer monarca de la Dinastía de los Hasmoneos (o Asmoneos), quien por algunos años —amargados por las rivalidades entre las poderosas sectas de los fariseos y saduceos— consiguió llevar el reino a una altura no alcanzada desde los tiempos del Cisma.

Le sucedió su hijo Aristóbulo I (104/103 a.C.), el primer asmoneo que tomó abiertamente el título de rey. «El hecho de que adoptara un nombre heleno y que los autores griegos lo llamaran el filoheleno, es sintomático de un fenómeno extraño, aunque frecuente. *Los hasmoneos, que entraron en la historia como los campeones de la lucha contra el helenismo y ganaron fama inmortal por su valiente defensa del judaísmo y los valores de su pueblo, acabaron rindiéndose a la influencia helénica*» [174].

Muerto sin sucesión, le sucedió su hermano Alejandro Janneo (103/76 a.C.), casado —según la ley judía— con Salomé Alejandra, la viuda del difunto monarca. Sus campañas, no todas acompañadas por la suerte, y su despótico régimen le privaron del apoyo de gran parte del pueblo. Se ensañó con los fariseos, aunque al final de su vida recomendó a su mujer que se reconciliara con ellos.

Alejandra (76/67 a.C.) gobernó con prudencia y energía, logrando mantener su reinado por medios pacíficos. Su reinado supuso un corto período de paz y prosperidad. A su muerte estallaron las rivalidades entre sus hijos, Hircano y Aristóbulo II (67/63 a.C.), que condujeron —apoyado el primero por los saduceos y el segundo por los fariseos y el oportunista idumeo Antípater— a la guerra civil y a la intervención del general romano Cneo Pompeyo, llamado «el Grande», quien resolvió la cuestión apoderándose de la capital y sometiendo Judea.

* * *

---
[174] Ídem. Pág. 62.

Desde entonces Judea estuvo gobernada por meros satélites de Roma, como el príncipe Idumeo Herodes «el Grande», hijo de Antípater, que había accedido a la antigua familia real por su matrimonio con Miriam, nieta de Hircano (37/4 a.C.), quien embelleció Jerusalén, restauró el Templo y realizó importantes obras, algunas de ellas al estilo romano. No supo, sin embargo, conquistar el favor del pueblo —quien veía en él a un usurpador— y acabó su reinado gobernando tiránicamente.

Después de su muerte, los romanos pusieron fin a la monarquía y repartieron el país entre sus hijos Arquelao, al que dieron el título de etnarca, y Antipas y Filipo, que hubieron de conformarse con el de tetrarcas, mucho más modesto. Los hechos acontecidos bajo los sucesores de Herodes se reflejan en los textos del Nuevo Testamento.

Tras la muerte de Filipo y el destierro de Arquelao, los romanos asumieron el control directo del país, mediante procuradores, de entre los que destacan Valero Graco y el tristemente famoso Poncio Pilato. Ambos habían provocado el descontento entre el pueblo al abusar de sus poderes y tratar de intervenir en la elección del sumo sacerdote y en otros asuntos internos, con escasísimo tacto y menor sentido estatal.

Se produjo una grave inquietud cuando el emperador Calígula pretendió imponer el culto a su persona y colocar su efigie en el Templo de Jerusalén. El filósofo judío de Filón de Alejandría marchó a Roma para tratar de disuadirle, pero el asesinato del tirano (año 41) puso fin al peligro.

Entre los años 37 y 44 se produjo un interludio en el gobierno de Roma. Herodes Agripa I, nieto de Herodes «el Grande», consiguió ser reconocido como rey, siendo —por su escrupulosa observancia del judaísmo— sumamente popular entre sus súbditos.

A partir del 44 Judea quedó convertida en provincia romana, circunstancia que habría de tener profundas repercusiones en la vida judía, especialmente por el comportamiento que observaban los procuradores, ansiosos de enriquecerse y carentes de consideración hacia sus administrados, lo que fomentó creciente malestar y acabó desatando la formidable rebelión de tiempos del emperador Vespasiano y de su hijo Tito, cuando el partido popular de los celotes y sicarios logró imponerse al aristocrático de sacerdotes y saduceos, gracias al auxilio de Juan de Giscala, Eleazar y Simón Bar Giora, cuyos seguidores llegaron a combatirse entre sí para conseguir la supremacía sobre los otros partidos. La ciudad santa y el Templo acabaron convirtiéndose en teatro de sangrientas y vergonzosas orgías.

A finales de septiembre del año 70, tras cinco meses de asedio, Tito se apoderó de Jerusalén, finalizando así su sangrienta campaña de dos años, arrasando la ciudad y el Templo, acabando así con la vida política de Israel. Muchos judíos hubieron de incorporarse, de grado o por fuerza, a la famosa «diáspora» o dispersión por el mundo.

No satisfechos por esta sangrienta represión, los romanos abrumaron aún más al país, con nuevas medidas y exacciones, como la llamada «Fiscus Judaicus», tributo especialmente vejatorio que durante el reinado de Domiciano (81/96) era exigido a judíos y prosélitos. Si bien las condiciones mejoraron algo con Nerva (96/98) y con los primeros años de Trajano (98/117), estallaron algunas revueltas simultáneas entre las poblaciones judías de Egipto, Chipre y Cirenaica (115), que fueron vencidas y diezmadas, para evitar que se unieran con los partos y otros enemigos del Imperio.

Durante el imperio de Adriano (117/138), estalló en Judea la que sería la última rebelión, motivada por la emisión de decretos que ofendían los sentimientos religiosos judíos. Las legiones tardaron tres años en dominarla, aunque, finalmente, vencidos por el hambre, la sed y las espadas, los rebeldes sucumbieron.

La capital fue arrasada, y gran número de judíos se vendieron como esclavos, hasta el punto de que, según textos de la época, el precio de un esclavo judío no era mayor que el de un caballo. Palestina fue arrasada y las poblaciones, grandes o pequeñas, quedaron completamente vacías. En adelante, los judíos serían admitidos en Jerusalén un único día al año, para que pudieran gemir ante el muro occidental, también llamado de las Lamentaciones, resto que sobrevivió del palacio de Herodes.

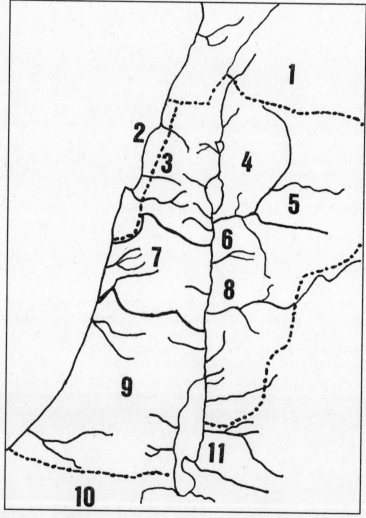

Palestina en tiempos de Jesucristo: 1. Abilena. 2. Fenicia. 3. Galilea. 4. Taconite. 5. Iturea. 6. Batanea. 7. Samaria. 8. Perea. 9. Judea. 10. Idumea. 11. Moab.

CAPÍTULO XVII
CULTURA Y ARTE

«El alfabeto es la forma más desarrollada, conveniente y adaptable de la escritura —define Miguel Ángel Molinero [175]—. Consiste en un pequeño número de signos gráficos convencionales —las letras— que transcriben un solo sonido cada una. Algo tan simple y familiar para todos nosotros ha sido tal vez la invención más revolucionaria en el terreno cultural que haya producido el hombre. Con él, la escritura deja de ser prerrogativa de una casta sacerdotal o política, como en los sistemas logosilábicos y silábicos. *Su simplicidad le permitía ser usado por cualquiera tras un corto aprendizaje.*»

Se desconoce todavía su origen, aunque —desde luego— hubo de existir una fuente primera de la que nacieron los actuales alfabetos. *Las escrituras semíticas occidentales, derivadas de los jeroglíficos egipcios* (ver gráfico), *pueden considerarse como precursoras de la escritura alfabética.*

Cabe destacar entre éstas los «pseudojeroglíficos de Biblos», a los que nos hemos referido en la historia del pueblo fenicio, las «inscripciones protosinaíticas», halladas en 1905 por Flinders Petrie, al excavar —cerca de las explotaciones mineras egipcias en la península del Sinaí— un templo dedicado a la diosa egipcia Hathor (al que acudían trabajadores semitas, que veían en esta divinidad la versión egipcia de una de sus diosas), sacando a la luz unas cuantas inscripciones, todavía no descifradas, cuyos rasgos, aunque pictográficos, no son ya jeroglíficos egipcios. La

---
[175] Miguel Ángel Molinero, 1985. Pág. 25.

escritura que hoy día se conoce como «protosinaítica» transcribe una lengua semita. Se trataría, pues, del más antiguo ejemplo conocido de una escritura alfabética, cuya adaptación ha sido controvertida; unos la sitúan hacia el siglo XVIII a.C. y otros alrededor del XVI a.C.

Los llamados «textos protocananeos» de la antigua Palestina están clasificados en tres grupos —según su antigüedad y procedencia—, aunque todavía se hallan pendientes de interpretación, por lo que deben considerarse como un notable esfuerzo por conseguir una forma de expresión más simple que la escritura silábica (hacia el segundo milenio a.C.). Pese a lo poco que se sabe sobre éstos, no debe excluirse la posibilidad de que este ensayo pudiera estar, en cierta forma, relacionado con la escritura egipcia o protosinaítica, aunque, como opina Molinero [176], están bastante más cercanos a la norsemítica o fenicia.

* * *

El núcleo fundamental de la literatura judía, constituido en los siglo IX y VIII a.C. por documentos de matiz religioso, constituyó primitivamente la «Biblia» (τάβιβλια; es decir, «el libro»). En realidad, su formación fue el resultado de procesos de desarrollo, tanto literarios como religiosos, y, al igual que cualquier otro aspecto de la cultura hebrea, estuvo afectada profundamente por la historia del propio pueblo.

Su estilo es netamente oriental y muy variado —algunas de sus expresiones aparecen en textos anteriores de otras culturas vecinas—, con la frecuente utilización de metáforas y símbolos, *aunque su constante es el monoteísmo, fundamento de su religión.* Fue redactada a lo largo de su historia, sufriendo algunas interpolaciones que fueron rechazadas por la tradición consagrada.

Su contenido actual se divide en *Antiguo Testamento* (compuesto de cuarenta y seis libros, «históricos», «sapienciales» y «proféticos») y *Nuevo Testamento (Evangelios, Hechos de los Apóstoles, Epístolas y Apocalipsis)*. Además de los textos bíblicos existe una abundante literatura —exposiciones y comentarios—, dentro de la cual se distinguen dos sentencias, la «cristiana» y la «rabínica», cuya labor no ha sido interrumpida ni desviada en lo fundamental por el cristianismo, y que constituyó el contenido de la «Kábala» y el «Talmud».

---

[176] Ídem. Pág. 27.

Dispersados los judíos después de la destrucción de Jerusalén por los romanos, continuaron —como lo habían hecho en el cautiverio babilónico— manteniendo su cultura. Además, las culturas judía y griega estaban en estrecho contacto en Egipto y otros países del Próximo Oriente, contacto que se hizo más estrecho a medida que crecía la población hebrea en los mismos.

Hacia el 150 a.C., Aristóbulo de Alejandría escribió las «Leyes de Moisés», intentando demostrar que los filósofos griegos habían extraído sus doctrinas de los textos bíblicos, iniciando así la interpretación alegórica del Antiguo Testamento. Más tarde, Filón (hacia el 32 a.C./50 d.C.) funde el pensamiento hebreo y la filosofía griega, y Flavio Josefo (hacia 37/95) constituye un clarísimo ejemplo de la influencia griega en sus obras *La guerra judía* y *Las antigüedades judías,* que abarcan desde la creación del mundo hasta el estallido de la rebelión judía contra Roma.

> «Los romanos vieron que era inútil conservar lo que había alrededor del santuario y quemaron todo, incluso los vestigios de los claustros y las puertas, salvo dos: la oriental y la meridional. No obstante, las incendiaron después. También prendieron fuego a las cámaras del tesoro, en las que había una cantidad inmensa de dinero, de ropajes y de otros bienes, pues, para decirlo brevemente, encerraban todas las riquezas de los judíos... Los soldados recorrieron el resto de los pórticos del patio exterior del Templo, donde se habían refugiado seis mil personas, entre las que abundaban las mujeres y los niños. Antes de que el César decidiera su suerte y de que los jefes diesen las órdenes pertinentes, los soldados incendiaron, iracundos, aquel pórtico. Sus ocupantes murieron sin excepción, despeñados al tratar de salvarse, o abrasados. Un falso profeta fue el culpable de su destrucción... Por fin los romanos quemaron las partes postreras de la ciudad y demolieron por completo sus murallas...» [177].

A partir del siglo VIII a.C., cuando pasan los Estados arameos a ser vasallos de Tiglatpileser III, su lengua, como hemos tenido ocasión de indicar, se fue extendiendo por todo el imperio, acrecentando así su prestigio. Al ser adoptada por Babilonia dicha lengua, pasó a ser considerada como internacional, sustituyendo al acadio, hasta entonces usado en la diplomacia y el comercio. Y

---

[177] Fragmentos de los Libros V y VI de *La guerra judía* (versión de Juan A. G. Larraya, 1952). Martín de Riquer, Rafael Ballester y Luis Monreal, 1963. Páginas 134 a 136.

cuando los aqueménidas la aceptaron como lengua oficial, llegando, incluso, a relegar el iranio a segundo plano, «el arameo vino a hablarse desde el valle del Indo hasta el Mediterráneo oriental —afirma Lara Peinado [178]— y desde el mar Báltico hasta Egipto, según atestiguan numerosas inscripciones halladas en ese amplio ámbito geográfico».

Como indicábamos al hablar del pueblo arameo, en los albores de la era actual, su lengua se escindió en diversos dialectos, entre ellos el «judeo-palestino» (u occidental), al cual se vertió el *Talmud* (redactado inicialmente en el dialecto «judeo-babilónico» u «oriental»), entre otras obras. También en Samaria se habló una forma dialectal, utilizada por su heterogénea población (israelitas, sirios, babilonios, árabes, etcétera), de la que han perdurado algunos textos religiosos o «targumes» (del hebreo «targum» o «traducción»).

El arameo alcanzó gran importancia en el terreno religioso, siendo durante mucho tiempo la lengua vernácula de Israel y en ella (en realidad, es un subdialecto de Galilea) se expresó Jesucristo. No pocos pasajes de las Escrituras fueron redactados en tal idioma y a él se vertieron los textos sagrados destinados al servicio religioso, dado que el propio pueblo judío había olvidado, en su mayor parte, el hebreo siglos atrás. «Eliaquín, hijo de Helcías, Sobna y Joaj, dijeron al copero mayor: *"Habla a tus siervos en arameo, que lo entendemos; no nos hables en judío delante de todo el pueblo que está en las murallas..."*» (II Reyes, 18-26).

* * *

En el campo de las diferentes ciencias, carecieron —al igual que otros pueblos del área— de las más mínima noción de originalidad y hubieron de servirse de los conocimientos egipcios, asirios y —posteriormente— de los griegos.

Su sistema de pesas y medidas (de acuerdo con los textos bíblicos), basado en el asirio-caldeo, era el siguiente:

ESBA (dedo o pulgada)	0,0185 metros
TEFAH (palmo pequeño)	0,0740 metros
ZERET (palmo grande)	0,2220 metros
AMMAH (codo)	0,4440 metros

---

[178] Federico Lara Peinado, 1985. Pág. 22.

La unidad empleada para las superficies era el «semed», equivalente a la cantidad de terreno que podían arar una pareja de bueyes en una jornada. Para los volúmenes, tanto áridos como de líquidos, empleaban:

LOG	0,547 litros	HIN	6,564 litros
QAB	2,188 litros	BAT	36,400 litros
OMER	3,930 litros	KOR	393,840 litros

La lista de las medidas de peso hebreas era:

MANEH (mina)	0,710 gramos
GERAH (grano)	0,800 gramos
BEQA	8,000 gramos
SEQEL (siclo)	14,200 gramos
KIKKAR (talento)	42,500 gramos

La «Era» (del latín «aera») es un método cronológico de contar los años, partiendo de un hecho astronómico o de un gran acontecimiento histórico. Empezaba el año, para los judíos, el lunes 7 de octubre del año 3761 a.C.; por lo cual el año 1995 de la era actual correspondería al 5757.

1. NISAN (Abril)	7. TISRI (Octubre)
2. IYAR (Mayo)	8. MARCHESVAN (Noviembre)
3. SIVAN (Junio)	9. KISLEV (Diciembre)
4. TAMUZ (Julio)	10. TEBET (Enero)
5. AB (Agosto)	11. SEBAT (Febrero)
6. ELUL (Septiembre)	12. ADAR (Marzo)

En su forma actual, el calendario israelita data del siglo IV d.C. Los meses son lunares de 29 ó 30 días y el año se compone de doce meses lunares cuando es «común», y de trece si es «embolísmico».

El año «común» puede tener 353, 354 ó 355 días, según sea «defectivo», «regular» o «abundante». A su vez el «embolísmico» podía tener 383, 384 ó 385 días, según fuera «defectivo», «regular» o «abundante».

Los años «comunes» y «embolísmicos» se suceden de tal manera que, después de un ciclo de diecinueve años, el principio del año israelita coincide con el año solar, por lo que este calendario podría —con razón— considerarse como lunisolar. Este período comprende siete «embolísmicos» y doce «comunes». Son «embolísmicos» el tercero, el sexto, el octavo, el undécimo, el decimoséptimo y el decimonoveno.

Para los hebreos comenzaba el día al ponerse el sol, aunque no usaron la división en horas hasta su vuelta del cautiverio de Babilonia. Entonces dividieron el día en cuatro partes —de tres horas de duración cada una—, y la noche, a su vez, en cuatro vigilias.

* * *

Durante el reinado de Salomón, la monarquía judía, asentada ya en Jerusalén, alcanzó su apogeo y se hizo precisa una ampliación de la capital. Para ello se eligió la parte norte que, con sus setecientos cuarenta y cuatro metros de altura, dominaba toda la ciudad antigua. Y fue en este sector donde Salomón tomó la decisión de levantar un conjunto arquitectónico que testimoniase eficazmente el poder del Estado y de la monarquía (al igual que hacían los soberanos de países limítrofes). Necesitaba artífices, materias primas y dinero; se trajeron obreros y picadores especializados de Fenicia, en su mayor parte procedentes de la región de Quebal, mientras que la ciudad de Tiro facilitaba la madera (cedro y cipreses), tan escasa en Israel, que a su vez pagaba con exportaciones de trigo y aceite.

El conjunto templario tenía forma rectangular y estaba edificado sobre una amplia plataforma, orientada de Este a Oeste. Si bien no se han conservado representaciones gráficas del mismo, se sabe (I Reyes, 5-6-7) que constaba de tres recintos y que en su testero occidental se custodiaba el Arca de la Alianza, que contenía, además de otros objetos de especialísimo significado, las Tablas de la Ley. Con toda probabilidad en su construcción se manifestaron influencias egipcias, asirio-babilónicas e hititas. Las salas estaban vigadas con maderas de cedro. El templo, además, tenía edificios anexos para los sacerdotes, los almacenes y los depósitos.

Fueron menester siete años de durísimos trabajos, en los que participaron ciento cincuenta mil personas (esclavos, campesinos reclutados casi a la fuerza, prisioneros de guerra, etcétera) para completar la obra. Con todo, ni siquiera las soluciones arquitectónicas, ni los materiales empleados, constituían una novedad. Su verdadera riqueza consistía en la calidad y cantidad de los materiales nobles empleados con profusión nunca vista en Israel.

Estaban revestidos de oro los dos querubines de cinco metros de altura, así como los diez candelabros, colocados en el interior, junto al Arca de la Alianza. También lo estaban los marcos de las puertas, las vigas del techo, los aguamaniles que utilizaban los sacerdotes después de los sacrificios a Yavé, así como el altísimo pórtico, al que se accedía mediante una gran escalinata.

El Templo de Salomón encerraba también algunas maravillas, como el «Mar de Bronce», gran depósito de agua de cinco metros de diámetro por dos y medio de profundidad, sostenido por doce grandes bueyes, también de bronce, con capacidad para cuarenta y dos mil quinientos litros. Merecen citarse dos altísimas columnas de bronce, huecas, conocidas con los nombres de *Jakin* y *Boaz,* como lo era también el enorme altar que tenía como base la roca sobre la que se creía que Abraham había puesto a su hijo para sacrificarlo a Yavé.

Por su parte, el famoso palacio de Salomón —fueron precisos trece años para concluirlo— se construyó con idéntico derroche de medios. Se emplearon grandes piedras, y tanto los cimientos como la obra, en su conjunto, eran excelentes. El palacio, cuyas dimensiones eran enormes, era conocido como el «Bosque del Líbano», por la gran cantidad de cedro utilizado en su construcción. Destacaban también el Salón de las Columnas, la Sala de Audiencias o del Trono y finalmente el harén privado, conocido como la «Casa de la Hija del Faraón». Si bien no resulta fácil hacerse una idea acerca de todo este conjunto, por falta de restos arqueológicos, sabemos —en cambio— cómo era el palacio real de Samaria, construido con bloques yuxtapuestos, que formaban patios-habitaciones. Los constructores eran fenicios también, y su estilo se reflejaba en estas construcciones, de excelente calidad todas ellas.

En general, el arte hebreo —por su escasísima originalidad— carece de interés. No cultivaron ni la escultura ni la pintura, por temor a incurrir en la idolatría, y en la arquitectura —como hemos visto— fueron deudores de los fenicios. Tan sólo destacaron en la orfebrería, que también aprendieron de éstos.

* * *

Los samaritanos —como ya se ha visto— procedían de la mezcla de elementos nativos con colonos procedentes de otros lugares, traídos por Sargón II y otros monarcas asirios (siglos VII/VI a.C.).

Junto con el culto de Yavé, considerado por ellos como una divinidad local, convivieron los de los dioses de aquellos colonos, aunque hubo samaritanos que siguieron siendo fieles a la unidad de culto en Jerusalén. «Mandó el rey Ezequías por todo Israel y Judá, y escribió cartas a Efraim y Manasés para que viniesen a la casa de Yavé a celebrar la Pascua de Yavé, Dios de Israel...» (II Paralipómenos, 30-1), alcanzando a su territorio las reformas emprendidas por Josías: «... y después de haber derribado los altares y las "aseras" y de haber roto y desmenuzado las esculturas y destruido todos los ídolos por la tierra de Israel, se volvió a Jerusalén» (Paralipómenos, 34-7).

Tras la cautividad babilónica, los samaritanos pretendieron asociarse a los judíos repatriados para reconstruir el Templo, pero fueron rechazados por los retornados, ya que no los consideraban «verdaderos judíos», consumando así la separación entre éstos y la mayoría del judaísmo. En tiempos de Nehemías levantaron un templo en el monte Garizim (precisamente, uno de los puntos fundamentales de la división entre judíos y samaritanos era el lugar del culto legítimo, Juan 4-20/21), que en tiempos de Antíoco Epifanes fue consagrado al culto de Zeus, a petición de los propios samaritanos, que se pusieron de parte de los seléucidas contra los macabeos (I Macabeos, 3-10). En el 182 a.C., Juan Hircano les declaró la guerra y arrasó su templo. El odio y el desprecio que los judíos sentían hacia los samaritanos persistía todavía en tiempos de Jesús («Respondieron los judíos y le dijeron: *¿No decimos bien nosotros que tú eres samaritano y tienes demonio?...*», Juan, 8-48). Por su parte, los samaritanos no dejaban de importunar a los judíos, especialmente cuando peregrinaban a Jerusalén (en Lucas, 9-51/56, los samaritanos no quieren recibir a Jesús y a sus apóstoles, precisamente «porque iban a Jerusalén»).

Los samaritanos esperan la venida de un Mesías, al que llamaban «ta'eb» («el que ha de volver»), quien les habría de manifestar todas las cosas: «Díjole la mujer: *Yo sé que el Mesías, el que se llama Cristo, está para venir, y que cuando venga nos hará saber todas las cosas...*» (Juan, 4-25). Solamente aceptan el Pentateuco como escritura sagrada y todavía utilizan el antiguo alfabeto hebreo, a diferencia del resto del pueblo judío que, tras la cautividad de Babilonia, adoptó la llamada escritura «cuadrada».

Esta secta sobrevive hasta nuestros días, si bien su número ha quedado reducido a unos cuantos centenares, que se reúnen anualmente en el monte Garizim para la celebración del sacrificio pascual.

* * *

La ciudad de Samaria —capital del reino de Israel— fue fundada por el rey Omri hacia el 879 a.C., en sustitución de Tirsá, que hasta entonces había venido desempeñando este papel. «El año treinta y uno de Asa, rey de Judá, comenzó a reinar Omri sobre Israel, y reinó doce años. Reinó en Tirsá seis años; luego compró a Semer la montaña de Samaria por dos talentos de plata y edificó sobre la montaña, dando a la ciudad que edificó el nombre de Samaria, del monte Semmer, el dueño del monte» (I Reyes, 16-23/24). Desde una colina oblonga a cuatrocientos setenta metros sobre el nivel del mar, dominaba la ciudad una extensa región fértil atravesada por importantes rutas comerciales.

Los motivos que movieron a Omri, uno de los más importantes monarcas de Israel —en los textos asirios se denominaba a Israel como «Bi-Umri» («Casa de Omri»)—, fueron, además de elegir este lugar por su emplazamiento y natural fortaleza, por oponer esta capital a la del reino de Judá.

La ciudad se halla a unos diez kilómetros al norte de Nablus, en medio de una región muy quebrada. Está ubicada en una colina baja, junto a la ruta principal que atraviesa la Galilea de Norte a Sur. La arqueología confirma el texto bíblico. Ocupaba probablemente el lugar de la primitiva Shamir, residencia del juez Tola, y que Omri compró a su propietario para establecer allí su capital. Hoy se la conoce parcialmente gracias a las excavaciones arqueológicas iniciadas entre los años 1908 y 1910 por la Universidad de Harvard y, posteriormente, continuadas entre 1931 y 1935 bajo la dirección del ilustre arqueólogo J. W. Croowfoot.

Omri construyó el mencionado palacio real (I Reyes, 20-43), ampliado y adornado posteriormente por Acab y Jeroboam II. Las excavaciones han puesto de manifiesto su forma y características arquitectónicas. Estaba protegido por murallas y una fuerte atalaya. En los almacenes o archivos fueron descubiertas gran cantidad de «ostrakas». También apareció la alberca —parte de ella tallada en la roca viva— donde solían bañarse las prostitutas y donde se lavó, según las Escrituras, el carro de Acab (I Reyes, 22-38). El muro de la ciudad en que estaba englobado el palacio abarcaba una superficie de casi diez hectáreas.

El emplazamiento de la nueva capital —como se ha dicho— era acertado, ya que dominaba una vía de paso fundamental, en el centro de una región de olivos y viñedos; con tan amplias vistas que en los días más claros se podía, incluso, divisar el Mediterráneo. Las excavaciones han permitido identificar el barrio de las construcciones reales, así como las sucesivas ampliaciones (véase plano). Se distinguen claramente las zonas edificadas por Omri, por Acab y por Jeroboam II.

De la ciudad se sabe que tenía dos recintos fortificados: en el interior disponía de una muralla de metro y medio de anchura; en el exterior contaba con casamatas y torres. Los muros se construyeron con sillares de piedra muy cuidados y pilares adosados, adornados con elegantes capiteles protojónicos. Existían, además, otras fortificaciones exteriores que permitían el cultivo en el interior de la ciudad, lo que resultaba muy útil en caso de asedio. Entre las entradas al casco urbano destaca una gran puerta fortificada que, gracias a su disposición acodada, garantizaba su defensa y que han logrado descubrir los arqueólogos.

En lo relativo a las construcciones palaciegas, remitimos a lo dicho al hablar sobre Salomón y sus grandes obras. Entre los más importantes hallazgos figuran las mencionadas «ostrakas», procedentes de los archivos (situados entre las construcciones de Omri y Acaba, no lejos de la muralla y de la torre de Jeroboam). Se trata de sesenta y cinco piezas, redactadas por los administradores reales, la mayor parte escritas con tinta y muy pocas grabadas. Contienen anotaciones relacionadas con los tributos, la economía palaciega o retribuciones extraordinarias en especie. «En el año 10 del reinado, la ciudad de Abi-hezer, al intendente Semario, una jarra de vino añejo... Al intendente Is, una jarra de vino añejo de la ciudad de Tetel...».[179].

En el sector de Acab, casado con la fenicia Jezabel, fueron exhumadas más de doscientas tablillas de marfil decoradas, en las que pueden apreciarse evidentes señales de fuego, por lo que cabe pensar en la pérdida de la mayor parte de las mismas. Muchos de sus temas son de inspiración egipcia, unos, y fenicia, los otros, detalles que revelan el lujo de aquella corte, puesto que el marfil se empleaba para revestir los objetos de uso cotidiano (en los textos bíblicos se dice que «dormían en lechos de marfil», y se hace referencia, tal vez algo exagerada, al «Palacio de Marfil» levantado por Acab), en lamentable contraste con la miseria habitual de la mayoría de la población.

* * *

Según las tradiciones hebreas, Jubal —descendiente de Caín— fue el antepasado de los músicos (Génesis, 4-21). Se uti-

---

[179] María Camino García y Joan Santacana (2), 1991. Pág. 60.

lizaba la música no sólo en las celebraciones profanas, que eran bastante frecuentes, sino también en los actos litúrgicos, en los que los levitas entonaban himnos que integran el *Salterio* o *Libro de los Salmos* (del griego «psalmos», pulsar un instrumento musical), que se supone serían diatónicos.

El número de sus instrumentos musicales, entre panderetas, tamboriles, cítaras, trompas y flautas, todos ellos muy variados, pasaba de treinta en tiempos de Salomón, habiendo algunos, como el «chofar», llegado hasta nuestros días. El rey David fue un músico excelente, tal como se desprende del texto bíblico: «Cuando el mal espíritu de Dios se apoderaba de Saúl, David cogía el arpa, la tocaba, y Saúl se calmaba y se ponía mejor, y el espíritu malo se alejaba de él» (I Samuel, 16-23).

RELIGIÓN, INSTITUCIONES, USOS Y COSTUMBRES

El denominado «judaísmo bíblico» abarca el largo período comprendido entre el segundo milenio a.C. y la definitiva destrucción del Templo de Jerusalén. Los hechos capitales están consignados en la Biblia, avalada por la historiografía y los hallazgos arqueológicos, y pueden reconstruirse así: migración de los patriarcas desde Ur de Caldea a la Tierra Prometida. Entrada y salida de Egipto (éxodo) y la conquista de Canaán. Asentamiento y constitución del reino con capital en Jerusalén (siglo X a.C.). División en los reinos de Judá e Israel. Exilio babilónico. Regreso y conquista de Alejandro Magno (332 a.C.). Reinos asmoneo y herodiano. Pérdida de la independencia y destrucción de Jerusalén por los romanos (70 d.C.).

* * *

Desde su instalación en Palestina, los hebreos, que eran pastores nómadas, se fueron convirtiendo en agricultores, aunque sin llegar al total abandono de sus primitivas ocupaciones. *«Era lógico que en su conversión se vieran influidos por las divinidades que dispensaban los frutos agrícolas* —afirma García y Santacana [180]—. *Así incorporaron ritos y cultos propios de religiones agrarias: el culto a los Baals cananeos se unió al culto tradicional a Yahvé* (Yavé o Jehová): *las clases populares mezclaron ambos.*

Esta asimilación de creencias, en cambio, *no se produjo entre*

---

[180] María Camino García y Joan Santacana, 1991 (2). Págs. 76 y 78. Conviene pensar en la influencia que la fallida tentativa monoteísta de Amenofis IV pudiera haber tenido entre los hebreos, por aquel entonces establecidos en Egipto.

las elites religiosas; en su credo, Yahvé asumió los atributos de las antiguas divinidades agrarias, convirtiéndose en el dios de la fertilidad, responsable de las cosechas de uva, aceituna, trigo, etcétera.

Así mismo, los ritos babilónicos y fenicios indujeron a los hebreos a reflexionar sobre el cosmos y sus orígenes: en la época de la formación de la monarquía encontraron un Yahvé cósmico, creador de los cielos y de la tierra. *Se convertía así en un dios universal, único, inmaterial y todopoderoso. Había surgido la primera religión monoteísta de la historia.»*

* * *

Desde su primera aparición en la historia, Israel se distinguió entre todos los demás pueblos por la singularidad de su concepción de lo divino y por sus relaciones con ello. Su dios nacional, Yavé, era omnipotente y todas las demás deidades quedaban excluidas. El Pueblo Elegido debía adorarle sólo a Él, obteniendo —como contrapartida— protección, prosperidad y crecimiento. Se trataba de una manifestación religiosa que, por su naturaleza monoteísta, no dejaba el menor lugar a la pintoresca variedad de las civilizaciones mesopotámicas. Más tarde, durante el «Éxodo», tan singular relación se hizo más profunda. Al establecer su ley por medio de Moisés, estipulaba con los hebreos un pacto de índole moral que comprometía a las dos partes interesadas. *«Un dios "obligado" y un hombre jurídicamente responsable ante la divinidad constituían conceptos revolucionarios en la vida religiosa de la época* y representaban un gran compromiso para el hombre. En efecto, si la observancia de la justicia resultaba esencial para la naturaleza divina, en la humana requiere un acto volitivo de elección del bien y rechazo del mal. Ceder equivale a reconocer otra ley; violar el pacto es "idolatría". *Contra esta idolatría se levantó la voz de los profetas en todas las ocasiones en que el pueblo o sus guías se alejaban del sendero trazado por la ley de Moisés»* [181].

Los profetas eran gentes de condición humilde, por lo general, que tenían la facultad de obrar milagros y que vaticinaron y prepararon la llegada del Mesías. Algunas veces preferían vivir retirados en el desierto o en las montañas. Isaías y Jeremías anunciaron la desolación de Samaria y Jerusalén, mientras —como puede

---
[181] *Historia Universal Ilustrada,* 1974 (1). Pág. 71.

comprobarse con la lectura de los textos bíblicos— que Daniel y Ezequiel animaron a los cautivos en Babilonia.

La idea de un Mesías, descendiente de David, que liberaría a su país de la dominación extranjera y le devolvería su primitiva grandeza formaba parte importantísima de la fe y las esperanzas judías.

En las Escrituras se reúne la documentación de la historia, la legislación, la cultura y la espiritualidad de Israel. Fruto de una secular elaboración a la que, de acuerdo con las tradiciones, no fueron extraños algunos protagonistas de la historia hebraica (Moisés, David y Salomón, por ejemplo), la Biblia representa una de las más grandes contribuciones de Israel a la humanidad.

* * *

La monarquía de David y Salomón, como hemos visto, consolidó el yavismo cuando se instaló en Jerusalén y, sobre todo, al adquirir una particularísima noción del «templo». El Templo de Jerusalén, donde se guardaba el Arca de la Alianza —vínculo de la unión de Yavé con su pueblo—, sustituyó a cualquier santuario, lo que explica claramente el motivo del rechazo de los judíos hacia los samaritanos y su templo del monte Garizim. *Yavé residía en Jerusalén, y desde allí protegía celosamente a su pueblo.* Para que no fuera olvidada aquella «alianza», enviaba a sus «profetas».

El saqueo del Templo y la cautividad babilónica cambiaron de forma radical algunos aspectos del judaísmo primitivo. Dios seguía residiendo en Jerusalén, pero en el destierro los fieles debían —ante la imposibilidad de acudir al mismo— sustituir el habitual culto por una serie de actos y conmemoraciones sustitutorios. La misión de los profetas perdió su primitivo carácter, para acabar convirtiéndose en una forma de aclarar y difundir la palabra de Yavé.

«No obstante, esta tradición pura del yahveísmo de los "exiliados" no fue la única. Por las cartas de la comunidad judía residente en Elefantina (Egipto), sabemos que allí se erigió un templo en el que se ofrecían sacrificios. *Su solución era bien distinta al yahveísmo*» [182]. En un papiro arameo, procedente de Elefantina, se solicita a Bahogi, gobernador de Judea, obtenga del «Gran Rey» Darío el pertinente permiso para reconstruir un templo *consagrado a Yahô* (hacia el 407 a.C.): «... y ofreceremos en tu nom-

---

[182] María Camino García y Joan Santacana, 1991 (II). Pág. 79.

bre sobre el altar de Yahô, dios de la oblación, la incensación y el holocausto y rezaremos por ti en todo tiempo, nosotros, nuestras mujeres, nuestros hijos y todos los judíos de aquí...» [183].

Antes de promulgarse la Ley de Moisés el sacerdocio era ejercido por los cabezas de las tribus o de las familias. Posteriormente, y como se lee en el *Éxodo* (32-25/29), la tribu de Leví fue escogida para desempeñar este ministerio. Los sacerdotes debían utilizar ropajes especiales, estar libres de ciertos defectos físicos y observar unas normas muy estrictas. El sacerdocio fue reorganizado en tiempos de David y después de la cautividad de Babilonia.

Un segundo orden lo constituían los levitas, también de la misma tribu. Los servicios que les correspondían estaban convenientemente determinados por la Ley, siendo reorganizados en época salomónica y tras el regreso del exilio. Otros servidores del Templo, en un grado bastante más modesto, eran los cantores y los porteros; finalmente (Nehemías, 7-44/45 y 60), los netineos (o donados) constituían el último eslabón y cumplían los más bajos menesteres.

En realidad, los judíos desde Salomón —una vez asentados definitivamente en la llamada «Tierra Prometida» y levantado el Templo como símbolo del monoteísmo— caen con tanta facilidad como frecuencia en el politeísmo y la idolatría. Se produce una ruptura entre judíos y samaritanos, a la que ya hemos aludido, y aparecen sectas y partidos de tendencias opuestas. A los patriarcas y profetas tradicionales suceden los rabinos, especialistas conocedores e intérpretes de la Ley.

«La Ley tiende a degenerar en costumbre codificada de minuciosa causística —escribe Al-Kubba [184]—. Se desarrollan largas discusiones sobre los misterios que antes dejaban a las manifestaciones de la divinidad. El lazo profundo de unión del pueblo judío es la raza considerada como religión, al tiempo que ésta se confunde con la raza...

... El desprecio a los extraños les lleva a estorbar el ingreso de los prosélitos, procurando el mantenimiento de la limpieza de sangre...»

Ante la imposibilidad de acudir al Templo de Jerusalén para celebrar los actos culturales, fue preciso habilitar locales a propósito para sustituirlos, y éstos fueron las sinagogas, que eran lugares sagrados en los que se reunían y reúnen los judíos los sábados

---

[183] Federico Lara Peinado, 1985. *Selección de textos.* Pág. VIII.
[184] Jacob Al-Kubba, 1972. Págs. 35 y 36.

para orar y escuchar la lectura y la exposición de la Ley. Las primeras aparecieron en Palestina y territorios cercanos, a partir de la etapa del cautiverio. El archisinagogo era el responsable de la misma, como jefe o miembro de la junta, encargado de dirigirla y de cuidar del orden.

Independientemente del culto, eran también escuelas y estaba permitido discutir en ellas sobre los temas más diversos con relativa libertad, llegando a concederse la palabra a oradores desconocidos. Así, Jesús de Nazareth y sus apóstoles pudieron predicar en las mismas (Mateo, 9-35), aunque no sin dificultades (Lucas, 4-16/30).

* * *

La monarquía israelita, al igual que la de otros pueblos del Próximo Oriente, era de origen divino, *pero dotada de unas características originales que le eran exclusivas.* El monarca, símbolo de la unidad del país y elegido por Yavé, era designado, en realidad, por la Asamblea del Pueblo, recibiendo la investidura de la casta sacerdotal, que así ejercía sobre él un severo control. Precisamente por haber entrado en conflicto con los sacerdotes, Saúl —el primer rey— fue censurado por Samuel, el último de los «jueces», quien, precisamente, lo había elevado a la dignidad real.

Sus sucesores trataron de mejorar la organización estatal mediante una fuerte limitación de autonomía de cada tribu, la creación de un aparato administrativo central, nuevos censos y la adopción de un sistema tributario que debía servir para sostener los elevados costes de la corte real, sus obras públicas y el ejército convertido en permanente.

La prosperidad material, aunque fuese un tanto discutible, comportó un inmenso florecimiento cultural, al que no fueron ajenos David y Salomón. Con los países extranjeros se estableció una densa red de relaciones comerciales, especialmente durante el reinado de este último (remitimos a los textos bíblicos). Este próspero y celebrado reinado, empero, no estuvo exento de aspectos contradictorios. La fuerte presión fiscal, impuesta por las grandes obras, la limitación excesiva de la autonomía tribal y la introducción de cultos extranjeros propiciaron la escisión del reinado siguiente.

Por lo que a los monarcas de Israel respecta, al menos ocasionalmente debieron disponer de recursos elevados; lo prueban las diversas obras que llevaron a cabo en su capital, así como el dato de que, cuando el pequeño reino formó parte de una coalición de varios Estados contra Salmanasar III, aportó diez mil guerreros y dos mil carros de guerra —según mencionan Camino y Santacana [185]—, lo que suponía un enorme desembolso económico, más si se tiene en cuenta que los caballos debían ser comprados a Cilicia (a ciento cincuenta siclos cada uno) y los carros (seiscientos siclos) a Egipto. Cuando Tiglatpileser III impuso tributo a Israel, los notables del reino debían pagar cada uno de ellos cincuenta siclos de plata.

Órgano de gobierno y fuente de legislación, tanto en materia religiosa como civil, fue el Concilio o Sanhedrín —a partir de la vuelta del cautiverio—, compuesto por ancianos, sacerdotes y escribas (doctores de la Ley), en su mayoría de la secta de los fariseos.

Se daba el nombre de ancianos a los magnates o nobles y personajes más insignes en dignidad, a los que se debía honor y respeto; acerca de los miembros del clero, ya nos hemos extendido. Los escribas, especialmente en tiempos del Nuevo Testamento, hicieron de las sinagogas el reducto de los fariseos, y llegaron a establecer el culto sinagogal frente al del Templo. «Algunos —indica Al-Kubba [186]— señalan un carácter democrático y laico en el culto de la sinagoga, que podía ser o no ser realizado por escribas no pertenecientes a la clase sacerdotal. *En realidad, el culto sinagogal usurpa funciones típicamente sacerdotales, como la bendición pontifical.*»

En su calidad de doctores de la Ley, dedicados a su estudio para la explicación al pueblo, evacuaban consultas y practicaban la enseñanza partiendo de sus traducciones de los textos (durante la cautividad, la mayor parte del pueblo adoptó las lenguas aramea y caldea, olvidando la propia), apoyándose en el principio de que *«la palabra en sí es intangible»,* ya que eran especialistas e intérpretes de muchas cuestiones legales y jurídicas; aunque, en opinión de Jacob Al-Kubba [187], *«los mismos escribas eran los encargados de establecer la "palabra" con sus interpretaciones de las escrituras hebreas».* Por tanto, nada tienen de particular las duras recriminaciones lanzadas por Jesús contra éstos. «Entonces Jesús habló a las muchedumbres y a sus discípulos, diciendo: En la cátedra de Moisés se han sentado los escribas y los fariseos.

---

[185] María Camino García y Joan Santacana, 1991 (II). Pág. 54.
[186] Jacob Al-Kubba, 1972. Pág. 39 y 40.
[187] Ídem. Pág. 41.

Haced, pues, y guardad lo que os digan, pero no los imitéis en las obras... Atan pesadas cargas y las ponen sobre los hombros de los otros, pero ellos ni con un dedo hacen por moverlas. Todas sus obras las hacen para ser vistos de los hombres. Ensanchan sus filacterias y alargan los flecos; gustan de los primeros asientos en los banquetes y de las primeras sillas en las sinagogas..., y de ser llamados por los hombres "rabbi"...» (Mateo, 23-1/7).

Si bien las leyes eran duras, nunca alcanzaron el extremo de crueldad que entre otros pueblos del entorno (remitimos a las Escrituras). Éstos se originaron en un intento, no siempre fructuoso, de mantener la unidad y la preservación ante las costumbres de sus vecinos, consideradas degradantes. Sabemos que la pena capital se aplicaba con frecuencia y que la lapidación se destinaba a delitos como el adulterio femenino o actividades consideradas antirreligiosas. Otras formas de castigo eran la prisión, multas o la reducción al estado servil.

* * *

Los textos bíblicos aportan, de manera ocasional, datos acerca de la esclavitud. Al igual que en las demás civilizaciones del Próximo Oriente, uno de los medios para la adquisición de esclavos era la compra. «En muchos casos parece existir —señala Adolfo Domínguez [188]— una auténtica esclavitud por deudas, por cuanto hay indicios de que se practicaba la usura, aunque se prevé que en estos casos el servicio debe durar sólo seis años, siendo los afectados liberados al séptimo, sin pagar nada.» También se contemplaba la venta de los propios hijos e, incluso, la autoventa. Otras formas de acceso al estado servil podían ser por circunstancias de nacimiento o como prisionero de guerra.

Aunque su importancia no deja de ser evidente, habida cuenta de su número, no se sabe gran cosa sobre su función económica. Las leyes regulaban todo lo relacionado con las fugas, el asilo y la acogida a los esclavos huidos. *De cualquier forma, la situación de éstos entre los judíos era bastante más soportable que entre los demás pueblos del área.*

En tiempos de Salomón se difundió por toda Palestina el uso del caftán, una especie de gabán, que tenía dos aberturas laterales con el objeto de no entorpecer el movimiento de las piernas. El tocado de los hombres era muy complicado: se recogían los cabe-

---
[188] Adolfo Domínguez, 1985. Pág. 16.

llos (generalmente, rizados) con una cofia, que sujetaban a la nuca con cintas. También usaban un gorro característico en forma de cono. La barba era considerada como un adorno necesario.

Las mujeres hebreas eran consideradas como las más hermosas de la antigüedad. Se pintaban las mejillas y ojos y utilizaban muchos afeites. Además, se adornaban con numerosas joyas y vestían espléndidas túnicas traídas a Palestina por los mercaderes fenicios.

Si bien en Jerusalén se hacía alarde de elegancia y ostentación de riquezas, las condiciones de vida de la mayor parte de la población, en especial los campesinos, no eran muy buenas. Su nivel de vida era bajísimo, y solían vestirse con pieles de oveja, sujetas a la cintura.

* * *

Los productos fundamentales eran el trigo, cebada, mijo, judías, vino, aceite, higos y dátiles. Una de las más típicas producciones del país era el bálsamo. Por lo que a la ganadería respecta, se criaban fundamentalmente ovejas, cabras y bueyes. Como animal de tiro no abundaba el caballo, pero sí en cambio el asno y el dromedario. En el lago de Genesareth (o Tiberíades, Galilea) se cogía mucha pesca, cuyos excedentes —convenientemente salados— se exportaban a otros lugares.

Ambas actividades, especialmente la agricultura, fueron ejercidas por una gran parte de la población, incluso por nobles y ricos. Tal como puede verse en los textos bíblicos, existían variadas y abundantes normas respecto al trabajo agrícola, la parte destinada a los pobres o al pago de los impuestos. De cada siete años se dejaba uno sin cultivar la tierra para que ésta, a falta de otras técnicas, pudiera reponerse (Levítico, 25-3/7).

Si bien Moisés (Éxodo, 31-2/11) encontró artesanos capaces de construir el Tabernáculo y los accesorios precisos para el culto, éstos escaseaban en tiempos de Saúl, especialmente los herreros. A falta de artífices locales, David y Salomón hubieron de recurrir a los fenicios para la construcción del Templo y del palacio, lo que no quiere decir que no los hubiera entre los hebreos (II Reyes, 24-14/16); de lo contrario, los asirios y babilonios no hubieran podido llevárselos consigo tras la destrucción de Israel y Judá, ni hubiera podido reconstruirse el Templo al regreso de la cautividad.'

Tal como dice el Génesis (38-25), Palestina era el camino de las caravanas que recorrían las rutas entre Egipto y los diversos Estados de Asia Menor, y aunque entre los antiguos hebreos no faltaban quienes se dedicasen al comercio, la mayor parte de la población vivía del cultivo y de la ganadería.

Necesitando comerciar los judíos, y poco capaces de conseguir por sí mismos ciertos resultados, hubieron de recurrir intermediarios, al menos en una primera etapa, por cuanto se trataba de gentes cuyo pasado nómada aún era reciente y del todo ajenas al mar y a la navegación. «Varios pasajes bíblicos del "Libro de los Reyes", en particular, nos ponen en relación con un personaje fenicio que contribuyó poderosamente al engrandecimiento de Israel: el rey Hiram, de la ciudad de Tiro» [189], y cuando Salomón necesitó de una flota este mismo monarca le proporcionó los especialistas y el personal precisos (Reyes, 9 y 10).

> «Inscripciones de dos mil ochocientos años con referencias a Jehová. En una aislada colina de la región desértica de Judea fue descubierta una antigua fortaleza en cuyo interior se hallaron inscripciones hebreas y fenicias [190].
>
> Los arqueólogos israelíes encontraron inscripciones en elementos de cerámica y en el revestimiento de las paredes de la fortaleza, construida hace dos mil ochocientos años, aparentemente por el rey Josafat de Judea con la intención de proteger la ruta hacia el puerto de Elath.
>
> Se estima que las citadas inscripciones constituyen la mayor colección de escrituras del siglo VI antes de Cristo halladas en un solo lugar. Varias se refieren a "Jehová", nombre tradicional de Dios, escrito excepcionalmente por los judíos, dado su carácter sagrado. Los expertos consideran que la fortaleza constituyó una importante escala de tránsito hacia el puerto de Elath, que, según la Biblia, fue construido por Salomón para desarrollar el comercio por el mar Rojo» (Museo de Jerusalén, Israel).

Conviene recordar, al respecto, que la no muy larga preponderancia israelita estaba basada en la suerte y en la habilidad de saber aprovechar los vacíos de poder, más que en las conquistas, por lo que no fue posible la creación de una adecuada infraestructura mercantil, como la que, por ejemplo, tuvieron los fenicios.

Bajo la dominación romana, muchos comenzaron a abandonar

---

[189] Antonio Blanco Freijeiro, Carlos González Wagner y Hermanfrid Schubart, 1985. Pág. 9.
[190] *Enciclopedia Alfatemática,* 1987. Noticiario del Progreso. Pág. CXIV.

el cultivo de la tierra y dedicaron su actividad al comercio y a la usura; tal vez por los tributos que pesaban sobre la producción agrícola o bien por imitación del mercantilismo griego. La usura la practicaban los cambistas de moneda y los prestamistas, que cobraban hasta el 12 por 100 de interés (e incluso más) en breves períodos de tiempo. Ante la prohibición de las leyes de percibir tales intereses, se valían de diversos subterfugios. Algunos, deseando enriquecerse pronto, practicaban la piratería desde las ciudades costeras, motivo por el cual Pompeyo se vio precisado a perseguirlos. En las montañas abundaban partidas de bandoleros.

* * *

Bajo Roma, Palestina fue considerada una provincia turbulenta y pasó a ser parte de las denominadas «provincias imperiales», bajo la directa administración del emperador, mediante «procuradores» de su confianza (que podían permanecer varios años en el cargo). Ya hemos visto la negativa gestión de algunos de éstos y las consecuencias que de ésta se derivaron. Dado el constante riesgo de revueltas, los conquistadores se vieron obligados a mantener allí y en los territorios vecinos tropas aguerridas, cuya principal concentración se hallaba en la ciudad de Cesárea, junto al Mediterráneo, donde también estaba el cuartel general.

Los habitantes de estas «provincias imperiales» no eran, a la sazón, considerados ciudadanos romanos. En casos excepcionales, sin embargo, podían ser reclutados para el ejército. No deseando irritar al pueblo hebreo, que toleraba de pésima gana tal dominación, los procuradores hacían lo posible para no molestarles en sus creencias religiosas (otra cosa es que lo consiguieran) y, por lo general, los judíos fueron eximidos del servicio militar.

La administración romana en los países conquistados se distinguía por la realización de importantes obras públicas. En Palestina construyeron grandes edificios, nuevas calzadas, puentes y acueductos, y se realizaron importantes trabajos urbanísticos, siendo algunas ciudades totalmente reconstruidas.

Se trazaron amplios y cómodos caminos. Las comunicaciones también se hacían por mar, y había servicios regulares de buques de pasajeros y mercantes, así como un relativamente eficiente servicio de correos. Dada la situación geográfica de Judea, el tráfico marítimo era considerable.

Los romanos introdujeron algunos de sus espectáculos públicos. En Jerusalén, no lejos del Templo, construyeron un gran estadio, aunque la mayor parte de la población —disgustada por este hecho— se abstenía de cualquier participación en los mismos.

Como sucedía con las demás provincias, en Judea tenían vigor numerosas leyes romanas. Los procuradores de éstas desempeñaban, en ciertos casos, determinadas funciones judiciales, y, en consecuencia, presidían los juicios, especialmente si los delitos eran de índole política. Una condena —tal fue el caso de Jesucristo— sólo era válida cuando éste la confirmaba.

> «Los romanos recibían tributos de Palestina y confirmaban ciertas sentencias de sus gobernadores. Los judíos conservaban su independencia religiosa y, en cierto modo, civil y judicial. Podían mantener la ley de Moisés. Practicaban sus cultos en el Templo de Jerusalén, al que pagaban un tributo especial tanto los judíos que habitaban en Palestina como los que vivían en cualquier otra parte del mundo conocido de entonces.
>
> Las autoridades locales y los tribunales nacionales de los judíos fueron respetados nominalmente. Siguió funcionando el Sanedrín de Jerusalén, que disponía en materia religiosa, judicial y administrativa. El sumo sacerdote, sin embargo, era nombrado por los procuradores romanos, en contra de las prescripciones de la ley mosaica» [191].

En efecto, los romanos habían dado completa libertad a los judíos de Palestina para practicar su religión y conservar su tradicional organización social. El sumo sacerdote —cargo más político que religioso— detentaba casi todos los poderes en el seno de la comunidad judía de la época. Presidía el Sanedrín, asamblea de setenta y un miembros que era a la vez tribunal supremo de justicia, órgano de gobierno y tribunal religioso [192].

Entre los diversos partidos y sectas destacaban los «saduceos» y los «fariseos». Los primeros, los «bienpensantes» y conservadores del orden establecido, pertenecían sobre todo a las clases sociales más elevadas y no les importaba colaborar con los romanos. Por su parte, los segundos se distinguían por su intransigencia y rígida observancia de la Ley.

Los «celotes» eran nacionalistas fanáticos y no dudaban en

---

[191] Jacob Al-Kubba, 1972. Págs. 31 y 32.

[192] Que el Sanedrín en los últimos tiempos había perdido parte de sus competencias, al menos en lo que a la administración de justicia se refiere (caso de Jesús de Nazaret), queda demostrado por el hecho de que podía instruir cualquier sumario y, tal vez, dictar o señalar la sentencia, que en caso de tratarse de la pena capital debería ser confirmada por el procurador romano.

recurrir a la violencia, ni en dar muerte a quienes considerasen traidores a la causa judía. Impulsaron al pueblo a levantarse contra Roma, con las ya mencionadas consecuencias. Finalmente, los «esenios» constituyeron una «comunidad religiosa» más bien que un «partido político»: eran vegetarianos, vivían en el desierto, vestían de blanco y practicaban una extremada piedad.

CRONOLOGÍA JUDÍA

Fechas a.C.	Hechos históricos, político-económicos y culturales
1900	El patriarca Abraham emigra con los suyos de Ur (Baja Mesopotamia) a Canaán.
1700	Jacob y los suyos parten hacia Egipto.
1260	El Éxodo: Moisés guía fuera de Egipto a los israelitas.
1220	Los israelitas, a las órdenes de Josué, inician la conquista de Canaán (actual Palestina).
1025	Saúl, consagrado primer rey de Israel.
1000	Reinado de David, que establece la capital en Jerusalén.
972	Reinado de Salomón. Construcción del Templo de Jerusalén, con ayuda fenicia.
933	Durante el reinado de Roboam (hijo de Salomón), Israel se escinde en dos reinos: Israel (al Norte) y Judá (al Sur).
882	Omri, rey de Israel, establece la capitalidad en Samaria.
867	Josafat, rey de Judá.
789	Reinado de Jeroboam II de Israel.
722	Fin del reino de Israel, tomado por Sargón II de Asiria. Las tribus que los formaban desaparecen.
587	Fin del reino de Judá: Jerusalén cae en manos de los babilonios. Parte de la población es deportada.
539	Tras apoderarse de Babilonia, Ciro II «el Grande» permite el regreso de los judíos. Palestina pasa a formar parte del Imperio Persa.
516	Los judíos celebran la inauguración del segundo Templo de Jerusalén.
332	Alejandro Magno conquista Palestina, tras la derrota del Imperio Persa. Poco después de su muerte, los lágidas de Egipto y los seléucidas de Siria se disputan Palestina: los primeros la dominan desde el 323 a.C. y los segundos desde el 198 a.C.
198	Tras su prolongada guerra, Antíoco III entra en Jerusalén.
165	Mes de diciembre (25 de Kislev), tras la victoria de Judas Macabeo sobre los sirios. El Templo de Jerusalén es nuevamente purificado.
142	Los macabeos, sublevados contra Siria, consiguen la independencia.

Fechas a.C.	Hechos históricos, político-económicos y culturales
63	Pompeyo ocupa Jerusalén y destruye sus murallas.
40	Reinado de Herodes «el Grande», proclamado monarca por el Senado romano y apoyado por las legiones.
4	Nacimiento de Jesús de Nazareth. Tras la muerte de Herodes, Roma pone fin a la monarquía y el país es dividido entre sus tres hijos.

Fechas d.C.	Hechos históricos, político-económicos y culturales
26	Poncio Pilato, designado procurador de Judea.
30	Proceso y muerte de Jesús
37	Se produce un interludio en el gobierno directo de Roma, que dura hasta el año 44. Herodes Agripa I (nieto de Herodes «el Grande») obtiene el título real.
70	Destrucción de Jerusalén por las tropas de Tito. Diáspora de los judíos.
115	Siendo emperador el español Trajano, se producen revueltas entre las poblaciones judías de Egipto, Chipre y Cirenaica, que son reprimidas con inusitada severidad, por ser consideradas peligrosas para la seguridad del imperio.
117	Reinado del también español Adriano. Roma aplasta la última rebelión judía. Jerusalén es reconstruida como ciudad pagana y cambiado su nombre por el de Aelia Capitolina.

CRONOLOGÍA COMPARADA

Fechas a.C.	Situación	Hechos históricos y culturales
2000	Próximo Oriente	Los elamitas destruyen Ur. Decadencia de Summer.
	Egipto	Reunificación del país durante el reinado de Mentuhotep II (XI Dinastía), que establece la capitalidad en Tebas. Aparece en Tebas el culto a Amón. Grandes sepulturas talladas en la roca, con piramide en el patio.
	Zona del Egeo	Espectacular progreso económico, demográfico, político, social y cultural en Creta: palacios de Knosos y Festos.
	Europa	Se va generalizando el uso del bronce.
1786	Egipto	Comercio con Asia Menor y el Egeo, a través de Fenicia. Se advierten síntomas de debilidad. Enterramientos reales en pequeñas sepulturas pirámida-

Fechas a.C.	Situación	Hechos históricos y culturales
		les; los súbditos se hacen enterrar en mastabas y tumbas excavadas en las rocas. Primacía del culto a Amón.
	Península Ibérica	Cultura de El Argar (Sur de España). Difusión del «vaso campaniforme».
1250	Egipto	Ramsés III (XIX Dinastía) mantiene la hegemonía egipcia. Se firma un tratado con los hititas. Durante el reinado de Meneptah, el poder militar comienza a declinar. Los hebreos, dirigidos por Moisés, abandonan el país.
1200	Anatolia	Los llamados «Pueblos del Mar» invaden esta región, destruyen Hattussas y se hunde el Imperio Hitita.
	Zona del Egeo	Una coalición de reyes micénicos destruye la ciudad de Troya.
	América del Norte	Un grupo de inmigrantes, sin duda procedentes del Sur, se instalan en la zona de Tlatilco (valle de Méjico), influyendo en sus habitantes al introducir nuevas técnicas, costumbres y creencias.
1000	Italia	Los pueblos latinos se asientan en las orillas del Tíber.
900	Europa	Difusión del uso del hierro. Las necesidades bélicas obligan a la construcción de fortificaciones.
814	Norte de África	Fundación de Cartago.
776	Grecia	Institución de los Juegos Olímpicos (Año «0» del calendario griego), en los que participan todas las ciudades, incluyendo las rivales.
753	Actual Sur de Rusia	Los escitas ocupan la estepa póntica y atraviesan el Cáucaso, empujando a los cimerios hacia Armenia.
640	Egipto	Política filohelenista de los reyes de la Dinastía XXVI, que contratan mercenarios griegos. Los griegos fundan en el delta la ciudad de Naucratis. Imitación del arte antiguo. Perfección de los grabados sobre piedra.
600	Grecia	Aparición de la cerámica de figuras negras. La poesía culmina con Alceo y Safo de Lesbos.
	India	Importantes cambios religiosos; desarrollo del hinduismo, a partir del brahmanismo. Aparición de la secta jainista.

Fechas a.C.	Situación	Hechos históricos y culturales
559	*Próximo Oriente*	En el territorio del Irán actual, Ciro «el Grande» funda el Imperio Persa.
509	*Roma*	Derrocamiento de la monarquía y proclamación de la República.
455	*Grecia*	Primera tragedia de Eurípides.
356	*Grecia*	Nacimiento de Alejandro Magno, hijo de Filipo II de Macedonia.
332	*Próximo Oriente*	Alejandro acaba con el Imperio Persa. Tras su muerte (323 a.C.) sus generales se disputan la herencia.
291	*Grecia*	Muerte de Menandro, el principal representante de la «Comedia Nueva».
270	*Egipto*	El faraón Ptolomeo II firma un tratado con Roma.
232	*India*	Fallece el emperador Asoka, que fue gran difusor del budismo.
226	*Península Ibérica*	Tratado del Ebro, entre Roma y Cartago, delimitando las respectivas zonas de influencia.
190	*Próximo Oriente*	Roma derrota a Antíoco, rey de Siria, iniciando así su soberanía.
60	*Roma*	Pompeyo, César y Craso forman el Primer Triunvirato.
27	*Roma*	Octavio se convierte en el primer emperador y asume el título de Augusto.

Fechas d.C.	Situación	Hechos históricos y culturales
30	*Próximo Oriente*	Muerte de Jesús de Nazareth, tras tres años de vida pública.
64	*Roma*	Primera persecución contra los cristianos, iniciada por Nerón, quien les responsabiliza del incendio de Roma, que él ha provocado.
70	*Próximo Oriente*	Tito, hijo del emperador Vespasiano, destruye Jerusalén.
92	*Península Ibérica*	Difusión del cristianismo.
100	*América del Sur*	Culturas de Moche, Nazca y Pucara (actual Perú).
117	*Roma*	Tras la muerte de Trajano, accede al trono Adriano.

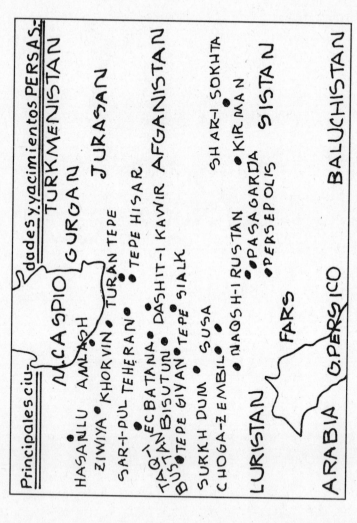

Principales ciudades y yacimientos persas.

CUARTA PARTE

Los pueblos del Norte

Medos y Persas

CAPÍTULO XVIII

ORIGEN Y DESARROLLO DE MEDOS Y PERSAS

La región que serviría de marco histórico a los pueblos iranios está constituida fundamentalmente por una gran meseta —cuya altura sobre el nivel del mar pasa de los cuatrocientos cincuenta metros— que se extiende desde los Zagros hasta el Indo, limitada al norte por el mar Caspio y el actual Turquestán ruso, y por las aguas de los golfos Pérsico y Omán, al sur. La meseta en cuestión guarda en su centro una gran masa de tierras inhospitalarias y desérticas (aproximadamente una tercera parte del territorio), bordeadas por un círculo de montañas y que solamente pueden cultivarse mediante sistemas de riego artificial, que la aíslan del exterior y dejan una estrecha zona en su periferia de abundantes recursos naturales, debido a lo templado del clima, donde se concentraba la vida de estos pueblos.

«Los primeros habitantes de Persia, procedentes probablemente de Asia central, comenzaron a establecerse en el territorio hacia el año 4000 a.C., y dieron en practicar una primitiva forma de agricultura. Uno de sus primeros establecimientos estuvo en Susa, que más tarde llegaría a ser una de las capitales del Imperio Persa. Estos primeros habitantes persas fueron hábiles ceramistas, y, con el empleo de pintura negra sobre un fondo rojo oscuro, empezaron a esbozar elementalmente las figuras de pájaros y animales, aunque más tarde demostraron su ingenio en el trazado de figuras abstractas sobre los mismos temas» [193].

---

[193] *El hombre. Dos millones de años de historia,* 1993. Pág. 74.

Los medo-persas forman parte de la gran familia indoeuropea. «No formaban estas gentes una nación en sentido propio —aclaran Ballesteros y Alborg—, sino que estaban constituidas por grupos de pastores aguerridos, organizados en clanes independientes y mandados por aristocracias feudales, emprendedoras y violentas. *El nombre de "arios" que se dieron a sí mismos significa en su idioma "noble", y esto indica el concepto de superioridad en que se tuvieron respecto a los otros pueblos con quienes se pusieron en contacto»* [194].

Los medos se establecieron al nordeste de la meseta (en la Media o Meda), mientras que sus afines, los persas, continuaron su avance hacia el Sur, hasta establecerse en la zona sudoccidental (Parsa o Pérsida), la actual Fārs. De estos pueblos, pastores nómadas de tradición guerrera, hablan los textos asirios de la época imperial. Y pese a que les acusaban de ladrones y salteadores de caminos, se encontraban —realmente— en un acelerado proceso de sedentarización y organización política.

Los medos, divididos, según Herodoto de Halicarnaso, en seis tribus, aparecen citados por primera vez, en los anales de Salmanasar III (hacia el 835 a.C.), que algunos años antes había vencido a los persas y poco después a los medos. No obstante, ni unos ni otros se mostraron conformes con el dominio asirio y, aprovechando una fase de decadencia de su imperio, los medos se extendieron hacia el Sur (ocupando las regiones de Teherán y del Elwend).

A mediados del siglo VII Tiglatpileser III logró derrotarlos, sin llegar a someterlos (744 a.C.), y Sargón II los vuelve a vencer (722 y 715 a.C.) derrotando a su jefe Dayankku (o Daiukka), el Dejoces al que atribuía Herodoto la constitución de un reino unitario con capitalidad en Ecbatana (la actual Hamadhān, a trescientos kilómetros al sudeste de Teherán) alrededor del 708, implantando así la dinastía meda. Le sucedió su hijo Fraortes, según unas fuentes, o Astiages I, según otras (655/633), quien consiguió dominar, momentáneamente, a los persas y unirlos a su reino y, sacando partido de la muerte de Assurbanipal y de la decadencia del poder asirio, inició campañas contra Asiria, que prosiguió su hijo y sucesor Ciájares (o Ciaxares).

Éste (633/584 a.C.), tras desbaratar a los hititas, invadió Asiria y en el 612 a.C., aliado con Nabopolasar de Babilonia —tras casar a su hija Amytis con el futuro Nabucodonosor II (remitimos

---

[194] Manuel Ballesteros y Juan Luis Alborg, 1973 (I). Pág. 103.

al correspondiente capítulo de la historia asirio-babilónica—, marchó sobre Asiria y destruyó Nínive. Vencido definitivamente el adversario con la ocupación de Harrán (sobre el 609 a.C.) Ciájares pudo repartirse los territorios conquistados con su aliado, incorporando a sus dominios gran parte de Irán, norte de Asiria y parte de Armenia.

* * *

Intentó ampliar su imperio hacia el Oeste, hacia Asia Menor, tropezando allí con la tenaz resistencia de Alyattes (o Aliactes), rey de Lidia. Finalmente, y tras cinco años de guerra, se firmó un tratado favorable a Media, por el que se reconocía el río Halys (Kizil Irmak) como frontera entre ambos reinos y se estipulaba el matrimonio de una hija del monarca lidio con el heredero del rey medo, habiendo actuado como intermediario el propio Nabucodonosor, preocupado por los avances de su suegro (585). Cuando Ciájares falleció un año después, el imperio de los medos se extendía desde la frontera lidia hasta las desoladas tierras del desierto de Kavir (o Gran Desierto Salado).

Astiages II (584/555 a.C.) sucedió a su padre, procurando mantener relaciones pacíficas con todos los Estados. No obstante, a la muerte de la esposa meda de Nabucodonosor II se inició una etapa de tensiones en Babilonia. Muerto éste, Astiages invadió la región de Herrán, incomunicando Caldea con Siria. Hubo de suspender la campaña al entrar en conflicto con los persas. Mientras Astiages estaba ocupado en Harrán, Ciro II «el Grande» invadía la Media, derrotaba a su rey en Pasagarda (unos cien kilómetros al noroeste de Shiraz) y poco después todo su reino pasaba a poder de Ciro.

* * *

Unidos a los medos, los persas se enfrentaron a los monarcas del Imperio Asirio, y cuando sufrieron las fortísimas acometidas de Tiglatpileser III y de Sargón II, emigraron —en su mayor parte— hacia el Sur, por los montes Zagros, estableciéndose al oriente de Elam (antigua región en la parte oriental de Babilonia). Fue entonces cuando sus diez tribus se unieron bajo el mando de Aquemenes (de la tribu de los pasagardas), que daría su nombre a la dinastía Aqueménida, aunque no adoptó el título de rey, lo que hizo en el 675 a.C. su hijo y sucesor Teispes, al que sucedieron sus hijos Ciro I y Ariarames, que traspasaron, a su vez, el poder a los suyos, Cambises I y Arsamnes. Este último fue obligado a abdicar y, a la muerte de Cambises I, la corona pasó a Ciro II.

EL IMPERIO PERSA: DE CIRO II A DARÍO I

El nacimiento y la juventud de Ciro II, iniciador del imperio, aparecen envueltos en leyendas que pretendían explicar su portentosa trayectoria. Entre las diversas biografías de este rey cabe mencionar las de Herodoto y Ctesias.

Sucedió a Cambises I, su padre, en el 559 a.C., y comenzó su reinado uniendo bajo su cetro, no sólo a todos los persas, sino a una serie de pueblos, algunos de ellos no asirios, escalonados el este de los montes Zagros, entre el Caspio y el golfo Pérsico, incluyendo a gentes del desierto de Kavir, aunque les dejó autonomía plena y consideró a sus príncipes como iguales. Tras asegurarse la alianza de Nabonido de Babilonia (553 a.C.), se rebeló contra su abuelo Astiages II, negándose a reconocer la supremacía de los reyes medos, derrotándole y haciéndole prisionero (550 a.C.), tras la toma de Ecbatana, capital de la Media. Luego emprendió la conquista del Elam, vasallo de Media, anexionándolo y convirtiendo a Susa en la capital de su imperio, aunque mantuvo su residencia en Persépolis.

Mientras tanto, Creso, rey de Lidia, inquieto por la creciente pujanza persa, se alió con Babilonia, Egipto, las ciudades jonias del Asia Menor y Esparta, e inició las hostilidades, cruzando el Halys. Tras la indecisa batalla de Pteria, Creso se replegó en espera de unos prometidos refuerzos, que no llegaron. Nuevamente Ciro le derrotó junto al río Hermos, y poco después —tras breve asedio— se apoderó de Sardes, la capital del reino. El vencido Creso fue llevado a Persia y tratado con suma benevolencia (546 a.C.). Ciro se empeñó, entonces, en la conquista del resto de Asia Menor, incluyendo las ciudades jonias, que no fueron socorridas por Esparta. Algunas de éstas, como Mileto y Quios, acabaron aliándose con los persas, lo que les permitió gozar de cierta autonomía.

A continuación el soberano persa emprendió una gran campaña hacia el este de Irán. Al otro lado del desierto de Kavir se habían establecido tribus escitas bastante poderosas, que fueron destruidas e incorporadas como nuevas provincias: Sogdiana, Margiana, Drangiana, Bactriana y Aracosa, llegando hasta el valle del Indo (véase mapa adjunto).

Tras apoderarse, probablemente, de parte de Siria y Palestina (hacia el 540 a.C.), atacó a Babilonia, que conquistó fácilmente. Nabonido fue respetado y exiliado a la provincia de Carmania. Permitió la vuelta de los judíos, tras setenta años de cautiverio, a su país, y Babilonia conservó el rango de gran ciudad y centro del comercio mesopotámico, y para conservar su tradicional autonomía ideó la ficción de mantener en ella una monarquía pretendidamente independiente, a cuyo frente colocó a su heredero Cambises.

En los siguientes años sometió las regiones del norte y este del Irán —tras encomendar a su hijo la conquista de Egipto—, en una campaña no desprovista de dificultades, por la naturaleza del terreno y la resistencia de sus gentes. Murió en el 529 a.C., combatiendo contra los masagetas (emparentados con los escitas y establecidos al este del mar Caspio), y fue sepultado en Pasagarda. «Con todo, la gloria de Ciro no se debe a sus conquistas, sino al espíritu con que las realizó, a su agudo sentido político y a la extraordinaria benignidad con que acertó a sujetar tantas y tan diversas tierras —afirman Ballesteros y Alborg—. *Los efímeros imperios mesopotámicos, sostenidos tan sólo a costa de increíbles devastaciones y matanzas, cedían el paso a un nuevo poder cimentado por la tolerancia y el respeto. Con el triunfo de Ciro acaba el predominio de los muros semitas y comienza el acceso de las razas indoeuropeas*» [195].

* * *

La obra de Ciro II la continuó Cambises II (529/521 a.C.), su hijo y sucesor, que cuatro años después emprendería la conquista de Egipto con la ayuda de Polícrates de Samos, antiguo aliado de los egipcios; de Fanetes, general de los ejércitos faraónicos, que le suministró importante información, y con el interesado apoyo de los pueblos semitas que le garantizaron la necesaria provisión de agua para la travesía del Sinaí. Tras la victoria sobre Psamético III —lo

---

[195] Manuel Ballesteros y Juan Luis Alborg, 1973 (I). Pág. 107. En efecto, los persas, que eran un pueblo indoeuropeo, sólo fueron derrotados definitivamente por otros indoeuropeos, los griegos.

que supuso el fin del Estado saíta— en Pelusium, propiciada por la deserción de los mercenarios griegos, conquistó Menfis y Heliópolis. Cambises se proclamó faraón, envió al derrotado monarca egipcio a Persia y, como de costumbre, trató benignamente a los vencidos, adoptando su religión —según el funcionario colaboracionista Udahorraseneb de Heracleópolis—, respetó sus instituciones y designó a dignatarios nativos para los más altos puestos. Unos desafortunados incidentes, y el fracaso de una expedición a Nubia, le trastornaron —padecía ataques epilécticos—, llevando a cabo una serie de imprudencias y desmanes tales que los egipcios jamás perdonarían. «En general, los persas trataron el país conquistado como una fuente de ingresos, porque —como indica Presedo [196]—, en definitiva, se trataba de la provincia más rica de su imperio.»

Hubo de regresar apresuradamente a Persia, dada la gravísima situación interna del imperio. Cambises había tenido un hermano llamado Bardes (o Smerdis, según Herodoto), al que —convicto de participar en una conjura— el rey lo había hecho ejecutar sigilosamente antes de partir hacia Egipto. Un mago (astrólogo sacerdote de Zoroastro) llamador Gaumāta se fingió el difunto Bardes y, propalando la muerte de Cambises, quiso hacerse proclamar rey. Cambises falleció poco después de su regreso, aunque se desconocen las causas: para unos fue asesinado y para otros se suicidó.

Ni la muerte del legítimo rey ni la falta de sucesión legítima favoreció gran cosa al usurpador Gaumāta, que gozaba de cierta popularidad y del apoyo de la antigua nobleza sacerdotal meda, que anhelaba el resurgimiento de su pasada hegemonía. Su impostura fue descubierta por siete de los más poderosos príncipes persas, que se aliaron contra él y, tras darle muerte —junto con muchos de sus seguidores—, elevaron al trono a Darío, hijo de Hitaspes, perteneciente a una rama colateral de los aqueménidas.

* * *

Darío I (521/485 a.C.) se vio precisado, además, a dominar diversos alzamientos encabezados por los gobernadores de algunas provincias orientales: Babilonia, Susiana, Media y Sagartia, que pretendían independizarse, precisando de casi tres años para afianzarse en el poder. La experiencia adquirida en estas luchas le indujo a centralizar la organización del imperio, que dividió en veinte satrapías o provincias cuyos gobernadores, la mayor parte de las veces, pertenecían a la alta aristocracia y, ocasionalmente,

---

[196] Francisco J. Presedo Velo, 1988. Pág. 50.

a la propia familia real. Estos sátrapas, pese a la amplitud de los poderes conferidos, eran responsables ante el soberano. También dependían de la Corona los jefes de las guarniciones, y tanto unos como otros eran vigilados por unos inspectores conocidos como los «ojos y oídos del rey». Se construyeron grandes carreteras, entre ellas la famosa «vía real», que iba desde Éfeso a Susa, y que probablemente proseguía hacia el Este, lo que facilitaba el correo, el desarrollo de la administración, el tráfico mercantil y el desplazamiento de tropas. También se realizó un catastro para fijar los impuestos y se adoptó un sistema unitario de pesas y medidas (al que nos referiremos más adelante), y para favorecer la actividad económica del país se acuñó una moneda de oro, el dárico.

Un complejo aparato burocrático garantizaba la administración y los contactos diplomáticos, facilitados merced a la introducción de una lengua única de cancillería, el arameo. Sin embargo, como hemos indicado, las diferencias de costumbres, de religión e incluso de idioma fueron respetadas, existiendo tolerancia plena en materia religiosa. Para los intercambios, además de la mencionada red viaria, se disponía de los puertos y flotas de las ciudades de Fenicia y Jonia, y se promocionaron los viajes de exploración en pos de nuevas rutas.

Señor de toda Asia Anterior y de Egipto, no sólo trató de subsanar los males causados por sus predecesores para ganarse al pueblo, sino que se anexionó amplios territorios a lo largo de las fronteras septentrionales, al este y al oeste del Caspio, llegando a conquistar parte del valle del Indo. Luego, avanzó hacia Occidente (514 a.C.), atravesando los Dardanelos por un puente de barcas, mientras que una escuadra bordeaba la costa, cruzando el Danubio cerca de su desembocadura (mar Negro), con la ayuda de los jonios, llegando hasta el Dniéster. Cometió el error de enfrentarse con los escitas, los cuales le causaron enormes pérdidas y le obligaron a retirarse —acosado por su veloz caballería— totalmente derrotado. De esta campaña, Darío conservó la Tracia meridional, las islas de Lesbos (Grecia) e Imroz (Turquía actual); además, consiguió someter al monarca macedonio... *Había llegado a las puertas de Grecia, pero creó así las condiciones para las futuras Guerras Médicas,* sobre las que no nos extenderemos demasiado.

* * *

Diversas fueron las causas que las desencadenaron, entre ellas las económicas, ya que los mercaderes jonios, tras la conquista del Levante y de Egipto, comenzaron —sin contar con la rivalidad fenicia— a sufrir restricciones. Sin embargo, éstas fueron relativas, si se tiene en cuenta que los griegos de Asia, y especialmente los de Europa, sentían creciente animadversión hacia el Imperio Persa, cuya ávida mirada había posado sobre las florecientes «polis» griegas. Por otra parte, los sátrapas persas y sus colaboracionistas griegos cometieron diversos errores, ya sea favoreciendo a los tiranos exiliados de Grecia (como el ateniense Hipias), o las confrontaciones entre éstos, que acabaron por encender el deseo en los unos de recobrar su libertad y en los otros de conservarla a toda costa (hacia el 500 a.C.) Esparta prefirió inhibirse de tal empresa, pero sí lo hicieron Atenas y Eretria, que se limitaron a facilitar algunas naves de guerra y poco más (a todas luces ayuda insuficiente para expulsar a los persas de las ciudades ocupadas en Asia Menor).

En el 498 a.C., los insurrectos conquistaron e incendiaron la ciudad de Sardes, cuya acrópolis resistió hasta la llegada de tropas persas, lo que obligó a los griegos a retirarse. Y si bien las adhesiones a la rebelión crecían, la desorganización e indisciplina de los insurrectos, agravadas por la escasa ayuda recibida, acabaron por favorecer a los persas. La no muy numerosa flota griega fue aniquilada frente a la isla de Lada (ante Mileto, Caria), en el 494 a.C. La ciudad fue arrasada y deportada una parte de sus habitantes. Análoga suerte corrieron las demás ciudades rebeldes; no obstante, Darío se comportó con bastante moderación.

La rebelión de los jonios demostró a los griegos que la resistencia frente al Imperio Persa era factible, aunque se precisaba que la acción militar y política estuviera mejor coordinada. Pese a algunos descalabros iniciales, como la pérdida de Naxos (en las Cícladas) y la caída y destrucción de Eretria, en la primavera del 490 a.C., los atenienses, dirigidos por Milcíades, derrotaron —pese a la diferencia numérica— a los persas en las playas de Maratón. Herodoto narra así el inicio de la batalla: «Cuando los persas les vieron llegar hacia ellos corriendo, se aprestaron a recibirles; al ver que eran pocos y que, no obstante, se lanzaban al paso de carga, sin caballería, sin arqueros, les creyeron dominados por una locura que causaría su perdición...» [197]. Además, los atenienses

---

[197] *Enciclopedia Salvat del Estudiante,* 1977 (I). Pág. 123. Acerca de las pérdidas sufridas por ambos bandos se han barajado distintas cifras. Según datos de esta misma obra (misma página), los persas perdieron seis mil cuatrocientos hombres y los atenienses sólo ciento noventa y dos; una vez más, la fuerza fue derrotada por la astucia y la superioridad táctica.

consiguieron rechazar el asalto persa a Atenas, que así conquistó la gloria por haber repelido por sí sola a tan poderoso enemigo.

En sus últimos años, Darío I hubo de reprimir rebeliones en Egipto y Babilonia, lo que consiguió con relativa facilidad, pero le obligó a distraer fuerzas y recursos que le hubieran servido para desquitarse de su descalabro ante los griegos. Tras su muerte, sus hijos se disputaron la sucesión al trono, que, finalmente, recayó sobre el futuro Jerjes I (485 a.C.)

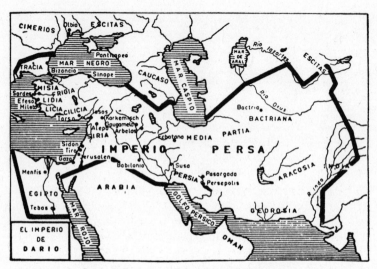

Según Ballesteros y Alborg («Historia Universal»).

DE JERJES I A DARÍO III

Jerjes I (485/464 a.C.) debió sofocar las revueltas que se produjeron en Egipto, lo que consiguió fácilmente, pero hubo de confiar esta satrapía a su hermano Aquemenes, para emprender una nueva campaña contra los griegos, empresa que le llevaría la mayor parte de su reinado.

Entre tanto, las ciudades griegas persistían en sus disputas y rivalidades, por lo que casi no habían dispuesto defensa alguna contra una nueva invasión, pese a los claros indicios de peligro. Para la ofensiva contra la Hélade, Jerjes aplicó una nueva estrategia. Dispuso una gran expedición —probablemente la más numerosa conocida hasta la fecha—, de más de trescientos mil hombres, unas mil naves, de éstas doscientas siete eran trirremes. Para facilitar el paso de su ejército a Europa, hizo construir dos puentes de barcas en el Helesponto, llegando, incluso, a ordenar el trazado de un canal en la península de Calcídica (norte de Grecia), en la base del promontorio del monte Athos. Además, mediante hábiles acciones diplomáticas y mucho oro consiguió el apoyo o, al menos, la neutralidad de algunas ciudades griegas y de los sacerdotes del oráculo de Delfos.

Atenas y Esparta se unieron, y Leónidas, rey de esta última, sucumbió valientemente defendiendo el paso de las Termópilas (Tesalia), lo que supuso la caída de toda la Grecia central: Tebas capituló, Tespia y Platea fueron arrasadas, y Atenas hubo de ser urgentemente evacuada antes de que Jerjes la ocupara e incendiara. Sin embargo, los persas fueron derrotados en las batallas navales de Salamia (isla situada en la desembocadura de la bahía de Eleusis) y Micala (en la costa egea de Anatolia, frente a la isla de Samos) y en la terrestre de Platea (Beocia), en el 480 a.C. Estas acciones propiciaron nuevas rebeliones de las ciudades jonias y eolias, que, una tras otras, acabaron uniéndose a los vencedores.

Tras renunciar a la conquista de Grecia, Jerjes vivió entregado a los placeres cortesanos, muriendo asesinado en una conspiración, dirigida por su favorito Artabano, jefe de su guardia, que pretendía suplantarle.

* * *

Le sucedió su hijo Artajerjes I (464/424), apodado «Longimano» por la extensión de sus dominios. Al igual que su padre, consagró gran parte de su reinado a la lucha contra los griegos, protagonizando la Tercera Guerra Médica. Derrotado en una batalla naval en aguas chipriotas, no pudo impedir un desembarco griego en Cilicia (Anatolia sudoriental), viéndose obligado a firmar la Paz de Cimón o de Calias (449 a.C.), que dejaba a los vencedores la posesión de Tracia y de la costa de Asia Menor hasta Pamfilia, comprometiéndose, además, a no surcar el Egeo con sus naves.

Pese a tan graves fracasos militares, el reinado del Longimano representó un avance sobre el anterior, no sólo porque se corrigieron muchos abusos y errores del pasado, sino porque las armas persas lograron considerables éxitos en Egipto, que se había rebelado con ayuda griega.

A su muerte le sucedió Jerjes II, hijo suyo, asesinado —tras cuarenta y cinco días de reinado— por su hermano Sogdiano, que lo fue a su vez por el tercer hermano Ochos, que adoptó el nombre de Darío II (424/404 a.C.). Su reinado estuvo marcado por continuas intrigas y sublevaciones, que culminaron con la independencia de Egipto, donde accedió al trono la XXVIII Dinastía, cuyo primer rey fue Amyrteos. En estos años estalló entre los griegos la llamada Guerra del Peloponeso (ocasionada por la rivalidad entre Atenas y Esparta), circunstancia que aprovecharon los sátrapas de Asia Menor para intervenir, según las conveniencias, a favor de uno u otro bando, con lo cual consiguieron que algunas ciudades de Jonia tuvieran que acogerse a su protección y pagarles tributos. No tardó en suscitarse el problema de la sucesión. Darío II tenía dos hijos: el mayor, Arsakes, nacido antes de su acceso al trono, y Ciro, tenido durante su reinado. La reina madre, Parísatis, que prefería al menor, consiguió que Darío le designase heredero.

Sin embargo, Arsakes fue proclamado rey con el nombre de Artajerjes II (404/358 a.C.). Desde este momento, Ciro pretendió derrocar a su hermano, quien, recelando de sus propósitos, ordenó su asesinato, lo que la reina madre impidió, logrando que Ciro fuese perdonado y enviado como sátrapa a Jonia. Allí, Ciro «el Joven» se puso en contacto con los espartanos, vencedores de Atenas, y reclutó tropas mercenarias que condujo contra su hermano hasta las inmediaciones de Babilonia; pero, muerto en la batalla de Cunaxa (401 a.C.) —en la orilla izquierda del Éufrates—, los griegos iniciaron la famosa «Retirada de los Diez Mil» (o «Anábasis»), cuyas vicisitudes fueron recogidas por el ateniense Jenofonte, que tomó parte importante en la expedición: «... *Toda la marcha, entre la ida y la vuelta, se hizo en doscientas quince jornadas, con un recorrido de mil ciento cincuenta parasangas* (cada parasanga equivale a 5.250 m.), *o treinta y cuatro mil seiscientos cincuenta estadios* (el estadio es una medida griega equivalente a 185 m.); *entre la ida y la vuelta duró la marcha un año y tres meses»* [198].

Ochos, hijo de Artajerjes, sucedió a éste, y lo hizo adoptando el nombre de Artajerjes III (358/338 a.C.). Tuvo que reprimir muy severamente varias conjuras nobiliarias —crónicas en esta etapa histórica— y dispuso la reconquista de Egipto, empresa que su padre intentó sin éxito, quedando reincorporado el País del Nilo al Imperio Persa (340 a.C.). Las ciudades fenicias que habían ayudado a los fenicios fueron castigadas con inusitada crueldad. Por estos años había aparecido en Macedonia la gigante figura de Filipo II, que —desde el primer momento— acogió a todos los rebeldes contra el «Gran Rey».

Artajerjes fue asesinado por su favorito Bagoas, quien, tras dar muerte a otros miembros de la realeza, colocó en el trono a Darío III Codomano (336/330 a.C.), nieto de Artajerjes II, en la creencia de poder dominarlo. Darío fingió aceptar las condiciones que le puso el intrigante, pero, una vez en el poder, le hizo ejecutar. *Su reinado coincidió con las campañas de Alejandro Magno y con él concluye la larga y brillante historia de uno de los imperios más notables de la antigüedad.*

En el 336 a.C., el mismo año de su subida al trono, Alejandro propiciaba —a manera de ensayo— una expedición al Asia Menor, al mando de Parmenión (uno de sus generales y consejeros), que, si bien no consiguió sus objetivos, obtuvo algunas ventajas contra los persas, fomentando el particularismo de los sátra-

---

[198] Jenofonte, 1965. Pág. 176. Tal como señala el traductor, Ángel Sánchez Rivero, este párrafo final de la obra es una de las varias interpolaciones que ésta contiene.

pas y el levantamiento de las ciudades griegas supeditadas al imperio. Quedaba, sin embargo, muy claro que Persia ya no era la gran potencia de los tiempos pasados, aunque conservase casi todo su poder, aparentemente intacto, gracias, particularmente, a sus inmensas disponibilidades financieras, que permitían el reclutamiento de numerosos mercenarios, griegos incluidos.

* * *

Las fuerzas con que Alejandro se lanzó (primavera del 334 a.C.) a la empresa de abatir el poderío persa, comparadas con las de sus adversarios, eran exiguas, ya que no contaba con más de cuarenta mil hombres (incluidos unos cinco mil jinetes), de los que alrededor de una cuarta parte, procedentes de las «polis» sometidas, no merecía plena confianza. Tampoco disponía de grandes medios financieros, y su flota no pasaba de las ciento sesenta o ciento ochenta naves. Por razones del contenido de esta campaña (perteneciente a la historia de Grecia) y en aras de la brevedad y del espacio disponible, nos limitaremos a resumirla brevemente.

Desoyendo los acertadísimos consejos de Memnón de Rodas, jefe de los mercenarios griegos al servicio de Darío III, los orgullosos nobles persas prefirieron presentar batalla a los invasores en la margen derecha del río Gránico (cerca de la ciudad turca de Bursa), siendo dispersados tras una temeraria carga de caballería. Tal victoria, aunque poco importante en el aspecto militar, tuvo notable eco.

Decidido a privar a la flota persa de sus naves, se fue apoderando, casi sin resistencia, de las ciudades de Eolia, Jonia, Lidia y Caria. Sólo Mileto y Halicarnaso, defendida ésta por Memnón, ofrecieron seria oposición. Conseguido este propósito, avanzó hacia el corazón de Frigia, tras ocupar Licia, Pamfilia y Pisidia (333 a.C.).

Nuevamente, derrotó a Darío, en las cercanías de la ciudad de Isso (Cilicia), apoderándose de su campamento y de un cuantioso botín, haciendo, además, prisionera a la propia familia real persa. El «Gran Rey» se puso a salvo huyendo. Alejandro, que pretendía su rendición incondicional, rechazó sus ofertas de paz y de notables concesiones territoriales, así como la mano de su hija.

En ininterrumpida marcha triunfal (333/332 a.C.) sometió Fenicia y Egipto (donde se le recibió como libertador) y, tras fundar la ciudad costera de Alejandría, en la primavera del 331 a.C., se enfrentó nuevamente con Darío Codomano, cerca del Gaugamela (en la orilla izquierda del Tigris, en las inmediaciones de Arbela, Siria), aniquilando al ejército persa, que llegó a utilizar sus temibles carros falcados, como último recurso. Poseído por el pánico, Darío se dio nuevamente a la fuga (1 de octubre).

A comienzos del 330 a.C. marchó —en persecución del vencido— sobre Ectabana, dando por concluida la empresa tras ocupar la ciudad.

Por su parte, el aqueménida había sido tomado prisionero por un grupo de nobles dirigidos por Besos, pariente del rey y sátrapa de Bactriana (hoy Afganistán septentrional), que ya no le respetaban y que, con tal desacato, pretendían hacerse con el poder o, al menos, congraciarse con el conquistador. Finalmente (julio del 330 a.C.) acabaron asesinándolo. Alejandro dispuso que se le inhumase con los honores propios de un monarca y, cuando meses después capturó a Besos y a sus seguidores, les condenó a muerte.

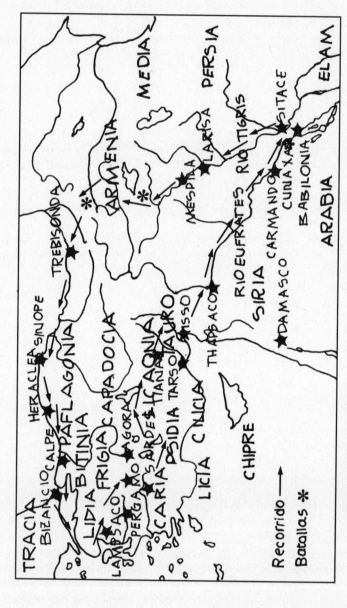

La expedición de los DIEZ MIL: *Itinerario seguido por los mercenarios griegos en su retirada y batallas libradas contra persas y otros pueblos hostiles.*

CAPÍTULO XIX
CULTURA Y ARTE

Los silabarios derivados de la escritura cuneiforme mesopotámica no se diferenciaban mucho de ésta, pero el uso de los signos se hallaba perfectamente sistematizado. No fue eliminada completamente la utilización de caracteres léxicos, pero su uso se redujo drásticamente.

Fueron los elamitas los primeros en considerar que el dominio de la complicadísima escritura mesopotámica constituía una tarea excesivamente molesta. Con el paso del tiempo, redujeron el número de caracteres, hasta llegar a una escritura predominantemente silábica, que en su fase final tenía sólo ciento dos signos silábicos y siete léxicos y determinativos, asumidos como una escritura propia y con una evolución diferente de la del sistema mesopotámico.

En los persas, esta escritura cuneiforme quedó reducida a treinta y seis signos casi alfabéticos —las consonantes tenían el valor de una vocal breve—, además de cuatro ideogramas y una palabra divisoria; en total cuarenta y un caracteres.

En esta vasta extensión de tierra se reconocían oficialmente tres lenguas: la de los conquistadores (o persa antiguo), la de los babilonios (o acadio) y la elamita (o susita). Las inscripciones reales se inscribían generalmente en forma trilingüe, colocándose cada texto uno al lado del otro. *«De este modo, los reyes aqueménidas, además de proporcionar a los que estudian el cuneiforme una forma de escritura enormemente simplificada* —comenta

Cleator—, *les ofrecieron textos equivalentes en otros dos lenguajes o formas de escritura desconocidas»* [199].

Escritura Persa.

P   A   R   SA   I   YA |Persia|.

Con el tiempo, el arameo acabó siendo adoptado como lengua oficial del imperio, lo que no supuso la exclusión de las otras.

* * *

Todos los intentos realizados entre finales del siglo XVIII y principios del XIX para descifrar las inscripciones persas, entre éstos los de O. G. Tyschen y los de F. C. C. Münther, habían fracasado o conseguido escasísimos resultados. El primer paso decisivo para su desciframiento lo emprendió el arqueólogo alemán Georg Frederick Grotenfend, fundándose en el conocimiento del idioma pahleví y en algunos signos que habían sido identificados como «rey de reyes». Mientras pretendía descifrar a toda costa una inscripción grabada sobre una roca en Behistún (sur de Ecbatana), acabó percatándose de que entre los signos, todavía desconocidos, aparecía tres veces la palabra «rey», y observando los signos que la precedían advirtió que había dos palabras iguales.

Ya era conocida la costumbre de los monarcas persas de colocar su nombre junto al de su padre, por lo cual muy bien la inscripción podría referirse a un rey y a su padre. Con arreglo a tal criterio, Grotenfend pudo establecer el siguiente esquema: *«X rey, hijo de Y/Z rey, hijo de X rey».*

Con su característica meticulosidad germana, el rector del Lyceum de Hannover repasó todo cuanto se sabía sobre la historia de la antigua persa, llegando a la conclusión de que entre los mencionados reyes había un padre y un hijo que habían sido monarcas, pero no así el abuelo, por lo que no le resultó muy difícil traducir: *«Darío, gran rey, rey de reyes, hijo de Hitaspes/ Jerjes, gran rey, rey de reyes, hijo de Darío.»* Efectivamente, entre los reyes conocidos no figuraba el nombre de Hitaspes. Así, Gro-

---

[199] P. E. Cleator, 1986. Pág. 83.

tenfend se halló en posesión de un cierto número de caracteres persas, lo que le permitía descifrar cada vez más palabras.

Escritura Persa.

𒁹𒁹 𒁹𒁹𒁹 ≡ ! |← ⊣≡ ⟨𒁹𒁹 ⟨⟨

D A R YA VA U SH (Darío).

Su obra fue posteriormente complementada por otros arqueólogos: William Gore, J. S. Saint Martin, Rasmus Christian Rask y especialmente Henry Creswick Rawlinton, Edward Hincks o Niels L. Westergaard y Jules Oppert, entre otros muchos.

Tras la caída de los aqueménidas, reemplazados por los seléucidas, a su vez sucedidos por los arsácidas (período parto), por los sasánidas (el Nuevo Imperio) y, finalmente, por los árabes, que invadieron el país a mediados del siglo VII d.C., la lengua de los vencidos fue ahogada repetidamente por los vencedores, no reapareciendo hasta unos doscientos cincuenta años después y sólo en forma puramente literaria. Aunque el persa actual se escribe en caracteres arábigos, proporciona un enlace vital a través del persa medio —representado por el zenda y el pahlevi, tal como se ha conservado en ciertas obras religiosas y en algunas inscripciones sasánidas— con lengua de los aqueménidas.

* * *

El saber intelectual iranio aparece en la historia cogido de la mano del zoroastrismo, orientación debida al profeta Zoroastro o Zaratustra (personaje cuya vida se sitúa entre los siglos VI/V a.C.), tal vez miembro de la aristocracia o componente de un pequeño grupo de letrados formados en la corte real y de cuya biografía se desconocen algunos detalles. En el «Zend-Avesta» —considerado como un libro santo— se da una exposición de sus doctrinas, aunque tan sólo se conservan algunos fragmentos de «gathas», poemas suyos, que son —tal vez— los textos más antiguos que se conocen.

La estrecha relación de los mitos persas con los védicos señala el origen común de los mismos o la existencia de recíprocas influencias entre ambos pueblos. En la obra, el mundo aparece como una antítesis entre el ser y el no ser, la luz y las tinieblas, la verdad y la mentira, y se anuncia el triunfo de la verdad y la desaparición de las fuerzas del mal.

La literatura persa, propiamente dicha, surge en la época de Darío I, ya que con anterioridad no se usaban caracteres persas, sino babilónicos. Del persa primitivo (iranio) sólo se conservan inscripciones. Hay que esperar, por tanto, al persa avéstico —estrechamente relacionado con el sánscrito— para hallar las primeras muestras literarias de valor.

Existía, al parecer, una literatura importante de la que no ha quedado vestigio alguno, sin contar con una abundante y rica tradición oral. La destrucción de la corte aqueménida dispersó el saber iranio y la literatura zoroástrica desaparecía en la etapa helenística.

Fueron innovadores en materia religiosa, como veremos, pero su legado fue más bien pobre en los otros campos de la especulación intelectual.

Cultivaron exitosamente todas las ciencias en general, aunque se contentaron con imitar a los pueblos que les estaban sometidos y a copiar de Babilonia y Egipto. Los soberanos persas se rodearon de médicos griegos y egipcios, y frecuentemente enviaban a los locales a tierras lejanas para aumentar sus conocimientos. Conocieron también, y a veces supieron estimar, la literatura y la filosofía griegas.

* * *

En la meseta irania, los arqueólogos han hallado restos de alfarería fechada entre los milenios IV y III a.C. En Samarra, Susa y otros parajes fueron descubiertas muestras de una cerámica especial, claramente distinta a la babilónica. Sus principales temas decorativos son el rombo y la cruz gamada, los rebecos y los ciervos, las serpientes y el agua, que aparecen muy estilizadas y, en ocasiones, no pasan de simples bosquejos.

Otros temas importantes están constituidos por colinas, árboles, aves, toros y carneros. Las representaciones humanas —poco abundantes— quedan reducidas a figurillas geométricas muy sencillas, como la estatuilla de piedra roja y negra (tercer milenio a.C.) de la Colección Forughi (Teherán). Destacan las divinidades masculinas y femeninas (diosas de la fertilidad), junto con una serie de útiles de sílex, piedra o arcilla, que evidencian el grado de habilidad demostrado por aquellas gentes.

En la Edad de Bronce (unos dos mil setecientos años a.C.) tales motivos fueron aplicados en bocados, arneses, alhajas y armas, descubiertos en Luristán, en los que no puede por menos dejar de advertirse, en opinión de Pablo Virgili [200], cierta influencia babilónica. Estas formas elegantes, flexibles y animadas, cuyo simbolismo sería un verdadero regalo a la humanidad.

Los objetos metálicos iranios, con su característico afán de estilización y de equilibrio, difieren del arte de los nómadas procedentes de la Siberia oriental y que llegaron a las estepas rusas cercanas al mar Negro.

Unos cuatro siglos antes de la creación del Imperio Persa, las diversas incursiones que durante la hegemonía elamita realizaron medos y persas por los Estados vecinos proporcionaron botines de tesoros y obras artísticas que engrosaron el patrimonio de Susa (capital del Elam). El arte autóctono elamita abarcaba dos actividades básicas: la cerámica y la escultura en bronce, de la que —como indica Oyarbide [201]— es un notabilísimo ejemplo la estatua de la reina Napirasu. *La simbiosis de estas manifestaciones autóctonas y la admiración por lo ajeno desarrollarían una cultura artística en la que destaca una «perfecta armonía» basada en una gran preocupación compositiva.*

Las manifestaciones artísticas de la fase meda son más bien escasas, aunque sumamente originales. Merecen citarse las cerámicas —con evidentes connotaciones funerarias—, la metalurgia y la glíptica, tan habitual en el Oriente Próximo.

* * *

«Los conquistadores y artífices de este imperio (del persa) fueron Ciro, Cambises, Darío y Jerjes... Sus sepulcros, palacios, indumentaria y joyas fueron asombro de su época y dieron origen a esa imagen de esplendor que todavía evocamos cuando aludimos a la "suntuosidad oriental"...» [202].

En el dominio de las artes, las cosas fueron muy distintas, a diferencia del terreno científico y literario. En el arte de los aqueménidas se aprecian numerosas influencias, pero tan bien integradas y adaptadas que acabaron por dar nacimiento a un arte nacional. «*El arte de Persia es la combinación de todo cuanto los persas consideran bueno y hermoso*» —afirma Virgili [203]—, cuando los persas construyeron sus palacios en las tierras altas, hicieron uso

---
[200] Pablo Virgili, 1956. Pág. 34.
[201] Miguel Ángel Oyarbide, 1986. Pág. 43.
[202] Everard M. Upjohn, Paul S. Wingert y Jane Gaston Mahler, 1972 (1). Página 136.
[203] Pablo Virgili, 1956. Pág. 36.

de la plataforma ideada por los sumerios para las tierras bajas, donde realmente era necesaria como base arquitectónica. Tomaron prestada la idea de los relieves, las grandes escaleras de los santuarios egipcios y el encanto y la gracia de los templos griegos, que conocieron en las satrapías del Asia Menor. Tomaron prestadas también las ideas que para la joyería les dieron los egipcios y babilonios, y para la cerámica de los fenicios. Incluso se manifiesta una influencia hitita en el plan arquitectónico de sus palacios.

La brillante tentativa de los persas de obtener una síntesis de todos los estilos que les precedieron, no fue impuesta al pueblo, sino que se limitó a los palacios de las ciudades más importantes...

Entre los palacios —edificios impresionantes todos ellos— destacan los de Susa y Persépolis, construidos con materiales procedentes de todas las provincias del imperio, y aun de lugares más remotos.

Darío I inició la serie de las grandes construcciones, vanagloriándose de haber hecho venir de muy lejos los materiales empleados para la edificación del palacio de Susa (al sudoeste de la actual Dezful, antigua capital del Elam): «El cedro ha sido traído del monte Líbano, la madera de teca ha sido traída de la India; el oro, de Sardes y la Bactriana; el lapislázuli y el cinabrio, de Sogdiana; las turquesas, de Corasmia; la plata y el plomo, de Egipto; los materiales que decoran los muros, de Jonia; el marfil, de Etiopía, de la India y de Aracosia; las columnas de piedra, de Caria. Los tallistas de la piedra eran jonios y lidios; los orfebres, lidios y egipcios; los tejeros, babilonios; los hombres que ordenaron los muros, medos y egipcios...» [204].

Situada al este del Tigris, la ciudad de Susa fue fundada por los elamitas, arrasada por los asirios y reconstruida por los aqueménidas, que la embellecieron con muestras admirables de su arquitectura. Fue Ciro quien decidió hacer de esta ciudad una de las más pertrechadas fortalezas de su tiempo, destinándola a ser la guardiana de su «reserva de oro», o sea, de los inmensos tesoros que en ella se custodiaban. A idénticos fines la destinaron Darío y Jerjes. Cuando en el 331 a.C. la conquistó Alejandro, necesitó más de diez mil camellos y veinte mil mulas para llevarse tan sólo una parte de sus riquezas. En nuestros días todavía subsisten unas ruinas de imponente aspecto. El conjunto ha sido estudiado y reconstruido por diversos investigadores modernos, entre ellos el arquitecto francés Pillet.

---

[204] *Historama,* 1965 (I). Pág. 198.

Persépolis es el más importante complejo monumental del antiguo Irán. Su nombre persa Parsacat significa «Fortaleza de los Persas». Fundada por Darío I «el Grande», las obras comenzaron hacia el 520 a.C., dándose por terminadas —que no concluidas— siglo y medio después. Un complicadísimo sistema de canalizaciones y colectores tallados en la plataforma rocosa sobre la que se alzan parece indicar que el plan inicial de los aposentos y recintos de viviendas podría datar del siglo anterior, siendo ejecutado por arquitectos posteriores.

Muy cerca de Parsacat o Pasagarda, Darío levantó su palacio sobre una gran terraza, en la falda del monte Kuh-i-Rahmat, de forma rectangular, que medía alrededor de 450 m. por 350 y se alzaba sobre la llanura entre 8 y 18 m. Un gran muro, que carece de torres y de contrafuertes, ciñe la terraza.

Sobre la explanada superior se hallaban los edificios —que llegaron a cubrir una superficie de 437 m. por 86— y una amplia explanada para determinadas ceremonias y actos militares. El acceso a la plataforma se había resuelto mediante un práctico sistema, bastante similar al empleado en determinadas obras modernas. Por un lado, en efecto, se extendía una escalinata de ciento diez peldaños para el acceso de los peatones; por el otro, había rampa dotada de suave pendiente que servía para el tránsito de jinetes y vehículos.

El edificio central, que constituye el palacio propiamente dicho y cuyo aspecto se conoce por la reconstrucción de Chipiez, medía 92 metros de largo por 76 de ancho; ante el mismo se abría un atrio de 55 por 16 metros.

Emplearon muy poco los muros, predominando los pórticos de columnas abiertos. Aun cuando perduraron, flanqueándoles, los gigantescos cuadrúpedos antropomorfos esculpidos con una gracia y pureza de estilo de la que carecen los prototipos asirios, y a diferencia de éstos, carecen de la quinta pata esculpida (nos permitimos remitir al capítulo correspondiente), ya que responden a una concepción artística diferente.

Tomaron de los egipcios las altas columnas, acondicionándolas a la esbeltez de las griegas, y para resaltar su movimiento ascendente cubrieron los fustes de estrías verticales, contribuyendo a conseguir tal efecto la elevada base campaniforme. Los capiteles se formaban al unir las mitades anteriores de dos animales (generalmente toros o, en menor cuantía, grifos), unidos por medio cuerpo y que dan la impresión de sostener las vigas del techo (como el famoso capitel, de unos tres metros de altura, y su base correspondiente decorada, procedentes del palacio de Artajerjes de Susa, conservados en el Louvre).

Destacan la denominada «Puerta de las Naciones», el «Salón de Audiencias» —los soberanos persas no eran inabordables, sino reyes activos, que procuraban estar bien informados de lo que ocurría en su reino, que recibían embajadas, concedían audiencias y que no emitían decretos sin consultar antes con los nobles de la corte— y la «Sala de las Cien Columnas».

Estos edificios regios parecen estar inspirados en las antiguas casas iranias con sala hipóstila. La fachada principal estaba constituida por un gran pórtico abierto, las paredes laterales solían ser de ladrillo y los soportes interiores consistían en columnas de madera o de piedra caliza. Las estancias presentaban la misma orientación y quedaban separadas por grandes patios plantados de árboles y arbustos, designados por la antigua palabra persa «faradis», cuyo significado equivale a recinto tapiado, necesario para cualquier jardín en una tierra de fuertes vientos y donde, sin esta protección, se acumulaban las arenas del desierto; de ahí el moderno término «paraíso». La impresión de espacio y de altura parece realzada por las escaleras abiertas al exterior en casi todas las salas, lo que proporcionaba mayor solemnidad, si cabe, a los diferentes actos oficiales.

Por la monumental «Puerta de las Naciones», que contenía una habitación con pilares y relieves en los muros, identificados como una representación de las ceremonias rituales del Año Nuevo, se pasaba al vestíbulo o «Tripylón» o a la «Apadana».

La «Apadana» o «Salón de Audiencias» de Jerjes fue, sin duda, lugar destinado a muchas de estas solemnidades; se trataba de una gran sala de planta cuadrada, cuyos lados tienen 75 m. de longitud y los muros 20 de altura. El interior se apoyaba en treinta y seis columnas, de unos 19 m. de altura. En tres de los lados había sendos pórticos de dos filas de seis columnas, todo ello flanqueado por cuatro torres, tal vez para la guardia real. Su capacidad estaba estimada en unas diez mil personas.

El «Tripylón» era una sala central, que hacía las veces de vestíbulo. De planta cuadrada, rodeaba la «Apadana» por dos lados; su techo estaba sostenido por cuatro pilares. Tenía acceso por tres puertas, situadas en los lados norte, este y sur, dando paso a la «Sala del Banquete», a los almacenes y los palacios de Darío y Jerjes. Al noroeste estaba la llamada «Sala de las Cien Columnas», cuyas dimensiones eran de 75 por 75 m.; su cielo raso era de madera de cedro y ciprés, y estaba sujeto por un centenar de esbeltas columnas, de 20 m. de altura, dispuestas en diez filas, de madera todas ellas; las paredes de adobe tenían 4,5 metros de grosor, forradas de mármoles. Al este del vestíbulo se encuentra una sala hipóstila con treinta y dos columnas y un pórtico de dieciséis, en su lado sur, destinado a la armería real (véase plano del palacio).

Las demás construcciones de Persépolis imitan los edificios hititas llamados «hilani» (véase la historia de los hititas), con molduras, relieves y decoraciones que recuerdan otros estilos antiguos. Las ventanas están rodeadas de frisos de evidente influencia egipcia, mientras que en su parte superior aparecen franjas decoradas con rosetones de estilo perfectamente babilónico.

El interior de las salas se hallaba dividido, por medio de columnas de madera o de piedra, en unidades menores. Impostas y capiteles, ya aludidos, solían servir de soporte a las vigas, que, a su vez, sostenían los techos.

La «Tachara» o residencia de invierno de Darío, levantada sobre un basamento también, tenía puertas, hornacinas y ventanas, que se han conservado, perdiéndose, por el contrario, los muros de ladrillo. *«La influencia egipcia es aquí tan evidente que puede suponerse con fundamento que los arquitectos fueron egipcios»* [205]. La vivienda de los hombres, o «hadish», estaba situada en la parte más elevada del basamento, desde donde se descendía por unas escaleras hasta una dependencia más bien reducida, el «haren» o aposentos de las mujeres. En todas estas dependencias la oscura piedra caliza era cuidadosamente pulimentada a fin de conseguir un satinado, una claridad y una elegancia uniformes. *Los muros de ladrillo esmaltado, la cerámica y los objetos metálicos que se han descubierto evidencian hasta qué punto los persas rendían culto a la belleza.*

Por desgracia, esta obra de elevado nivel artístico fue destruida por una caprichosa arbitrariedad de Alejandro Magno, que no dejó tras de sí más que ruinas.

* * *

Se ha tratado de conceder mucha importancia a las tumbas reales emplazadas en colinas rocosas, por encima de las arenosas llanuras, para que fuesen inviolables como las de los faraones. Sin embargo, éstas, ni son de una extraordinaria belleza, ni aportan

---

[205] Everard M. Upjohn, Paul S. Wingert y Jane Gaston Mahler, 1972 (1). Página 148.

ningún elemento original al arte. Su importancia estriba en la circunstancia de pertenecer a la época de Zaratustra, ya que los cuerpos no podían ser ni enterrados directamente ni quemados, al ser considerados el fuego y la tierra elementos sagrados; por eso se les depositaba en cavernas excavadas en la roca, cuya entrada estaba labrada como si de diminutos palacios almenados se tratara.

Las columnas de los pórticos concluyen en capiteles formados por dos prótomos de animales contrapuestos, como en Pasagarda (esta clase de sepultura tenía algunos inmediatos precedentes entre las tumbas rupestres medas de Dash-i-Dukhtar, nordeste del país) o Persépolis. A través de una puerta de clarísimo influjo egipcio se entraba en el recinto. Darío I hizo construir su propia sepultura en vida, en Naqsh-i-Rustam (cerca de Persépolis), siendo tan fielmente copiada por sus sucesores, que, salvo la suya, al carecer de inscripciones que las identifique, resulta bastante arriesgado atribuirlas a un monarca determinado.

En las cercanías de Persépolis, mirando hacia la «Sala de las Cien Columnas», se halla la sepultura de Artajerjes III, quien inició unas obras de ampliación del palacio, nunca concluidas. La de Ciro «el Grande», cerca de Pasagarda (530 a.C.), difiere totalmente de éstas. Se trataba de un monumento más bien sobrio y aislado, construido con bloques de piedra. Es semejante a un cuerpo geométrico, esta sólida edificación de once metros de altura, dotada de una especie de frontón e instalada sobre un basamento de seis gradas que soportan una cámara rectangular, a manera de túmulo, de cinco metros de altura en la cima. Dotada de un estilo más íntimo que las pirámides egipcias o los «ziggurat» de Babilonia, pese a tener alguna reminiscencia de ambos, su sencillez contrasta con la gran suntuosidad de los palacios reales. Según testimonios antiguos, el sarcófago de oro del monarca seguía allí cuando Alejandro visitó el monumento. Una inscripción decía: *«Caminante, yo soy Ciro, el rey aqueménida»* [206]. En una de las entradas aún es visible la imagen de un «ángel guardián», uno de los primeros retratos de esta índole conocidos en la historia.

En estos conjuntos se observa tanta elegancia en las representaciones humanas y de animales, como en los antiguos bronces labrados. Rostros, manos y pies aparecen vueltos hacia la puerta, sugiriendo una procesión de portadores de tributos u ofrendas, que llevan al rey los productos de la tierra y toda clase de rique-

---

[206] *Historama*, 1965 (I). Pág. 199.

zas de tan vasto imperio. Las figuras son tan rígidas como las egipcias, sin la más mínima indicación de movimiento corporal, pero, a diferencia de los relieves nilóticos, brazos y torsos aparecen vistos de perfil. *«En ninguna de las escenas, los que rinden tributo y traen ofrendas dan señales de sentirse oprimidos* —observa Pablo Virgili [207]—. *En sus rostros no observamos la angustia que se encuentra en las figuras representadas en Nínive y en Kalah, de los pueblos conquistados por los asirios»*, ya que, ante todo, según el mismo autor, los persas «parecen haber aprendido de Zaratustra el modo de ser severos y fuertes, sin ser crueles ni sanguinarios» [208].

Los escultores habían observado pacientemente y con atención los diferentes tipos raciales y las indumentarias de los portadores de presentes, aunque no parecían concederles personalidad alguna, tanto en cuanto no representan los diversos tipos étnicos tan fielmente como pudieran haberlo hecho los asirios. Los detalles, eso sí, están meticulosamente reflejados y estilizados como era habitual en el arte asirio, si bien los artistas —prescindiendo de otros detalles— destacan el equilibrio y la armonía. Los muros se hallan ornamentados con espíritu esencialmente arquitectónico, sin pretender crear ilusión alguna, integrándose así perfectamente en el conjunto.

Mientras que los hombres (no han aparecido figuras femeninas) aparecen inmóviles e inexpresivos, los animales aparecen llenos de vida y de personalidad. Así, puede verse, en un ángulo de la escalera de la «Tachara» de Darío, un relieve en el que figura un león atacando a un toro, tema bastante frecuente en la escultura animalística estearia, aunque, en este caso, sea muy distinta y característica de Persépolis.

* * *

El hecho de que, salvo los quicios de las puertas y de las ventanas y las columnas que eran de piedra, la mayor parte de estos conjuntos fuera de ladrillo, no sólo obedecía a razones económicas, sino a la circunstancia de que tal material permitía adherir con gran facilidad decoraciones de cerámica.

En Susa se encontró un friso en perfecto estado, el llamado «de los Arqueros», que constituye uno de los más preciados teso-

---

[207] Pablo Virgili, 1956. Pág. 41.
[208] Ídem. Pág. 39.

ros del Museo del Louvre. Los soldados, probablemente pertenecientes a los «Inmortales», tropas seleccionadas, avanzan resueltos, lanza en mano y arco y flechas en la espalda.

Estos mosaicos resultan aún más interesantes si se considera su excepcional calidad. Como la mayor parte de los motivos son de estilo babilónico (como el grifo, también procedente de Susa, y hoy en día en el Louvre), cabe suponer que el origen de éstos habría que buscarlo en el arte asirio-babilónico. *Generalmente, las artes figurativas estaban de manera exclusiva al servicio de la arquitectura* y, por lo que se sabe, carecían de manifestaciones independientes.

Desde muy antiguo, los artesanos persas se distinguieron en la confección de alfombras y tapices, más necesarios —por razones climáticas— en Persia que en Babilonia. Era, por tanto, para los persas casi una obligación religiosa el cubrir los suelos fríos. En la «Ciropedia» describe Jenofonte la entrevista entre un sátrapa del Asia Menor y un embajador griego, y cuenta que lo primero que hizo el persa fue extender una gran alfombra en el suelo, tal como lo recuerda Pablo Virgili [209]. Al parecer, el propio filósofo Platón poseía varias de estas alfombras.

La fantasía y la habilidad con que los antiguos persas trabajaban los metales, el marfil, los esmaltes y los tejidos corrobora la maestría de aquellos anónimos artesanos.

Las artes que se ha convenido en llamar menores eran de una riqueza extraordinaria, y llegaron a alcanzar un alto grado de perfección. Objetos de oro y plata, copas, vasos, platos, rhytones (Museos del Louvre, Cincinnati o de Londres, entre otros) muestran, junto a una gran belleza formal, una extremada riqueza inventiva. El mundo animal, interpretado de manera realista o, por el contrario, completamente imaginaria y fantástica, suministraba a los artesanos infinidad de temas. *La influencia de este arte sobrevivió largamente al período aqueménida, llegando a inspirar el arte bizantino, el de la Persia musulmana e incluso el románico occidental.*

---

[209] Ídem. Pág. 44.

RELIGIÓN, VIDA, COSTUMBRES Y ECONOMÍA

«Innovadores en materia religiosa, pero tolerantes; ésta era, en efecto, una de las característica más notables de los persas. ¿Cuántos templos extranjeros habrían sido arrasados por sus conquistadores asirios que hacían la guerra en nombre de sus dioses? *En Babilonia, por el contrario, Ciro honró a Marduk, liberó a los judíos y les dejó restaurar su culto en Jerusalén. Darío, por su parte, respetó las divinidades egipcias*» [210].

* * *

La religión persa era extremadamente original, pero los soberanos jamás trataron de imponerla a nadie. Los medopersas profesaron en un principio una religión de índole naturalista: adoraban a los astros y a las fuerzas de la naturaleza, practicando una especie de ritos mágicos. Rendían culto a diversas deidades, entre las que se encontraba Ahura Mazda (u Ormuz), dios de la luz; Mithra, dios de los pastores y, posteriormente, del Sol, famoso por sus misterios, cuyo culto se extendió por el mundo romano, y Ahinaita (o Ananita), diosa de las fuentes y de la fecundidad, entre otras.

En fecha no bien determinada, pero que se estima a mediados del siglo VIII a.C., nació en los alrededores de Teherán el famoso profeta Spitama Zaratustra (el Zoroastro de los griegos), acerca del cual no se sabe gran cosa, salvo unas pocas afirmaciones sobre sí mismo que aparecen en sus propias «gathas» o himnos. Su personalidad aparece envuelta en el misterio, como una extraña combinación de profeta, místico y chamán.

---

[210] *Historama*, 1965 (I). Pág. 207.

Sus enseñanzas están contenidas en el ya citado libro sagrado «Zend-Avesta» (o más propiamente «Avesta»), colección de composiciones religiosas y de contenido diverso, de épocas diferentes, de las que actualmente sólo se conserva una pequeña parte. De este personaje, cuya predicación aportó a los persas un gran avance moral, quedan algunos de sus himnos, tan sólo diecisiete, considerados como los más antiguos textos del «Avesta». Están escritos en lenguaje avéstico arcaico, lo que dificulta mucho su interpretación. *En su forma actual, los textos sagrados del zoroastrismo fueron seleccionados —partiendo de materiales ya existentes— en el siglo IV d.C.*

Zaratustra enseñaba que hay un dios supremo, Ahura Mazda (el «Señor de la Sabiduría»), el dios supremo, en realidad el único, «Señor de la Luz y del Cielo», creador del mundo y de todo lo bueno que hay sobre la tierra, contrapuesto a Ahrimán creador de todos los males y vicios. El hombre es libre para elegir el Bien (lo que exige una gran rectitud moral y una conciencia muy limpia) y el Mal; pero a su muerte será juzgado con severidad por Ahura Mazda y, según como haya vivido, irá al paraíso o será precipitado en el infierno. Finalmente, la victoria quedará del lado del Bien y la justicia acabará por triunfar.

El culto del fuego, que figuraba entre las más antiguas prácticas religiosas del pueblo medopersa, fue conservado, ya que se consideraba al mismo como símbolo viviente del Bien y de la Luz. El antiguo politeísmo llevaba consigo unos cultos que corrían a cargo de una casta sacerdotal, la de los magos, que subsistió con la nueva fe. Encargados del desempeño de funciones religiosas y litúrgicas, tales como las prácticas funerarias, siguieron formando parte de un grupo muy especial.

Con la ascensión al trono de Darío I y su conversión al mazdeísmo, éste fue declarado «religión oficial»; aunque fueron respetadas algunas de las antiguas creencias, como la adoración de las fuerzas naturales, que fueron consideradas como servidoras de Ahura Mazda. Bajo sus sucesores, esta doctrina se fue desnaturalizando, aunque Ormuz siguió siendo el dios principal y derivando hacia formas politeístas —precisamente lo que Zaratustra había rechazado—, lo que, sin duda, se debía a la obra de los magos.

Entre los habitantes del antiguo Irán, Zurván (el dios del tiempo) aparecía divinizado como el «Tiempo infinito» y el «Tiempo finito». Bajo esta última concepción, la vida humana estaba bajo su control, y su obra era la vejez y la muerte.

El zurvanismo aparece, más que como una herejía, como una desviación del zoroastrismo, en la que Zurván es el origen del Bien y del Mal y las fuentes de los buenos y malos espíritus.

El «Avesta» recomienda a los hombres que sean buenos y justos, que perdonen a sus enemigos y que propaguen la nueva doctrina. Las prácticas religiosas eran muy simples, puesto que obrar con rectitud constituía, en sí, una manera de honrar al dios. Los fuegos perpetuos preconizados por Zaratustra fueron, posteriormente, acompañados de ofrendas de perfumes y vegetales y hasta del sacrificio de algunos animales. Pero las oraciones y las alabanzas siguieron siendo el sacrificio esencial.

Los despojos mortales, que, como toda materia, son el más idóneo elemento para la acción maléfica de Ahrimán, no podían ser enterrados ni quemados, para no mancillar ni la tierra ni el fuego, elementos sagrados, como ya hemos visto. Por tanto, se les sepultaba envueltos en cera o se les dejaba expuestos en lo alto de las llamadas «torres del silencio» para que lo destruyeran las aves rapaces.

Fue muy grande la influencia del mazdeísmo en las religiones antiguas: judaísmo, mitraísmo, gnosticismo y maniqueísmo, y perdura en nuestros días en la provincia persa de Fārs (sudoeste del país) y entre los «parsis» de la India (una no muy numerosa comunidad establecida en Bombay, hacia el siglo VIII), descendientes de los persas fieles a su religión tradicional, que prefirieron emigrar para huir de las persecuciones musulmanas.

* * *

La autoridad del «Gran Rey» o «Rey de Reyes» estaba cimentada sobre el principio del absolutismo. Y aun cuando éste tenía derecho de vida y muerte sobre sus súbditos, no se trataba de un «dios viviente» como un faraón, sino de un soberano de «derecho divino». Así, en las inscripciones oficiales, siempre se mencionaba su designación por la divinidad: *«Gran rey es Ahura Mazda, que ha creado el cielo allá arriba, que ha creado la felicidad para el hombre, que ha hecho rey a Darío, que ha otorgado al rey Darío este reino, grande, rico en caballos, rico en hombres»* [211].

Rodeado de un ceremonial y un protocolo rigurosísimo, sólo se dignaba a hacer breves apariciones ante las masas prosternadas. Sin embargo, su despotismo tenía una base moral, que pro-

---

[211] Ídem. Pág. 195.

venía del mazdeísmo: el rey estaba encargado de la aplicación de la justicia y de garantizar la veracidad y el bienestar, y, al igual que en otros indoeuropeos (los hititas, por ejemplo), encontramos entre los persas la noción de la «responsabilidad real». Una inscripción de Darío reza: «He amado la justicia y he odiado la mentira. Ha sido mi voluntad que ninguna injusticia fuera hecha a la viuda y al huérfano; he castigado al mentiroso. Pero al que trabaja yo lo he recompensado» [212].

Ciro «el Grande» adoptó los aspectos positivos de las leyes y religiones de los países conquistados en beneficio de su propio imperio, y al permitir a éstos el libre ejercicio de sus propias creencias religiosas se granjeó la reputación de monarca tolerante. Por eso, Ciro y Darío I, el primero en autoproclamarse «Rey de Reyes», pasaron a la historia como dos de los más notables legisladores de la época: las «Leyes de los medos y de los persas» fueron respetadas en todos los territorios.

He aquí una curiosa ley promulgada por Artajerjes I para sancionar a quienes, de entre sus súbditos, maltratasen a los animales domésticos: «Castíguese con cien latigazos a quien dé de comer a su perro alimentos demasiado calientes o no apropiados para él» [213].

Hacia el 520 a.C. Darío I hizo grabar en un risco, a casi un centenar de metros de altura, en Bisutum (cerca de Karmanshash), un relato de cómo consiguió consolidar su imperio. El texto, aún legible, dice: *«Yo soy Darío el Rey, el Rey de Reyes, el Rey de Persia, el Gran Rey de las provincias... Desde la antigüedad los de nuestra raza han sido Reyes...»* [214]. El énfasis de Darío sobre su ascendencia real es uno de los primeros testimonios de la creencia persa en la necesidad de una institución monárquica, creencia impuesta por causas diversas, todas ellas provocadas por la naturaleza del territorio.

Como guardianes de su pueblo los monarcas debían trasladarse a las ciudades más importantes del país (Persépolis, Ecbatana, Susa, Csifonte, etcétera) de acuerdo con las diferentes estaciones del año. Todas ellas tenían, como Pasagarda, menos de ciudades que de campamentos reales construidos de ladrillo y piedra. Para asistir a las fiestas del Año Nuevo (que se iniciaba en marzo) iban a Persépolis. Ciro había tomado esta festividad de los babilonios,

---

[212] Ídem. Pág. 196.
[213] *Enciclopedia Estudiantil Superior Códex.* Núm. 27. Pág. 107.
[214] *El hombre. Dos millones de años de historia,* 1993. Pág. 75.

haciendo de la misma un pretexto para recibir el tributo y el homenaje de sus súbditos.

En verano los reyes persas subían a las tierras más frías de Ecbatana —cuyo nombre significa «Lugar de Reunión»—, a mil quinientos metros sobre el nivel del mar, donde se instalaban en un palacio rodeado por un cinturón de siete murallas de colores diferentes: blanco, negro, rojo, azul y naranja para los muros exteriores, quedando reservada la plata y el oro para los interiores; en invierno acudía a los de Susa o Csifonte, igualmente suntuosos.

* * *

El imperio, que englobaba diferentes razas y civilizaciones, no podía ser unificado; las divisiones, en términos generales, correspondían a las fronteras étnicas y lingüísticas. *La base administrativa la constituía la satrapía* (había unas treinta, aunque su número era variable), vasto territorio colocado bajo la autoridad de un sátrapa, alto funcionario elegido entre los miembros de las familia nobles más próximas al monarca, e incluso —según los casos— entre sus parientes. Dados los poderes que se les conferían, estos sátrapas se comportaban más bien como virreyes que como gobernadores. Por tal motivo, y temiendo que incurriesen en tentaciones independentistas, Darío I colocó junto a ellos un jefe militar, dependiente del poder central, y que mandaba las tropas locales; además, junto al sátrapa figuraba un secretario real, que no dependía de él.

Por último, Darío implantó en las satrapías un sistema de inspección, al que hemos aludido, cuyos funcionarios podían llegar a las capitales provinciales e intervenir en la gestión de los gobernadores.

He aquí un fragmento de una carta enviada por Darío I a un sátrapa de la costa de Asia Menor, cuyo espíritu y contenido era muy diferente de los que animaban a los déspotas asirios [215].

> «Me he enterado de que no has obedecido totalmente mis órdenes. Como tú revalorizas mis tierras trasplantando árboles frutales de Siria al litoral de Asia, yo aplaudo tu empeño y tú te beneficiarás del gran reconocimiento del palacio real. Pero como tú desdeñas mis disposiciones acerca de los dioses, te daré, si no

---

[215] *Historama*, 1965 (I). Págs. 196 y 197.

cambias, una prueba de mi descontento. Pues tú has exigido un tributo a los cultivadores sagrados de Apolo y les has obligado a labrar una tierra profana, haciendo caso omiso de la gratitud de mis antepasados hacia ese dios, que comunicó a los persas una verdad perfecta...»

Cada satrapía tenía su cuerpo de funcionarios, asalariados por los respectivos gobiernos provinciales, prácticamente inamovibles, y destinados a garantizar la continuidad administrativa durante los cambios de gobernador o incluso de soberano. Como ya vimos, la escritura cuneiforme —que exigía el uso de tablillas de arcilla grabadas— era sumamente incómoda, por lo que el arameo, lengua práctica del comercio internacional, se fue imponiendo paulatinamente para fines burocráticos, siendo traducidos posteriormente los textos a las diversas lenguas locales. La correspondencia entre los sátrapas y la corte, así como los decretos reales, eran llevados hasta los confines del imperio por correo especiales, tal como los describe Herodoto de Halicarnaso (Libro V, 52).

«He aquí en ese sentido los pormenores de dicha ruta: a lo largo de todo su recorrido hay postas reales y magníficas posadas, y, además, la totalidad de la ruta discurre por regiones habitadas y seguras. Precisamente a través de Lidia y de Frigia hay veinte postas que jalonan el camino, en una extensión de noventa y cuatro parasangas y media (unos quinientos tres kilómetros). Inmediatamente después de Frigia se halla el río Halis, a orillas del cual se alzan unas puertas que es totalmente imprescindible flanquear para poder cruzar el río... El viajero que pasa a Capadocia y recorre dicha región tiene a su disposición hasta las fronteras de Cilicia veintiocho postas, en una extensión de ciento cuatro parasangas (unos quinientos cincuenta y seis kilómetros). Y, en las fronteras de este último país, tendrás que atravesar dos puertas y que pasar ante dos puestos de guardia... El total de postas que he citado es de ciento once, así que el viajero que se dirige de Sardes a Susa tiene a su disposición otras tantas hospederías para alojarse...» [216].

Los gobernadores estaban encargados de la vigilia de la correpondiente satrapía y del cobro de los impuestos. Cada región debía ingresar anualmente en la tesorería real unos tributos, fijados de antemano, en metales preciosos o en diversas

---

[216] Francisco Javier Gómez Espelosín, 1985. *Selección de textos*. Págs. VI y VII. Texto recogido por el autor y traducido por G. Schrader, 1981.

especies, según la riqueza. La más rica de las provincias, Babilonia, pagaba 1.000 talentos de plata anuales (cada talento equivalía a unos 500 dólares actuales) y suministrar, además, 500 eunucos; Caria y Jonia pagaban 450; Lidia, 500; Cilicia, 360 caballos blancos, y Egipto, 700 talentos. Según testimonios de Herodoto [217], la satrapía del norte de la India entregaba cerca de 15.000. Se trataba de sumas enormes, que permitían a los monarcas no sólo levantar sus grandiosas construcciones, sino pagar sobornos y neutralidades en su política exterior y conseguir aliados y mercenarios, todo ello en una época en que la moneda circulaba muy poco. A imitación del ejemplo lido, los soberanos persas acuñaron piezas de oro («dárico» o «dáriocs») y de plata. De cualquier forma, y dado que los monarcas preferían acumular sus reservas bajo la forma de lingotes, el cambio subsistió como medio de canje, y el grano seguía sirviendo de patrón en Egipto y Mesopotamia.

Pese a las limitaciones obvias, el aparato administrativo —sin perjuicio de lo absorbente de la burocracia y lo elevado de las cargas fiscales— funcionaba bastante bien, y puede decirse que los habitantes del imperio gozaban de paz y bienestar encomiables, aunque de cuando en cuando surgían violencias o injusticias debidas a lamentables abusos de autoridad o a la codicia de los déspotas locales, y contra los que los reyes solían adoptar muy severas medidas.

* * *

Pese a su excelente administración, el imperio era tan extenso como diferente su población, *circunstancia que se reflejaba en lo heterogéneo de su ejército*. Cada satrapía estaba obligada a proporcionar contingentes, de acuerdo con el número de sus habitantes, y éstos conservaban sus lenguas, indumentaria, armas y métodos de combate. Las tropas de elite eran persas. Existía una guardia real compuesta por dos mil jinetes y otros tantos infantes, todos ellos nobles, que —en campaña— no se separaban del rey, quien disponía, además, de los famosos «inmortales» (en número de diez mil), una especie de guardia personal, así llamados porque los caídos eran reemplazados en el acto. Con el tiempo, los mercenarios se fueron haciendo más numerosos, especialmente

---

[217] *Historama*, 1965 (I). Los dólares a que equivale cada talento son anteriores a 1993.

griegos (remitimos al episodio de Ciro «el joven» y a la invasión de Alejandro), con el fin de compensar la cantidad con la calidad, extremo ya demostrado en las Guerras Médicas.

Los ejércitos persas solían ser numerosos; así en la mencionada batalla de Cunaxa (401 a.C.) participaron más de 600.000 hombres, con 6.000 caballos y 150 carros falcados. La caballería, compuesta, en su mayor parte, de arqueros a caballo, era bastante buena; la infantería se componía, mayoritariamente, de arqueros, honderos e infantes ligeros. Dado que temían el combate cuerpo a cuerpo, procuraban luchar a la defensiva o retrasarlo, debilitando antes al adversario. Los carros, cuyos caballos y conductores estaban bien protegidos, tenían la misión de abrir brecha en las filas enemigas y sembrar en ellas la confusión, pero fracasaron ante las disciplinadas falanges griegas, como quedó demostrado. El cuerpo de batalla persa estaba constituido por masas de jinetes e infantes, colocadas en bloques, siendo la unidad táctica una especie de división de 10.000 hombres, colocados en cuadrados de 100 de frente por 100 de lado (unos 80 metros). Por cada cincuenta metros solía colocarse un carro.

Guarniciones permanentes, verdaderas colonias militares, vigilaban las más apartadas provincias, y los principales puntos estratégicos estaban a cargo de contingentes de mercenarios y persas. «Por haber instalado sus residencias en el corazón del imperio, los soberanos estaban fuera del alcance de los posibles invasores; *las ciudades reales no conocieron, así, ninguna invasión, hasta las conquistas de Alejandro Magno*» [218].

Tal organización militar presentaba no pocos inconvenientes, el principal de ellos señalado, en su día, por Jenofonte: *«Cualquiera que reflexione ve que el Imperio Persa es poderoso por el número de provincias y población, pero débil por las grandes distancias y la dispersión de las fuerzas, frente a un enemigo que opera con rapidez»* [219].

* * *

Con la excepción de algunas raras regiones privilegiadas, el problema del agua era crucial. Por tal motivo, los campesinos no tardaron en desarrollar perfeccionados sistemas de irrigación, similares a los del Irán actual. Se cultivaban, sobre todo, cereales,

---
[218] Ídem. Pág. 198.
[219] Emile Wanty, 1972. Pág. 11.

cebada y trigo, pero también viñedos, ya que en las grandes ocasiones, y sobre todo en la fase decadente, se consumían abudantes bebidas alcohólicas. Criaban grandes rebaños de caballos y bovinos, así como camellos y asnos. Los caballos eran casi todos de silla, mientras que asnos y bueyes se destinaban para el transporte o para el trabajo de la tierra.

En su mayor parte, las tierras pertenecían a los nobles, que cedían su explotación a colonos, a cambio de una buena parte de las cosechas. También había campesinos independientes, que trabajaban en común —agrupados en cooperativas— las tierras de varias familias. Debido a la escasez de agua y vegetación, los persas daban gran importancia a los jardines de recreo, tradición que desde la antigüedad, y pasando por la Persia musulmana, ha llegado hasta la actualidad. También existían importantes cotos de caza —deporte favorito de reyes y nobles—, igualmente dispuestos en forma de parques.

Si eran excelentes agricultores y ganaderos, en cambio progresaron poco en el trabajo industrial, ya que —tal vez por causas religiosas— preferían adquirir de sus vecinos los productos manufacturados. Florecía, no obstante, el comercio, sobre todo en el interior del país, gracias a la importante red de caminos y a la eficiencia del servicio de correos ya mencionadas.

Además de la ruta real (de Sardes a Susa), numerosas carreteras atravesaban el imperio en todos los sentidos, tanto en Asia Anterior como en Afganistán o en las provincias indias. Aunque se trazaron para satisfacer las necesidades militares, políticas y administrativas, también se aprovechó para el comercio. *Tales rutas tenían, además, cosa muy poco frecuente en la época, la ventaja de ser muy seguras.* Los correos reales unían las capitales más alejadas del imperio, Sardes y Susa (2.500 Km.), en una semana aproximadamente. Así lo explica el historiador Herodoto, sin duda admirado por algo muy difícil de concebir en su patria (Libro VIII, capítulo 98):

> «No hay nada sobre la tierra más rápido que estos correos. El servicio es una invención persa y funciona como sigue, según lo que se me contó. Hombres y caballos están estacionados a un día de viaje, un hombre y un caballo para cada uno de los días que se necesitan para cubrir el trayecto. A estos hombres no les detiene ni la lluvia, ni el calor, ni la oscuridad de la noche para llevar a cabo lo más rápido posible la etapa que les está señalada. El primer hombre tras cubrir su etapa entrega el relevo al segundo, el

segundo al tercero y así sucesivamente van avanzando los mensajes a lo largo de toda la ruta» [220].

No fueron —como ya se ha indicado— muy aficionados a la navegación marítima, por lo que, cuando tenían necesidad de una flota militar o comercial, apelaban a los fenicios o a los propios griegos de Asia. Darío I proporcionó una expedición, que, partiendo del Indo (al mando del cario Scylax), costeó el Irán meridional y Arabia, llegando así al mar Rojo, lo que si bien supuso un hito desde el punto de vista científico o geográfico, no favoreció gran cosa el comercio asiático, que utilizaba las rutas afganas. Sin embargo, este monarca hizo proseguir, en Egipto, la construcción de un canal iniciado en tiempos del faraón Necao (XXVI Dinastía) para unir el mar Rojo con el Nilo, auténtico precedente del canal de Suez. En una estela encontrada en esta región puede leerse: «Yo, Darío, soy persa; con las fuerzas de Persia he conquistado Egipto. Ordené excavar este canal, desde el Nilo hasta el mar que sale de Arabia. El canal fue excavado y veinticuatro navíos de Biblos fueron de Egipto a Persia.»

* * *

La sociedad persa estaba fuertemente jerarquizada y las diferentes capas sociales se encontraban rigurosamente separadas. En la cima de la pirámide social se hallaba, naturalmente, el rey. Inmediatamente después venían los miembros de las grandes familias de la aristocracia, de las que procedía el personal de la corte, y en cuyo seno se reclutaban los gobernadores y altos dignatarios. Algunos soberanos vencidos, como Creso, rey de Lidia, eran elevados, en ocasiones, al rango de sátrapas, aunque jamás eran asimilados por la nobleza local.

La mayor parte de la población estaba constituida por el campesinado, hombres libres que podían —como se ha visto— poseer algunas tierras. Analfabetos casi todos ellos, estaban sujetos al ritmo de las labores agrícolas. Y aunque el zoroastrismo exaltaba las virtudes de la vida campesina, como la más grata a Ahura Mazda, sobre ellos recaían onerosos tributos y se les reclutaba para servir al ejército.

Entre la nobleza y el campesinado se hallaba la clase sacerdo-

---

[220] Francisco Javier Gómez Espelosín, 1985. *Selección de textos*. Pág. VIII. Texto recogido por el autor y traducido por G. Schrader, 1981.

tal, que, pese a las reformas de Zaratustra, ocupaban un lugar muy importante dentro del imperio, por la gran influencia que en él ejercían. Nunca renunciaron a sus ambiciones políticas, y los reyes hubieron de intervenir con harta frecuencia a fin de limitarlas. En una categoría secundaria aparecían los artesanos que, a veces, se confundían con los artistas, los ingenieros o los arquitectos, etcétera. En general, y aunque no solían tener más capital que su habilidad, estaban bien considerados, ya que trabajaban casi siempre para el monarca y los poderosos. Por lo que respecta al comercio, dado que los persas sentían un gran desprecio por esta actividad —considerada generadora del fraude—, casi todo quedaba en manos de fenicios, lidios, griegos, judíos y babilonios. Había esclavos, que, aunque no eran decisivos en la actividad económica, eran numerosos y su situación, pese a su poco envidiable estado, bastante soportable.

En todos los estamentos sociales se inculcaba a los niños, desde su más tierna infancia, el odio a la mentira, el sentido de la justicia, el honor y el respeto a la palabra dada. Además, se les enseñaba el manejo de las armas y se les endurecía mediante toda clase de ejercicios físicos. En general, la alimentación era bastante frugal, incluso entre los poderosos. Los suntuosos festines, tan mencionados por los escritores antiguos, fueron raros y sólo se generalizaron en los últimos años del imperio, cuando se relajaron las costumbres y la clase dirigente vivía en medio del más refinado lujo e incluso en el libertinaje.

Consideraban el aseo personal como una muestra de cortesía hacia sus vecinos, y las relaciones personales estaban regidas por una etiqueta muy rigurosa. Los saludos eran siempre tan profundos como respetuosos, tanto entre iguales como entre inferiores y superiores. Si dos personas eran de la misma condición, se saludaban besándose en la boca; en otro caso, el de más humilde condición se inclinaba y el otro le ofrecía la mejilla para que la besara. Cualquier exceso en el comportamiento y las faltas de urbanidad estaban muy mal vistos. Por lo general, no sólo no eran hostiles a los extranjeros, sino que solían acogerlos bien, aunque jamás los integraban en su sociedad. *Su comportamiento cotidiano estaba impregnado de cortesía y mesura, lo que contrastaba violentamente con la conducta de los griegos, que, sin embargo, los consideraban como «un pueblo bárbaro».*

Sus vestimentas eran sencillas y ocultaban la mayor parte del cuerpo, siendo muy similares, tanto para los hombres como para las mujeres: una fina camisa sobre la cual se colocaban —según la estación— una o dos túnicas de manga larga de diferentes colores, según circunstancias y clase social (el púrpura era el color de los monarcas y el blanco el de los festivos), que se ceñían con un cinturón de cuero. Llevaban, además, un pantalón ajustado de tela o de cuero y calzaban sandalias, sujetas a las piernas con correas. En invierno se cubrían con mantos. El vestuario de las clases ricas sólo se diferenciaba por la mejor calidad de los tejidos y por el mayor lujo en la ornamentación.

Los persas eran sumamente aficionados al oro, que, siempre que podían, lo empleaban para adornar sus ropas, incluyendo las de los niños, circunstancia que, más que un placer estético, tenía connotaciones religiosas: el oro es un metal puro que evoca el fuego. Las mujeres, sobre todo las más pudientes, gustaban del uso de pendientes, collares, anillos, brazaletes, pectorales y toda suerte de alhajas en general. Y sólo en los años de la decadencia incurrieron en exageraciones y en el uso de perfumes, afeites y pelucas —entre otros refinamientos—, que tanto desagradaban a los griegos.

Eran polígamos y solían tener varias esposas y concubinas, en especial los potentados, aunque la inmensa mayoría de los súbditos del «Gran Rey» no podían mantener más que una sola mujer. La familia gozaba de toda clase de consideraciones y la tradición fomentaba la natalidad, ya que se consideraba que tener muchos hijos era signo de la bendición divina. Las bodas se celebraban muy pronto; con frecuencia, en la pubertad, y eran concertadas por los familiares de los futuros esposos. En ningún momento la mujer estuvo en condiciones de inferioridad; podía circular libremente y sus opiniones eran tenidas muy en cuenta. Sin embargo, en los dos últimos años del imperio, entre la aristocracia se consideraba de buen tono el encerrarlas, lo que jamás ocurrió entre las demás clases sociales.

Podemos concluir resumiendo que el imperio persa se caracterizó por una mezcla gigantesca de pueblos, culturas, instituciones, razas, sistemas económicos, lenguas y religiones, todo ello centralizado, pero gobernado con tanta libertad —por lo general— como habilidad. *Su propio destructor, Alejandro Magno, acabó profundamente iranizado en sus ideas, costumbres y vestidos.*

CRONOLOGÍA MEDO-PERSA

Fechas a.C.	Hechos históricos, político-económicos y culturales
2000	La rama índica de los indoeuropeos atraviesa el Cáucaso, mientras que la irania permanece el norte del mismo.
1250	Comienza la expansión de los pueblos iranios: hacia el sur, a través de Caucasia, hacia el noroeste del Irán.
1000	Korasmia, al sur del mar de Aral (actual Turkmenistán), colonizada desde el Irán.
850	Salmanasar III derrota a medos y persas.
750	Los saces, pueblo nómada, se instalan en zonas de Korasmia, fronterizas con los medo-persas.
722	Sargón II lucha contra medos y persas; estos últimos se desplazan hacia el Sur, bajo Aquemenes, fundador de la dinastía que lleva su nombre (sobre 710 a.C.).
708	Dayankku funda un reino medo unitario, con capital en Ecbatana, iniciando la Dinastía Meda.
612	Medos y babilonios arrasan Nínive. Fin del Imperio Asirio.
559	Ciro II «el Grande» forma el Imperio Persa. Invade Media y derrota a su rey Astiages II.
550	Tras vencer a los medos, Ciro II se apodera de su territorio.
546	Ciro II derrota a Creso, rey de Lidia —personaje famoso por sus legendarias riquezas—, y se apodera de la mayor parte de las ciudades griegas del Asia Menor.
539	Tras la conquista de Babilonia, Ciro II permite a los judíos cautivos regresar a su país y reconstruirlo.
529	Subida al trono de Cambises II.
525	Los persas conquistan Egipto, tras acabar con la dinastía XXVI o Saíta.
521	Acceso al trono de Darío I.
518	Darío I extiende sus conquistas hasta una buena parte del valle del Indo.
514	Las tropas de Darío I fracasan en su intento de dominar a los escitas.
500	Se advierten los primeros síntomas de rebelión entre las ciudades griegas del Asia Menor, apoyadas por Atenas y Etreria.
490	Las tropas de Darío I, al mando de Mardonio, son derrotadas en Maratón y rechazadas de Atenas.
485	Jerjes I sube al trono.
480	Las tropas de Jerjes I son derrotadas en la batalla de Platea.
464	Tras la muerte de Jerjes I accede al trono su hijo Artajerjes I, llamado «Longimano».
449	Derrotado en la Tercera Guerra Médica, Artajerjes I se ve precisado a firmar la Paz de Cimón.
404	Artajerjes II sube al trono, lo que origina un conflicto armado con su hermano menor Ciro «el Joven» (derrotado y muerto en la batalla de Cunaxa, en el 401 a.C.).

Fechas a.C.	Hechos históricos, político-económicos y culturales
336	Accede al trono Darío III Codomano, el último soberano del Imperio Persa.
334	Alejandro Magno inicia la conquista de Persia.
331	Tras la decisiva batalla de Gaugamela, el imperio cae en poder del soberano macedonio.
330	Darío III es traicionado y asesinado por el sátrapa Besos, lo que supone el final de los aqueménidas.

CRONOLOGÍA COMPARADA

Fechas a.C.	Situación	Hechos históricos y culturales
2000	Próximo Oriente	Declina el poder sumerio. Los elamitas atacan y destruyen Ur. Retroceso de las manifestaciones culturales y artísticas mesopotámicas. Procedentes del sudeste de Europa, los hititas se establecen en Anatolia y fundan sus primeras ciudades-Estado.
	Europa	Se va generalizando el uso del bronce.
	Egipto	XI Dinastía. Reunificación del país bajo Mentuhotep II. Se traslada la capitalidad a Tebas. Renacimiento artístico. Grandes tumbas talladas en rocas. Aparición del culto a Amón en Tebas.
1800	China	Culturas de «Yang Shao» y de «Lung Shao», a lo largo del curso superior e inferior del Hoang-Ho.
1780	Egipto	Dinastías XIII y XIV, que en menos de un siglo agrupan cuarenta reyes. Capitalidad, Tebas. Se debilita el poder real. Acusado declive intelectual y artístico.
1700	Grecia	Los aqueos irrumpen en la Argólida y destruyen las ciudades cretenses, que posteriormente son reedificadas.
1600	Península Ibérica	Metal predominante, el bronce. La fracción Sur manifiesta un gran auge de las poblaciones agrupadas en poblados. La agricultura y la ganadería determinan las formas de vida económica. Manifestaciones de la cultura megalítica en el Sudeste y Andalucía.
1570	Egipto	Dinastía XVIII. Definitiva expulsión de los hicsos. Palestina y Siria, sometidas a vasallaje. Inicio de un nuevo esplendor político y cultural.

Fechas a.C.	Situación	Hechos históricos y culturales
1500	*Región del Egeo*	Una erupción volcánica destruye la isla de Santorin (norte de Creta).
1450	*Próximo Oriente*	Ascenso del poderío asirio, que se enfrenta al de Babilonia. Finaliza la época de vasallaje hitita a los egipcios.
1200	*Próximo Oriente*	Los denominados «Pueblos del Mar» irrumpen en Anatolia, destruyen Hattusas y se hunde el Imperio Hitita.
1100	*Europa central*	Expansión, desde el Danubio Medo, de los ritos crematorios y nuevos objetos de bronce. Cultura de los «Campos de Urnas Funerarias».
	Península Ibérica	Los fenicios se asientan en Cádiz.
	América del Norte	Un grupo de inmigrantes, sin duda procedentes del Sur, se instalan en la zona de Tlatilco (valle de Méjico), influyendo en sus habitantes al introducir nuevas técnicas y nuevas creencias.
1025	*Próximo Oriente*	Saúl, primer monarca de Israel.
1000	*Italia*	Los pueblos latinos se instalan junto al río Tíber.
900	*Europa*	Difusión del hierro. Las necesidades bélicas obligan a la construcción de fortalezas.
	Próximo Oriente	Inicio de la etapa de máximo poderío asirio. Progresivamente, toda Mesopotamia, Egipto, Siria, Fenicia y Palestina van cayendo en su poder.
830	*Egipto*	XXIV Dinastía, llamada Saíta. Anarquía creciente. Maestría en los trabajos del metal y de la faenza.
814	*Norte de África*	Los fenicios fundan Cartago.
776	*Grecia*	Institución de los Juegos Olímpicos, en los que participan todas las ciudades, incluso las rivales.
683	*Grecia*	Instauración de una república aristocrática en Atenas.
664	*Egipto*	Dinastía XXVI. Se logra la independencia de Asiria. Reconstrucción de Tebas y otras ciudades.
600	*India*	Importantes cambios religiosos; desarrollo del hinduismo, a partir del brahmanismo; surge el jainismo (una secta heterodoxa).
	Grecia	Aparición de la cerámica de figuras negras. Culminación de la poesía lírica con Alceo y Safo.

Fechas a.C.	Situación	Hechos históricos y culturales
	Península Ibérica	Sarcófagos antropoides en Cádiz.
563	India	Nace en Kapilavastu (Norte del país) Siddharta Gautama, que se convertiría en Buddha («El Iluminado»).
	América del Norte	Cultura Mogollón (Oeste de los EE.UU.), sedentaria, agrícola y cazadora.
561	Grecia	El «tirano» Pisístrato empieza a gobernar en Atenas. Promueve el desarrollo industrial agrícola y realiza grandes obras públicas.
535	Mediterráneo occidental	Batalla naval de Alalia (Córcega).
534	Grecia	Fecha tradicional del nacimiento de la tragedia y el teatro.
	India	Siddharta Gautama abandona —tras conocer el dolor del mundo— familia y bienes, retirándose a meditar en busca de la verdad.
525	Egipto	Los persas conquistan el país, iniciando la XXVII Dinastía (la Aqueménida). Algunos años más tarde, Darío I, más respetuoso con la cultura y tradiciones egipcias que su antecesor, ordena la codificación del derecho egipcio.
	Grecia	Aparición de la cerámica de figuras rojas.
517	China	Entrevista de los sabios Lao-Tse y Confucio, que fundaron, respectivamente, el taoísmo y el confucianismo.
500	Roma	Derrocamiento de la monarquía; proclamación de la república.
	Grecia	El filósofo Heráclito enseña en Éfeso.
	Península Ibérica	Gran actividad económica de los pueblos ibéricos del Este y del Sur. Presencia colonial griega en la costa mediterránea y en la atlántica andaluza. Gran estatuaria ibérica del Sudeste.
	Sudeste de Asia	Uso del bronce y, en mucho menor cantidad, del hierro. Construcciones megalíticas.
	Caucasia	Los sármatas se establecen en la estepa caucasiana.
	India	Civilización del Ganges. Uso del hierro.
	Japón	Cultura Jomon tardía.
494	Roma	Creación del cargo de tribuno, para defender a los plebeyos de los abusos del patriciado.
486	Grecia	Reformas constitucionales y políticas de Temístocles. Por primera vez se in-

Fechas a.C.	Situación	Hechos históricos y culturales
		cluye la comedia en el programa oficial de las festividades dramáticas.
479	China	Fallecimiento del filósofo y político Confucio.
478	Grecia	Se constituye la Liga de Delos, encabezada por Atenas, contra el peligro persa. Atenas es la primera potencia económica de Grecia.
472	Grecia	Estreno de «Los Persas», de Esquilo, que celebra la batalla de Salamina. Se traba de la tragedia más antigua que se conserva.
460	Grecia	Nacimiento de Hipócrates, llamado «el Padre de la Medicina», y del filósofo Demócrito, que formuló su teoría atomista.
449	Roma	Promulgación de las Doce Tablas, que codifican el derecho consuetudinario romano.
445	Grecia	Período de casi tres lustros de paz (la gran época de Pericles).
404	Egipto	Dinastía XXVIII. Temporal liberación, con ayuda griega. El faraón Amyrteos de Samis busca alianzas contra los aqueménidas. Sin embargo, la resistencia egipcia se debilita por las disensiones internas.
400	América Central (hasta el 300 d.C.)	Civilización maya: elaboración de la escritura y del calendario. Aparición de estelas y templos.
	América del Norte	Cultura Hohokan, de agricultores (Oeste de los EE.UU.). Cultura Hopewell (Praderas y Este de los EE.UU.), de nómadas cazadores. Construcción de montículos funerarios.
398	Egipto	Dinastía XXIX. Reinados cortos de monarcas del delta. Últimas manifestaciones del arte autóctono.
396	Italia	La ciudad etrusca de Veies cae en poder de Roma.
390	Roma	Los galos derrotan al ejército romano, asedian y saquean Roma, que —para liberarse— ha de pagar un cuantioso rescate.
356	Macedonia-Grecia	Nacimiento de Alejandro Magno.
340	Noroeste de Europa	Piteas, griego de Marsella, explora estas tierras, llegando hasta Escandinavia.

Fechas a.C.	Situación	Hechos históricos y culturales
	Egipto	XXX Dinastía. Artajerjes III derrota a Nectabeno II, último faraón nativo, y el país es ocupado nuevamente por los persas.
336	Macedonia-Grecia	Filipo II es asesinado; su hijo Alejandro es aclamado rey.
332	Próximo Oriente	Alejandro Magno conquista Palestina, acabando con la dominación persa.
	Egipto	Fundación de Alejandría, en el delta del Nilo.
331	Próximo Oriente	Tras conquistar Babilonia y Susa (las respectivas capitales de invierno y de verano del Imperio Persa), Alejandro Magno se hace proclamar rey de Asia.
330	Sur de Rusia.	Los escitas son desalojados de la estepa póntica por los sármatas.

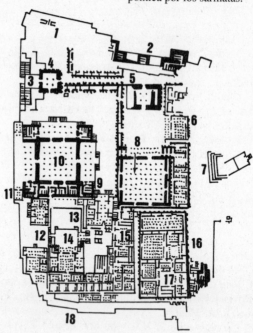

Plano de PERSÉPOLIS: 1. Banqueo (plataforma nivelada). 2. Escalinata de acceso. 3. Escalinata de acceso a la Puerta de las Naciones. 4. Fortificaciones del Norte (Propileos de Jerjes). 5. Puertas inconclusas. 6. Sala de las 32 Columnas. 7. Tumba de Artajerjes III. 8. Entrada a la Sala de las 100 Columnas. 9. Tripylon. 10. Apadana (Sala de Audiencias). 11. Palacio de Banquetes de Darío. 12, 13. Palacios reales. 14. Palacio de Jerjes. 15. Harén. 16. Cuarteles militares y guardia real (Inmortales), con una torre. 17. Tesorería. 18. Entrada originaria.

BIBLIOGRAFÍA

ADEL, Ismail. *Lebanon: History of a People.* Dar Al-Makchouf. Beirut, 1972.

ALDRED, Cyril. *Los egipcios* (prólogo Dr. Luis Pericot). Biblioteca de Historia. Ediciones Orbis, S. A. Barcelona, 1986.

AL-KUBBA, Jacob. *Los judíos.* Editorial Bruguera, S. A. Barcelona, 1972.

BALLESTEROS, Manuel, y ALBORG, Juan Luis. *Historia Universal.* Editorial Gredos, S. A. Madrid, 1973.

BLANCO FREIJEIRO, Antonio; GONZÁLEZ WAGNER, Carlos, y SCHUBART, Hermanfrid. *Los fenicios.* Cuadernos de Historia 16 (Núm. 1). Información y Revistas, S. A. Madrid, 1985.

BLANCO FREIJEIRO, Antonio; BERNABÉ PAJARES, Alberto, y BENDALÁ GALÁN, Manuel. *Los hititas.* Cuadernos de Historia 16 (Núm. 61). Información y Revistas, S. A. Madrid, 1985.

CAMINO GARCÍA, María, y SANTACANA, Joan. *Los Grandes Imperios del Cercano Oriente.* Biblioteca de «El Sol». Compañía Europea de Comunicación e Información, S. A. Madrid, 1991.

CLEATOR, P. E. *Los lenguajes perdidos* (prólogo J. Roca Pons). Biblioteca de Historia. Ediciones Orbis, S. A. Barcelona, 1986.

COLL, Pieter. *Esto ya existió en la Antigüedad* (prólogo Joan Fuster). Biblioteca de Historia. Ediciones Orbis, S. A. Barcelona, 1986.

CÓRDOBA, Joaquín M. «Relaciones diplomáticas en la época de Amarna». Revista Historia 16 (Núm. 180; abril, 1991). Información y Revistas, S. A. Madrid.

Crisol del Cristianismo, El (Dirigida por Arnold Toynbee). Editorial Labor, S. A. Barcelona, 1963.

CHAMPDOR, Albert. *Babilonia* (Introducción Elsa Coult. Nota preliminar Dr. J. M. Millás Vallicrosa). Biblioteca de Historia. Ediciones Orbis, S. A. Barcelona, 1985.

Despertar de la Civilización, El (Dirigida por Stuart Piggott). Editorial Labor, S. A. Barcelona, 1963.

Diccionario Enciclopédico Labor. Editorial Labor, S. A. Barcelona, 1965.

Diccionario Enciclopédico Planeta Agostini. Editorial Planeta, S. A. Barcelona, 1992.
Diccionario Ilustrado de Nuestro Mundo. Reader's Digest México, S. A., de C. V. Lisboa, 1993.
DOMÍNGUEZ, Adolfo. *Los antiguos esclavos*. Cuadernos de Historia 16 (Núm. 138). Información y Revistas, S. A. Madrid, 1985.
DOMÍNGUEZ MARTÍNEZ, Concha. *Historia Universal. Antigua y Media*. Biblioteca Práctica del Estudiante. Ediciones Ingelek, S. A. Madrid, 1987.
Enciclopedia Alfatemática. Cuántica Editora, S. A. Buenos Aires, 1977.
Enciclopedia Salvat del Estudiante. Salvat, S. A. de Ediciones. Estella (Navarra), 1977.
GÓMEZ ESPELOSÍN, Francisco Javier. *Viajeros de la Antigüedad*. Cuadernos de Historia 16 (Núm. 218). Información y Revistas, S. A. Madrid, 1985.
GÓMEZ TABANERA, José Manuel. *Prontuario de Historia del Arte Universal. Prontuario de Historia de la Literatura Universal*. Ediciones Koel. Editorial Tesoro. Madrid, 1959 y 1966.
GÓMEZ TABANERA, José Manuel; DÍAZ ESTEBAN, Fernando, y BLANCO FREIJEIRO, Antonio. *Los sumerios*. Cuadernos de Historia 16 (Número 23). Información y Revistas, S. A. Madrid, 1986.
GÖÖCK, ROLAND, M.; KLAUS MEIER, Alfred, y MENZEL-TETTENBORN, Helga. *Maravillas del Mundo*. Círculo de Lectores. Barcelona, 1973.
Guinness. Libro de los Récords. Guinness Superlatives Limited. Barcelona, 1983.
HARDEN, Donald. *Los fenicios* (prólogo M. Tarradell). Biblioteca de Historia. Ediciones Orbis, S. A. Barcelona, 1985.
Historama (al cuidado de Jacques-Francis Rolland). Editorial Códex, S. A. Madrid, 1965.
Historia Universal Ilustrada. Noguer-Razzoli-Larousse. Editorial Noguer, S. A. Barcelona, 1974.
Hombre. Dos millones de años de historia, El. Reader's Digest México, S. A., de C. V. Lisboa, 1993.
HOMERO. *La Ilíada. La Odisea* (versiones resumidas). Ediciones G. P. Barcelona, 1955.
JENOFONTE. *Análisis (La expedición de los Diez Mil)*. Traducción y prólogo de Ángel Sánchez Rivero. Colección Austral. Editado por Espasa Calpe, S. A. Madrid, 1965.
KRAMER, Samuel Noah. *La historia empieza en Summer* (prólogo Luis Pericot). Biblioteca de Historia. Ediciones Orbis, S. A. Barcelona, 1985.
LARA PEINADO, Federico. *Las siete maravillas de la Antigüedad. Los arameos*. Cuadernos de Historia 16 (Núms. 228 y 265). Información y Revistas, S. A. Madrid, 1985.

López Piñero, José María. *Historia de la Medicina*. Biblioteca de Historia 16 (Núm. 30). Información y Revistas, S. A. Madrid, 1990.

Martínez Pérez, José, y Gonzalo de Pablo, Ángel. «Las drogas en la Antigüedad». Revista Historia 16 (Núm. 133; mayo, 1987). Información y Revistas, S. A. Madrid.

Mejía, José. *Prontuario Historia Universal*. Ediciones Koel. Editorial Tesoro. Madrid, 1961.

Molinero, Miguel Ángel. *Así nació la escritura*. Cuadernos de Historia 16 (Núm. 209). Información y Revistas, S. A. Madrid, 1985.

Novellana, Guillermo de. *El calendario*. Ediciones G. P. Barcelona, 1956.

Oyarbide, Miguel Ángel. *Historia del Arte. De la Prehistoria a la Edad Media*. Biblioteca Práctica del Estudiante. Ediciones Ingelek, S. A. Madrid, 1986.

Presedo Velo, Francisco J. *A la sombra de la Esfinge*. Historias del Viejo Mundo. Historia 16. Información y Revistas, S. A. Madrid, 1988.

Riquer, Martín de; Ballester, Rafael, y Monreal, Luis. *Reportaje de la Historia*. Editorial Planeta, S. A. Barcelona, 1963.

Rodríguez Neila, Juan Francisco; Ibáñez Castro, Alejandro, y Abad Casal, Lorenzo. *Los asirios*. Cuadernos Historia 16 (Núm. 45). Información y Revistas, S. A. Madrid, 1985.

Romano Marún, Héctor. *Breve historia del Líbano*. Plaza & Janés, S. A. Bogotá, 1985.

Rueda Muñoz de San Pedro, García. *Las primeras ciudades*. Cuadernos de Historia 16 (Núm. 216). Información y Revistas, S. A. Madrid, 1985.

Sagrada Biblia. Biblioteca de Autores Cristianos. La Editorial Católica. Madrid, 1963.

Upjohn, Everard M.; Wingert, Paul S., y Gaston Mahler, Jane. *Historia Universal del Arte*. Ediciones Daimon. Barcelona, 1972.

Virgili, Pablo. *El arte del Cercano Oriente*. Ediciones G. P. Barcelona, 1956.

Walker, Martin. *Curiosidades de la Historia* (revisión y supervisión profesor Ballesteros Gaibrois). Editorial Edicomunicación, S. A. Barcelona, 1991.

Wanty, Emile. *La historia de la humanidad a través de las guerras*. Editorial Aura. Ediciones Alfaguara, S. A. Barcelona, 1972.

Wurmbrandt, Max, y Roth, Cecil. *El pueblo judío. 4.000 años de historia*. Editorial Aurora, Ltd. Tel Aviv, 1987.

* * *

Números sueltos de *Enciclopedia Estudiantil Códex* y *Enciclopedia Estudiantil Superior Códex*.
Prensa española.

A MODO DE EPÍLOGO

Las civilizaciones del Próximo Oriente, como se indica en el prólogo, no constituye en modo alguno una obra científica, ni tal ha sido la pretensión del autor.

Los nombres de personajes, lugares geográficos, pueblos e instituciones aparecen escritos de la manera mas habitual en lengua española, a fin de que resulten más familiares al lector.

Las cronologías deben ser aceptadas con las debidas reservas, ya que, al menos en su mayor parte, sólo pueden ser aproximadas y su único fin es el de orientar, situar y separar. Un determinado imperio no cayó a las doce de la mañana del mes tal del año cual, ni el uso del hierro, por ejemplo, se implantó en cierta parte de Europa en una determinada y precisa fecha; además, los estudios arqueológicos pueden cambiar la datación de ciertos hallazgos, avanzándola o retrocediéndola, todo ello sin contar con la posibilidad de nuevos hallazgos.

El autor desea agradecer a quienes, de una u otra forma, le han facilitado algún tipo de ayuda, ya sea en forma de bibliografía, aclaración de dudas o proporcionándole textos y material gráfico, y en especial a:

Embajada del Líbano (Madrid).
Embajada de Israel (Madrid).
Embajada de Turquía (Madrid).
Embajada de la República Islámica del Irán (Madrid).
Revista «Historia y Vida» (Barcelona).
Don Fernando Velasco Steigrad, arqueólogo de la Comunidad de Madrid.

ÍNDICE

A modo de prólogo 11

PRIMERA PARTE
Grandes pueblos mesopotámicos

I. Sumeria y Acadia

    I. Los orígenes. El alba de la civilización 15
        De los comienzos sumerios hasta la unificación ... 23
    II. Historia hasta Hammurabí 27
    III. La cultura. Literatura y ciencia 33
        Arquitectura y arte 43
        Las creencias 53
    IV. Política, sociedad y economía 59
        Cronología sumerio-acadia 71
        Cronología comparada 72

II. Asiria y Babilonia

    V. Historia. Hasta Assurubalit I 77
        Hasta Sargón II 81
        Caída de Asiria y Babilonia 87
    VI. Cultura asirio-babilónica. Literatura y ciencia 95
        Arquitectura y arte 105
        La religión asirio-babilónica 115
    VII. Política, leyes y clases sociales 121
        Cronología asirio-babilónica 140
        Cronología comparada 142

SEGUNDA PARTE
Pueblos marginales

I. Los Hititas

VIII.	La historia de los hititas	149
IX.	Cultura, sociedad e instituciones. Arte y economía	157
	Creencias, sociedad e instituciones	165
	Cronología hitita	173
	Cronología comparada	174

II. Los Mitanni

X.	El mundo mitanni	181
	Cronología mitanni	186
	Cronología comparada	186

III. Los Arameos

XI.	Los arameos. Historia	189
	Cultura y economía	193
	Cronología aramea	200
	Cronología comparada	200

IV. Los Filisteos

XII.	Los filisteos	205
	Cronología filistea	209
	Cronología comparada	209

V. Los Ugareos

XIII.	Ugarit: Ciudad mercantil de Canaán	213
	Cronología ugarítica	220
	Cronología comparada	221

TERCERA PARTE
Nuevos grandes pueblos

Los nuevos grandes pueblos 225

I. Los Fenicios

XIV.	Breve historia del pueblo fenicio	229
XV.	Cultura y arte fenicios	235
	La actividad económica fenicia	247
	Religión, instituciones, usos y costumbres de los fenicios	255

　　　　Cronología fenicia 263
　　　　Cronología comparada 265

II. El pueblo hebreo

　XVI.　El pueblo hebreo: de los orígenes hasta la monarquía 271
　　　　De la monarquía a los romanos 279
　XVII.　Cultura y arte 289
　　　　Religión, instituciones, usos y costumbres 301
　　　　Cronología judía 312
　　　　Cronología comparada 313

CUARTA PARTE
Los pueblos del Norte

Medos y Persas

　XVIII.　Origen y desarrollo de medos y persas 321
　　　　El Imperio Persa: De Ciro II a Darío I 325
　　　　De Jerjes I a Darío III 331
　XIX.　Cultura y arte 337
　　　　Religión, vida, costumbres y economía 349
　　　　Cronología medo-persa 361
　　　　Cronología comparada 362

Bibliografía 367
A modo de epílogo 371